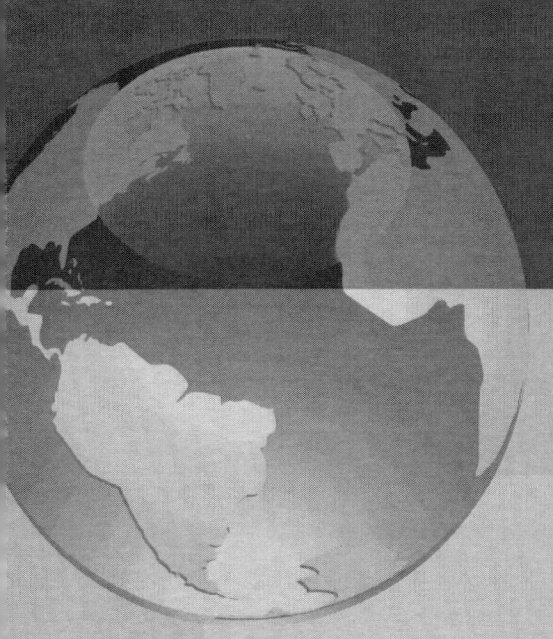

中國企業涉稅實務

主編　　納慧
副主編　陳素雲、鄧天正

S 崧燁文化

前言

　　企業涉稅實務是經濟、財會、投資等專業中一門應用性非常強的課程，是一門以操作為主、理論與實務相結合的課程。為了滿足高等院校教學以理論為基礎，提升學生實踐操作能力的需求，本書依據最新稅收法規制度和高校人才培養目標要求編寫而成。全書的編寫整合了稅收制度改革中最新的內容，強化了應用性和實踐性，按照企業涉稅工作的基本過程，以理論為基礎。

　　《企業涉稅實務》共分為四個部分，第一部分包括前四章，從稅收基礎內容入手，介紹企業涉稅基礎、徵收管理的基本內容以及稅務行政法制；第二部分介紹營改增之後的增值稅與消費稅，以及關稅的理論及實務內容；第三部分介紹所得稅的理論與實務內容；第四部分為其他稅類。本書以中國稅收基本制度為先導，介紹了企業納稅申報的相關準備工作，發票領購、開具與使用的相關知識，現行主要稅種的基本計算方法，納稅申報與繳納的流程和稅務部門徵收稅款的相關措施，稅收違法、犯罪行為相應的法律責任以及稅務行政處罰的程序，並以部分案例的形式介紹個別稅種的申報工作。

　　本書是一本以稅收理論、政策、制度、實務為主要內容的稅收學教材，通俗易懂，既可以作為高等院校財政、稅收、會計等專業學習稅務課程的教材，也可以作為指導實務操作的指導書。

　　由於作者水平有限，書中難免存在錯誤和不足，懇請讀者批評指正。

編者

目錄

第一章 稅收基礎內容 …… 1

第一節 稅收概述 …… 1
第二節 稅收目標 …… 5
第三節 納稅人的權利與義務 …… 6
第四節 稅制要素 …… 12
第五節 稅收分類 …… 16

第二章 稅務登記 …… 19

第一節 設立稅務登記 …… 19
第二節 變更稅務登記 …… 28
第三節 停業、復業登記 …… 33
第四節 外出經營報檢登記和非正常戶管理 …… 35

第三章 稅收徵管與法律責任 …… 38

第一節 稅收徵收管理 …… 38
第二節 稅款徵收與稅務檢查 …… 39
第三節 法律責任 …… 43

第四章　稅收行政法制　46

第一節　稅務行政處罰　46
第二節　稅務行政復議　51
第三節　稅務行政訴訟　58

第五章　增值稅　63

第一節　增值稅概述　63
第二節　增值稅的計算　68
第三節　增值稅的申報繳納　77
第四節　增值稅專用發票的使用和管理　92

第六章　消費稅　107

第一節　消費稅概述　107
第二節　消費稅的計算　113
第三節　消費稅的納稅申報　122

第七章　關稅　134

第一節　關稅概述　134
第二節　關稅的計算　138
第三節　關稅的申報、繳納及帳務處理　142

第八章　企業所得稅　148

第一節　企業所得稅概述　148
第二節　應納稅所得額的計算　151
第三節　稅收優惠　165

| 第四節 | 企業所得稅納稅申報 | 169 |

第九章　個人所得稅　　175

第一節	個人所得稅概述	175
第二節	個人所得稅的計算	183
第三節	個人所得稅的納稅申報與繳納	191

第十章　其他銷售稅類實務　　200

第一節	城市維護建設稅與教育費附加	200
第二節	資源稅	206
第三節	土地增值稅	217

第十一章　費用性稅種　　231

第一節	房地產稅	231
第二節	城鎮土地使用稅	237
第三節	車船稅	244
第四節	印花稅	251

第十二章　資本性稅種　　262

第一節	契稅	262
第二節	耕地占用稅	270
第三節	車輛購置稅	277

第一章　稅收基礎內容

● 第一節　稅收概述

一、稅收的概念

　　稅收是一個古老的經濟範疇，產生至今，經歷了不同的社會形態，已經有幾千年的歷史。稅收是國家為了實現其職能，以政治權力為基礎，依法向經濟組織和居民無償課徵而取得的一種財政收入。理解稅收的概念可以從三個方面把握：徵稅的目的是履行國家公共職能，國家徵稅憑藉其政治權利，稅收屬於分配範疇。它的特徵主要表現在三個方面。

　　一是強制性。它主要是指國家以社會管理者身分，用法律、法規等形式對徵稅加以規定，並依照法律強制徵稅。

　　二是無償性。它主要是指國家徵稅后，稅款即成為財政收入，不再歸還納稅人，也不支付任何報酬。

　　三是固定性。它主要是指在徵稅之前，以法的形式預先規定了課稅對象、課稅額度和課稅方法等。

　　隨著現代國家治理越來越複雜，稅收的作用已逐漸從經濟領域擴大到政治領域和社會領域。其作用主要體現在：稅收為國家治理提供最基本的財力保障，是確保經濟效率、政治穩定、政權穩固、不同層次政府正常運行的重要工具，是促進現代市場體系構建、社會公平的重要手段，是促進依法治國，法治社會、和諧社會建立的重要載體，是維護國家權益的重要手段。

二、稅收法律關係

稅法是國家制定的用以調整國家與納稅人之間在徵納稅方面的權利及義務關係的法律規範的總稱。稅法構建了國家及納稅人依法徵稅、依法納稅的行為準則體系，其目的是保障國家利益和納稅人的合法權益，維護正常的稅收秩序，保證國家的財政收入。稅法與稅收之間密不可分，稅法是稅收的法律表現形式，稅收是稅法所確定的具體內容。

稅收法律關係是稅法所確認和調整的國家與納稅人之間、國家與國家之間以及各級政府之間在稅收分配過程中形成的權利與義務關係。

（一）稅收法律關係的構成

稅收法律關係由稅收法律關係的主體、客體和內容三個方面構成。

稅收法律關係的主體是指法律關係的參加者，即稅收法律關係中享有權利和承擔義務的當事人。在中國稅收法律關係中，權利主體一方是代表國家行使徵稅職責的國家稅務機關，包括國家各級稅務機關、海關和財政機關；另一方是履行納稅義務的人，包括法人、自然人（外籍人、無國籍人）和其他組織（在華的外國企業、組織）。

稅收法律關係的客體，即稅收關係主體的權利、義務所共同指向的對象，也就是徵稅對象。例如，所得稅法律關係客體就是生產經營所得和其他所得。稅收法律關係客體是國家利用稅收槓桿調整和控製的目標，國家在一定時期根據宏觀經濟形勢發展的需要，通過擴大或縮小徵稅範圍調整徵稅對象，以達到限制或鼓勵國民經濟中某些產業、行業發展的目的。

稅收法律關係的內容就是稅收主體所享有的權利和所應承擔的義務，這是稅收法律關係中最實質的東西，是稅法的靈魂。它規定了權利主體可以做什麼，不可以做什麼，若違反了這些規定，須承擔相應的法律責任。

國家稅務主管機關的權利主要表現在依法進行徵稅、稅務檢查以及對違章者進行處罰；其義務主要是向納稅人宣傳、諮詢、輔導稅法，及時把徵收的稅款解繳國庫，依法受理納稅人對稅收爭議的申訴等。

納稅義務人的權利主要有多繳稅款申請退還權、延期納稅權、依法申請減免稅權、申請復議和提起訴訟權等。其義務主要是按稅法規定辦理稅務登記、進行納稅申報、接受稅務檢查、依法繳納稅款等。

（二）稅收法律關係的產生、變更與消滅

稅法是產生稅收法律關係的前提條件，但稅法本身並不能產生具體的稅收法律關係。稅收法律關係的產生、變更和消滅必須有能夠引起稅收法律關係產生、變更和消滅的客觀情況，也就是由稅收法律事實來決定。這種稅收法律事實，一般指稅務機關依法徵稅的行為和納稅人的經濟活動行為，發生這種行為才能產生、變更或

第一章　稅收基礎內容

消滅稅收法律關係。

(三) 稅法在法律體系中的地位及其作用

在中國法律體系中，稅法的地位是由稅收在國家經濟活動中的重要性決定的。稅收收入是政府取得財政收入的基本來源，而財政收入是維持國家機器正常運轉的經濟基礎。稅收是國家宏觀調控的重要手段，因為它是調整國家與企業和公民個人分配關係的最基本、最直接的方式。特別是在市場條件下，稅收的上述兩項作用表現得非常明顯。稅收與法密不可分，有稅必有法，無法不成稅。國家的一切稅收活動，均以法定方式表現出來。因此，稅法屬於國家法律體系中一個重要的部分法，是調整國家與各個經濟單位及公民個人分配關係的基本法律規範。

在中國的法律體系中，稅法與其他法律在橫向或者縱向間都有密切相關性。涉及稅收徵納關係的法律規範，除稅法本身直接在稅收實體法、稅收程序法、稅收爭訟法、稅收處罰法中規定外，在某種情況下也需要援引一些其他法律。因此，稅法與其他法律或多或少地有著相關性。稅法與憲法之間的關係體現在：憲法是中國的根本大法，是制定所有法律、法規的依據和章程，稅法是國家法律的組成部分，當然也是依據憲法的原則制定的。《中華人民共和國憲法》第五十六條規定：「中華人民共和國公民有依照法律納稅的義務。」這裡一是明確了國家可以向公民徵稅，二是明確了向公民徵稅要有法律依據。因此，中國憲法的這一條規定是立法機關制定稅法並據以向公民徵稅以及公民必須依照稅法納稅的最直接的法律依據。而稅法與刑法是有本質區別的。刑法是關於犯罪、刑事責任與刑罰的法律規範的總和。但應該指出的是，違法與犯罪是兩個概念，違反了稅法，並不一定就是危害稅收徵管罪。

稅法的作用主要體現為經濟作用。稅法是國家取得財政收入的重要保證，是正確處理稅收分配關係的法律依據，是國家宏觀調控經濟的重要手段，稅法是監督管理的有力武器，稅法是維護國家權益的重要手段。

三、稅收的職能與作用

(一) 稅收的職能

稅收職能是由稅收本質所決定的，包含稅收作為政府提供公共物品的價值補償所具有的功能和稅收作為政府履行職責的政策工具所具有的功能兩個方面，可以概括為財政職能、經濟職能和監督管理職能。

1. 財政職能

稅收的財政職能是稅收具有從社會成員和經濟組織手中強制性地取得一部分收入，用以滿足國家提供公共物品或服務需要的職責和功能，這是稅收最基本的職能。就稅收與國家的關係而言，稅收分配過程就是國家集中收入的過程，稅收奠定了國家存在的經濟基礎，維持了國家的存在。

2. 經濟職能

稅收的經濟職能是指稅收分配對生產經營單位和個人的經濟行為會產生影響。稅收在執行財政職能的過程中，為國家取得了財政收入，又直接改變了一部分社會產品的所有權和支配權歸屬，形成了經濟單位和個人新的收入格局，從而對經濟產生積極或者消極的影響。國家利用稅收具有調節經濟的職能，通過對稅種、稅目、稅率的設計和調整，通過對徵稅對象的選擇、稅收優惠措施的運用等，實現國家的經濟政策目標，調節不同主體的經濟利益，從而協調社會經濟的發展。

3. 監督管理職能

稅收的監督管理職能，體現為通過稅收的徵、納活動，反映社會經濟發展變化狀況和社會財富的分配狀況，對納稅人的納稅情況和經濟活動進行督促檢查，保證稅收收入任務的完成，促進經濟單位改善經營管理，提高經濟效益。

稅收的三個職能之間是辯證統一的關係，其中起支配作用的是稅收的財政職能，經濟職能和監督管理職能不可能脫離財政職能而獨立存在。同時，經濟職能和監督管理職能之間沒有直接的關係，它們之間沒有像它們對財政職能的那種依存關係。

(二) 稅收的作用

稅收是國家財政的主要來源，是國家實行宏觀調控的一個重要經濟槓桿。稅收的作用是其內在功能的具體表現。稅收的作用主要體現在以下幾個方面。

1. 稅收是國家組織財政收入的主要形式和工具

稅收在保證和實現財政收入方面起著重要的作用。由於稅收具有強制性、無償性和固定性，因而能保證收入的穩定；同時，稅收的徵收範圍十分廣泛，能從多方籌集財政收入，從而保證國家的經濟基礎。

2. 稅收是國家調控經濟的重要槓桿之一

國家通過對稅種的設置以及在稅目、稅率、加成徵收或減免稅等方面做出規定，可以調節社會生產、交換、分配和消費，促進社會經濟的健康發展。

3. 稅收具有維護國家政權的作用

國家政權是稅收產生和存在的必要條件，而國家政權的存在又依賴於稅收的存在。沒有稅收，國家機器就不可能有效運轉。同時，稅收分配不是按照等價原則和所有權原則分配的，而是憑藉政治權利，對物質利益進行調節，體現國家支持什麼、限制什麼，從而達到維護和鞏固國家政權的目的。

4. 稅收具有監督經濟活動的作用

國家在徵收稅款過程中，一方面要查明情況，正確計算並徵收稅款；另一方面又能發現納稅人在生產經營過程中，或是在繳納稅款過程中存在的問題。國家稅務機關對徵稅過程中發現的問題，可以採取措施予以糾正，也可以通知納稅人或政府有關部門及時解決。

第二節　稅收目標

在市場經濟條件下，國家和納稅人的稅收目標是不同的。

一、國家的稅收目標

（一）取得財政收入

稅收是國家取得財政收入的一種重要工具，其本質是一種分配關係。從國家角度來看，國家要行使職能必須有一定的財政收入作為保障，組織財政收入是稅收最基本的目標。取得財政收入的手段有很多，諸如徵稅、發行貨幣、發行國債等，但是因為稅收能夠保證財政收入來源的廣泛性，且能夠保證財政收入及時、可靠和穩定增長，因此中國自1994年稅制改革以來，財政收入九成以上均來源於稅收。這是由徵稅對象的廣泛性以及稅收的無償性、強制性、固定性等特徵決定的。

（二）促進經濟增長

稅收是財政政策的重要工具，國家可以運用稅收手段來調節經濟總量和結構，起到促進經濟穩定增長的作用。這主要是通過對不同稅種、稅目、稅率進行設置，對不同的部門、單位、個人以及不同產業、產品、行業的經濟利益產生影響實現的。

二、納稅人的稅收目標

納稅人作為理性的「經濟人」，追求的目標是利潤最大化。納稅人是稅收義務的承擔者。企業作為市場經濟的主體，在產權界定清晰的前提下，總是致力於追求自身經濟利益的最大化。要實現經濟利益的最大化，就是要使得總成本最小化。因此，納稅人的稅收目標主要有減輕稅收負擔、涉稅零風險、降低納稅成本等。從依法納稅的角度對權力和權利的失衡進行調整，以實現稅收與經濟的良性互動，促進經濟的長期持續發展。

（一）減輕稅收負擔

稅收負擔是指納稅人承擔的稅收負荷，即納稅人在一定時期應繳納的稅款，簡稱稅負。從絕對額考察，它是指納稅人繳納的稅款額，即稅收負擔額；從相對額考察，它是指納稅人繳納的稅額占計稅依據價值的比重，即稅收負擔率。

納稅人要減輕稅收負擔，實現經濟利潤最大化，一般的途徑是避稅與納稅籌劃，或者是偷逃騙稅。隨著稅收法治化的加強，偷逃騙稅等非法手段的風險越來越大，而避稅與納稅籌劃相互平行。當前，納稅人著眼於減輕稅收負擔，因此稅收籌劃作為一種減少稅收負擔、節約稅收支出、實現利潤最大化的有效方法，自然成為納稅人的必然選擇。

（二）涉稅零風險

所謂涉稅零風險，是指納稅人帳目清楚，納稅申報正確，繳納稅款及時、足額，不會出現任何關於稅收方面的處罰，即在稅收方面沒有任何風險，或風險極小甚至可以忽略不計的一種狀態。納稅人納稅，首先要做到合法，在涉稅上不出現法律風險，這可以為納稅人避免發生不必要的經濟損失，避免發生不必要的名譽損失，以及更有利於進行財務管理。

（三）降低納稅成本

納稅成本一般在以下四種情況下發生：一是在自行申報納稅制度下，納稅人首先要對其在本納稅期限內的應稅事項向稅務機關提出書面申報，並按期繳納稅款。在這一過程中，納稅人要投入一定的人力、物力、財力等。二是納稅人按稅法要求，必須進行稅務登記，保持完整的帳簿。三是納稅人為了正確地執行比較複雜的稅法，要聘請稅務顧問；在發生稅務糾紛時，還要聘請律師，準備翔實的資料。四是納稅人為了在不違反稅法規定的同時，盡量減少納稅義務，需要組織人力進行稅務籌劃，即節稅。這些成本會轉化為貨幣成本，不僅增加了納稅人在納稅過程中的經濟成本，而且花費了納稅人大量的時間、精力。作為納稅人，納稅成本的降低意味著收入的增加，因此，降低納稅成本是納稅人納稅過程中的一個重要目的。

第三節　納稅人的權利與義務

納稅人的權利與義務是指國家通過法律、法規賦予納稅人應有的權利與應盡的義務，「沒有無權利的義務，也沒有無義務的權利」。納稅人的權利和義務是均衡的。掌握納稅人的權利與義務，有助於維護納稅人的合法權益，依法承擔納稅義務，減少不必要的稅收支出，避免承擔本不應承擔的法律責任。

一、納稅人的權利

（一）知情權

納稅人有權向稅務機關瞭解國家稅收法律、行政法規的規定以及與納稅程序有關的情況。它包括：現行稅收法律、行政法規和稅收政策規定；辦理稅收事項的時間、方式、步驟以及需要提交的資料；應納稅額核定及其他稅務行政處理決定的法律依據、事實依據和計算方法；在納稅、處罰和採取強制執行措施時、發生爭議或糾紛時，可以採取的法律救濟途徑及需要滿足的條件。

（二）保密權

納稅人有權要求稅務人員對納稅人的商業秘密和個人隱私保守秘密。需要說明的是，納稅人的稅收違法行為信息不屬於保密範圍。

第一章 稅收基礎內容

（三）稅收監督權

納稅人對稅務人員違反稅收法律、行政法規的行為，如稅務人員索賄受賄、徇私舞弊、玩忽職守，不徵或者少徵應徵稅款，濫用職權多徵稅款或者故意刁難等，可以進行檢舉和控告。同時，納稅人對其他納稅人的稅收違法行為也有權進行檢舉。

（四）納稅申報方式選擇權

納稅人可以直接到辦稅服務廳辦理納稅申報或者報送代扣代繳、代收代繳稅款報告表，也可以按照規定採取郵寄、數據電文或者其他方式辦理上述申報、報送事項。但採取郵寄或數據電文方式辦理上述申報、報送事項的，需經納稅人的主管稅務機關批准。

納稅人如採取郵寄方式辦理納稅申報，應當使用統一的納稅申報專用信封，並以郵政部門收據作為申報憑據。郵寄申報以寄出的郵戳日期為實際申報日期。

數據電文方式是指稅務機關確定的電話語音、電子數據交換和網路傳輸等電子方式。納稅人如採用電子方式辦理納稅申報，應當按照稅務機關規定的期限和要求保存有關資料，並定期書面報送給稅務機關。

（五）申請延期申報權

納稅人如不能按期辦理納稅申報或者報送代扣代繳、代收代繳稅款報告表，應當在規定的期限內向稅務機關提出書面延期申請，經核准，可在核准的期限內辦理。經核准延期辦理申報、報送事項的，應當在稅法規定的納稅期內按照上期實際繳納的稅額或者稅務機關核定的稅額預繳稅款，並在核准的延期內辦理稅款結算。

（六）申請延期繳納稅款權

如納稅人因有特殊困難，不能按期繳納稅款的，經省、自治區、直轄市國家稅務局、地方稅務局批准，可以延期繳納稅款，但是最長不得超過三個月。計劃單列市國家稅務局、地方稅務局可以參照省級稅務機關的批准權限，審批納稅人的延期繳納稅款申請。

納稅人滿足以下任何一個條件，均可以申請延期繳納稅款：一是不可抗力導致納稅人發生較大損失，正常生產經營活動受到較大影響的；二是當期貨幣資金在扣除應付職工工資、社會保險費後，不足以繳納稅款的。

（七）申請退還多繳稅款權

對納稅人超過應納稅額繳納的稅款，稅務機關發現後，將自發現之日起 10 日內辦理退還手續；如納稅人自結算繳納稅款之日起三年內發現的，可以向稅務機關要求退還多繳的稅款並加算銀行同期存款利息。稅務機關將自接到納稅人退還申請之日起 30 日內查實並辦理退還手續，涉及從國庫中退庫的，依照法律、行政法規有關國庫管理的規定退還。

（八）依法享受稅收優惠權

納稅人可以依照法律、行政法規的規定書面申請減稅、免稅。減稅、免稅的申請須經法律、行政法規規定的減稅、免稅審查批准機關審批。減稅、免稅期滿，應

當自期滿次日起恢復納稅。減稅、免稅條件發生變化的，應當自發生變化之日起15日內向稅務機關報告；不再符合減稅、免稅條件的，應當依法履行納稅義務。

如納稅人享受的稅收優惠需要備案的，應當按照稅收法律、行政法規和有關政策規定，及時辦理事前或事后備案。

(九) 委托稅務代理權

納稅人有權就以下事項委托稅務代理人代為辦理：辦理、變更或者註銷稅務登記，除增值稅專用發票外的發票領購手續，納稅申報或扣繳稅款報告，稅款繳納和申請退稅，製作涉稅文書，審查納稅情況，建帳建制，辦理財務、稅務諮詢，申請稅務行政復議，提起稅務行政訴訟以及國家稅務總局規定的其他業務。

(十) 陳述與申辯權

納稅人對稅務機關做出的決定，享有陳述權、申辯權。如果納稅人有充分的證據證明自己的行為合法，稅務機關就不得對納稅人實施行政處罰；即使納稅人的陳述或申辯不充分合理，稅務機關也會向納稅人解釋實施行政處罰的原因。稅務機關不會因納稅人的申辯而加重處罰。

(十一) 對未出示稅務檢查證和稅務檢查通知書的拒絕檢查權

稅務機關派出的人員進行稅務檢查時，應當向納稅人出示稅務檢查證和稅務檢查通知書；對未出示稅務檢查證和稅務檢查通知書的，納稅人有權拒絕檢查。

(十二) 稅收法律救濟權

納稅人對稅務機關做出的決定，依法享有申請行政復議、提起行政訴訟、請求國家賠償等權利。

稅收法律救濟權分為申請行政復議權、提起行政訴訟權和請求國家賠償權。此外，如果是中國居民，可以按照中國對外簽署的避免雙重徵稅協定（安排）的有關規定就稅收歧視、國際雙重徵稅等問題提出啟動國際相互協商程序的申請。

(十三) 依法要求聽證的權利

對納稅人做出規定金額以上罰款的行政處罰之前，稅務機關會向納稅人送達「稅務行政處罰事項告知書」，告知納稅人已經查明的違法事實、證據、行政處罰的法律依據和擬將給予的行政處罰。對此，納稅人有權要求舉行聽證，稅務機關須組織聽證。如納稅人認為稅務機關指定的聽證主持人與本案有直接利害關係，納稅人有權申請主持人迴避。

對應當進行聽證的案件，稅務機關不組織聽證，行政處罰決定不能成立。但納稅人放棄聽證權利或者被正當取消聽證權利的除外。

(十四) 索取有關稅收憑證的權利

稅務機關徵收稅款時，必須給納稅人開具完稅憑證。扣繳義務人代扣、代收稅款時，納稅人若要求扣繳義務人開具代扣、代收稅款憑證，扣繳義務人應當開具。

稅務機關扣押商品、貨物或者其他財產時，必須開付收據；查封商品、貨物或者其他財產時，必須開付清單。

第一章　稅收基礎內容

二、納稅人的義務

依照憲法、稅收法律和行政法規的規定，納稅人在納稅過程中負有以下義務：

（一）依法進行稅務登記的義務

納稅人應當自領取營業執照之日起 30 日內，持有關證件，向稅務機關申報辦理稅務登記。稅務登記主要包括領取營業執照后的設立登記，稅務登記內容發生變化后的變更登記，依法申請停業、復業登記，依法終止納稅義務的註銷登記等。

在各類稅務登記管理中，納稅人應該根據稅務機關的規定分別提交相關資料，及時辦理。同時，納稅人應當按照稅務機關的規定使用稅務登記證件。稅務登記證件不得轉借、塗改、損毀、買賣或者偽造。

（二）依法設置保管帳簿發票的相關義務

納稅人應當按照有關法律、行政法規和國務院財政、稅務主管部門的規定設置帳簿，根據合法、有效的憑證記帳，進行核算；從事生產、經營的，必須按照國務院財政、稅務主管部門規定的保管期限保管帳簿、記帳憑證、完稅憑證及其他有關資料；帳簿、記帳憑證、完稅憑證及其他有關資料不得偽造、變造或者擅自損毀。

此外，納稅人在購銷商品、提供或者接受經營服務以及從事其他經營活動中，應當依法開具、使用、取得和保管發票。

（三）財務會計制度和會計核算軟件備案的義務

納稅人的財務、會計制度或者財務、會計處理辦法和會計核算軟件，應當報送稅務機關備案。納稅人的財務、會計制度或者財務、會計處理辦法與國務院或者國務院財政、稅務主管部門有關稅收的規定相抵觸的，應依照國務院或者國務院財政、稅務主管部門有關稅收的規定計算應納稅款、代扣代繳和代收代繳稅款。

（四）按照規定安裝、使用稅控裝置的義務

國家根據稅收徵收管理的需要，積極推廣使用稅控裝置。納稅人應當按照規定安裝、使用稅控裝置，不得損毀或者擅自改動稅控裝置。如納稅人未按規定安裝、使用稅控裝置，或者損毀或者擅自改動稅控裝置的，稅務機關將責令納稅人限期改正，並可根據情節輕重處以規定數額內的罰款。

（五）按時、如實申報的義務

納稅人必須依照法律、行政法規規定或者稅務機關依照法律、行政法規的規定確定的申報期限、申報內容如實辦理納稅申報，報送納稅申報表、財務會計報表以及稅務機關根據實際需要要求納稅人報送的其他納稅資料。

扣繳義務人必須依照法律、行政法規規定或者稅務機關依照法律、行政法規的規定確定的申報期限、申報內容如實報送代扣代繳、代收代繳稅款報告表以及稅務機關根據實際需要要求扣繳義務人報送的其他有關資料。

納稅人即使在納稅期內沒有應納稅款，也應當按照規定辦理納稅申報。享受減

稅、免稅待遇的，在減稅、免稅期間應當按照規定辦理納稅申報。

(六) 按時繳納稅款的義務

納稅人應當按照法律、行政法規規定或者稅務機關依照法律、行政法規的規定確定的期限，繳納或者解繳稅款。

未按照規定期限繳納稅款或者未按照規定期限解繳稅款的，稅務機關除責令限期繳納外，從滯納稅款之日起，按日加收滯納稅款萬分之五的滯納金。

(七) 代扣、代收稅款的義務

法律、行政法規規定負有代扣代繳、代收代繳稅款義務的扣繳義務人，必須依照法律、行政法規的規定履行代扣、代收稅款的義務。扣繳義務人依法履行代扣、代收稅款義務時，納稅人不得拒絕。納稅人拒絕的，扣繳義務人應當及時報告稅務機關處理。

(八) 接受依法檢查的義務

納稅人、扣繳義務人有接受稅務機關依法進行稅務檢查的義務，應主動配合稅務機關按法定程序進行的稅務檢查，如實地向稅務機關反映自己的生產經營情況和執行財務制度的情況，並按有關規定提供報表和資料，不得隱瞞和弄虛作假，不能阻撓、刁難稅務機關及其工作人員的檢查和監督。

(九) 及時提供信息的義務

納稅人除通過稅務登記和納稅申報向稅務機關提供與納稅有關的信息外，還應及時提供其他信息。如納稅人有歇業、經營情況變化、遭受各種災害等特殊情況的，應及時向稅務機關說明，以便稅務機關依法妥善處理。

(十) 報告其他涉稅信息的義務

為了保障國家稅收能夠及時、足額徵收入庫，稅收法律還規定了納稅人有義務向稅務機關報告如下涉稅信息：

(1) 納稅人有義務就與關聯企業之間的業務往來，向當地稅務機關提供有關的價格、費用標準等資料。納稅人有欠稅情形而以財產設定抵押、質押的，應當向抵押權人、質權人說明欠稅情況。

(2) 企業合併、分立的報告義務。納稅人有合併、分立情形的，應當向稅務機關報告，並依法繳清稅款。合併時未繳清稅款的，應當由合併后的納稅人繼續履行未履行的納稅義務；分立時未繳清稅款的，分立后的納稅人對未履行的納稅義務應當承擔連帶責任。

(3) 報告全部帳號的義務。如納稅人從事生產、經營，應當按照國家有關規定，持稅務登記證件，在銀行或者其他金融機構開立基本存款帳戶和其他存款帳戶，並自開立基本存款帳戶或者其他存款帳戶之日起15日內，向主管稅務機關書面報告全部帳號；發生變化的，應當自變化之日起15日內，向主管稅務機關書面報告。

(4) 處分大額財產報告的義務。如納稅人的欠繳稅款數額在5萬元以上，處分不動產或者大額資產之前，應當向稅務機關報告。

第一章 稅收基礎內容

三、納稅人合法權益的保護

納稅人是市場經濟的主體，是社會財富的創造者，是社會進步的主要推動者，也是政府財政收入的主要貢獻者。保護納稅人合法權益，事關和諧社會建設，事關政府職能轉變，事關稅收事業科學發展，是貫徹落實科學發展觀的本質要求，是促進社會公平正義的現實需要，是建設服務型稅務機關的重要內容，是堅持依法行政、營造良好稅收環境的具體體現。保護納稅人合法權益，有利於激發經濟發展的內生動力，有利於構建和諧徵納關係，有利於維護社會穩定，有利於提高納稅服務能力和踐行以人為本的理念，對於進一步深化納稅服務具有重大的戰略意義。

保護納稅人的合法權益，可以從以下幾個方面入手：

一是加強納稅人權利方面的宣傳。廣泛告知納稅人其所享有的權利和應當履行的義務，並對相關法律條文作全面、精確的解讀，幫助納稅人理解和掌握。

二是深化改革優化稅務流程。深化行政審批制度改革，進一步減少和規範行政審批事項，簡化稅務行政流程，實現從審批型稅務機關向服務型稅務機關轉變。

三是發揮稅務代理機構的積極作用。稅務機關應當引導稅務代理的發展，強調稅務代理人在保護納稅人權利中的作用。

四是引導納稅人成立代表其權益的組織。在稅收徵納過程中，與行使徵稅權的稅務機關相比，納稅人處於相對劣勢的地位。因此，在很多情況下，單靠納稅人個人的力量，還難以有效維護自身的合法權益。可借鑑國外的做法，成立維護納稅人權益的自治組織——納稅人協會。納稅人協會可以為納稅人提供諮詢意見，在稅收徵納過程中幫助納稅人依法履行納稅義務和行使稅收權利，監督稅務機關的行政行為，並可以代表納稅人利益參與稅收立法過程。需要注意的是，稅務機關可以在成立納稅人協會過程中起協助和推動的作用，並在其成立后與之保持平等的溝通和對話，同時應尊重代表納稅人利益的民間自治組織的地位，不得參與或干預其內部管理事務而使之成為附屬於稅務機關的半官方或官方組織，否則這個組織也就沒有存在的必要了。

面對新形勢、新任務、新要求，各級稅務機關要切實加強對納稅人權益保護工作的領導，進一步推進納稅人權益保護工作，建立健全納稅人權益保護的制度和機制，全面推行依法行政，規範稅收執法，強化執法監督，暢通救濟渠道，以納稅人需求為導向，有效開展納稅服務，著力優化辦稅流程，減輕納稅人辦稅負擔，切實保護納稅人的合法權益不受侵犯，營造公平、公正、和諧的稅收環境，努力形成依法誠信納稅、共建和諧社會的良好氛圍。

第四節　稅制要素

稅制要素是指構成稅收法律制度的共同要素，一般包括總則、納稅義務人、徵稅對象、稅率、納稅環節、納稅期限、納稅地點、稅收優惠、罰則、附則等。

一、納稅義務人

納稅義務人或納稅人又稱納稅主體，是稅法規定的直接負有納稅義務的單位和個人，解決了由誰來納稅的問題。納稅人有兩種形式，即自然人和法人。自然人和法人是兩個相對稱的法律概念。自然人是基於自然規律，有民事權利和義務的主體，包括本國公民，也包括外國人和無國籍人。法人是自然人的對稱，是基於法律規定享有權利能力和行為能力，具有獨立的財產和經費，依法獨立承擔民事責任的社會組織。中國的法人主要有四種：機關法人、事業法人、企業法人和社團法人。

與納稅人緊密相關的兩個概念是代扣代繳義務人和代收代繳義務人。前者指雖不承擔納稅義務，但依照相關規定，有義務從持有的納稅人收入中扣除應納稅款並代為繳納的企業或單位，如發放工資時代扣代繳個人所得稅。代收代繳義務人是指有義務借助經濟往來關係向納稅人收取應納稅款並代為繳納的企業或單位，如辦理車輛交強險時，保險公司同時代地稅局收取該車輛的車船稅。

二、徵稅對象

徵稅對象又叫課稅對象、徵稅客體，在實際工作中也籠統地稱之為徵稅範圍。它是指稅收法律關係中權利義務所指向的對象，即對什麼徵稅。徵稅對象包括物或行為，不同的徵稅對象是區別不同稅種的主要標誌。如消費稅的徵稅對象是特定消費品。徵稅對象按其性質的不同，通常可劃分為流轉額、所得額、財產、資源、特定行為五大類，也因此將稅收分為相應的五大類即流轉稅或稱商品和勞務稅、所得稅、財產稅、資源稅和特定行為稅。與課稅對象相關的有如下兩個基本概念：

（一）稅目

稅目是在稅法中對徵稅對象分類規定的具體的徵稅項目，反映具體的徵稅範圍，是對課稅對象質的界定。設置稅目的首要目的是明確具體的徵稅範圍，凡列入稅目的即為應稅項目，未列入稅目的，則不屬於應稅項目。其次，劃分稅目也是貫徹國家稅收調節政策的需要，國家可以根據不同項目的利潤水平以及相關經濟政策制定不同的稅率，以體現不同的稅收政策。

（二）計稅依據

計稅依據是徵稅對象的數量化，是應納稅額計算的基礎。不同的稅率形式與相應的計稅依據相對應。從價計徵的稅收，一般採用比例稅率或者累進稅率，以計稅

第一章　稅收基礎內容

金額為計稅依據。從量計徵的稅收，採用定額稅率，以徵稅對象的重量、容積、體積、數量等實物量為計稅依據。

三、稅率

稅率是應納稅額與徵稅對象數量之間的比例關係，是計算稅收負擔的尺度，體現了課稅的深度。中國現行的稅率主要有：

（一）比例稅率

比例稅率，即對同一徵稅對象，不分數額大小，規定相同的徵稅比例。中國的增值稅、城市維護建設稅、企業所得稅等採用的是比例稅率。比例稅率在適用中又可分為三種具體形式：單一比例稅率、差別比例稅率、幅度比例稅率。

1. 單一比例稅率

它是指對同一徵稅對象的所有納稅人都適用同一比例稅率，體現了稅負的公平性。

2. 差別比例稅率

它是指對同一徵稅對象的不同納稅人適用不同的比例徵稅。具體又分為下面三種形式。產品差別比例稅率，即對不同產品分別適用不同的比例稅率，同一產品採用同一比例稅率，如消費稅、關稅等。行業差別比例稅率，即按不同行業分別適用不同的比例稅率，同一行業採用同一比例稅率，如營業稅等。地區差別比例稅率，即區分不同的地區，分別適用不同的比例稅率，同一地區採用同一比例稅率，如城市維護建設稅等。

3. 幅度比例稅率

它是指對同一徵稅對象，稅法只規定最低稅率和最高稅率，各地區在該幅度內確定具體的使用稅率。

（二）累進稅率

累進稅率指按徵稅對象數額的大小，劃分若干等級，每個等級由低到高規定相應的稅率。徵稅對象數額越大稅率越高，數額越小稅率越低。累進稅率因計算方法和依據的不同，又分為以下幾種：

1. 全額累進稅率

它是指對徵稅對象的金額按照與之相適應等級的稅率計算稅額。在徵稅對象提高到一個級距時，對徵稅對象金額都按高一級的稅率徵稅。

2. 全率累進稅率

它與全額累進稅率的原理相同，只是稅率累進的依據不同。全額累進稅率的依據是徵稅對象的數額，而全率累進稅率的依據是徵稅對象的某種比率，如銷售利潤率、資金利潤率等。

13

3. 超額累進稅率

它是指把徵稅對象按數額大小劃分為若干等級，每個等級由低到高規定相應的稅率，每個等級分別按該級的稅率計稅。

4. 超率累進稅率

它與超額累進稅率的原理相同，只是稅率累進的依據不是徵稅對象的數額而是徵稅對象的某種比率。

在以上幾種不同形式的稅率中，全額累進稅率和全率累進稅率的優點是計算簡便，但在兩個級距的臨界點稅負不合理。超額累進稅率和超率累進稅率的計算比較複雜，但累進程度緩和，稅收負擔較為合理。

（三）定額稅率

定額稅率是稅率的一種特殊形式。它不是按照課稅對象規定徵收比例，而是按照徵稅對象的計量單位規定固定稅額，一般適用於從量計徵的稅種。其優點是：從量計徵，不是從價計徵，有利於鼓勵納稅人提高產品質量和改進包裝，計算簡便。但是，由於稅額的規定同價格的變化情況脫離，在價格提高時，不能使國家財政收入隨國民收入的增長而同步增長，在價格下降時，則會限制納稅人的生產經營積極性。

四、納稅環節

納稅環節指稅法規定的徵稅對象在從生產到消費的流轉過程中應當繳納稅款的環節。納稅環節的存在，取決於課稅客體即徵稅對象的運動屬性，如流轉稅在生產和流通環節納稅、所得稅在分配環節納稅等。納稅環節有廣義和狹義之分。廣義的納稅環節指全部徵稅對象在再生產過程中的分佈，如資源稅分佈在生產環節，所得稅分佈在分配環節等。它制約著稅制結構，對取得財政收入和調節經濟有重大影響。狹義的納稅環節指應稅商品在流轉過程中應納稅的環節，是商品流轉課稅中的特殊概念。商品經濟條件下，商品從生產到消費通常經過產制、商業批發、商業零售等環節。商品課稅的納稅環節，應當選擇在商品流轉的必經環節。合理選擇納稅環節，對加強稅收徵管，有效控制稅源，保證國家財政收入的及時、穩定、可靠，方便納稅人生產經營活動和財務核算，靈活機動地發揮稅收調節經濟的作用，具有十分重要的理論和實踐意義。

五、納稅期限

納稅期限是負有納稅義務的納稅人向國家繳納稅款的最後時間限制。它是稅收強制性、固定性在時間上的體現。任何納稅人都必須如期納稅，否則就是違反稅法，要受到法律制裁。

納稅期限要根據課稅對象和國民經濟各部門生產經營的不同特點來確定。如流

第一章 稅收基礎內容

轉課稅,當納稅人取得貨款后就應將稅款繳入國庫,但為了簡化手續,便於納稅人經營管理和繳納稅款(降低稅收徵收成本和納稅成本),可以根據情況將納稅期限確定為1天、3天、5天、10天、15天或1個月。

確定納稅期限,包含兩方面的含義:一是確定結算應納稅款的期限,即多長時間納一次稅,一般有1天、3天、5天、10天、15天、1個月等幾種;二是確定繳納稅款的期限,即納稅期滿后稅款多長時間必須入庫。

六、納稅地點

納稅地點是指納稅人申報繳納稅款的地點,主要是指根據各個稅種納稅對象的納稅環節和有利於對稅款的源泉控制而規定的納稅人(包括代徵、代扣、代繳義務人)的具體納稅地點。規定納稅人申報納稅的地點,既有利於稅務機關實施稅源控管,防止稅收流失,又便利納稅人繳納稅款。

七、稅收優惠

稅收優惠,就是指為了配合國家在一定時期的政治、經濟和社會發展總目標,政府利用稅收制度,按預定目的,在稅收方面相應採取的激勵和照顧措施,以減輕某些納稅人應履行的納稅義務。它是國家干預經濟的重要手段之一。稅收優惠按優惠方式的不同,可以分為稅基式優惠、稅率式優惠、稅額式優惠三類。

(一)稅基式優惠

稅基式優惠是通過直接縮小計稅依據的方式來實現的減稅免稅。它具體包括起徵點、免徵額、項目扣除以及跨期結轉等。

起徵點是徵稅對象達到一定數額開始徵稅的起點,徵稅對象數額未達到起徵點的不徵稅,達到起徵點的就全部數額徵稅。

免徵額是在徵稅對象的全部數額中免予徵稅的數額,免徵額的部分不徵稅,僅就超過免徵額的部分徵稅。

項目扣除則是指在徵稅對象中扣除一定項目的數額,以其餘額作為依據計算稅額。

跨期結轉是將以前納稅年度的經營虧損從本納稅年度經營利潤中扣除。

(二)稅率式優惠

稅率式優惠是通過直接降低稅率的方式實現的減稅免稅。它具體又包括重新確定稅率、選用其他稅率、零稅率。比如企業所得稅中,對於符合小型微利條件的企業可以適用20%的稅率,而對於國家重點扶持的高新技術企業,則給予15%的企業所得稅稅率,因此,20%和15%的企業所得稅稅率相對於25%的基本稅率就是稅率式減免。

(三)稅額式優惠

稅額式優惠是指通過直接減少應納稅額的方式實現的減稅免稅。它具體包括全

部免徵、減半徵收、核定減免率以及另定減徵額等。

第五節　稅收分類

　　由於研究的目的不同，對稅收分類可以採用各種不同的標準，從而形成不同的分類方法。通過對稅收進行科學的分類，不僅能夠揭示各類稅收的性質、特點、功能以及各類稅收之間的區別與聯繫，有利於建立合理的稅收結構，充分發揮各類稅收的功能與作用，而且對於研究稅收發展的歷史過程、稅源的分佈、稅收負擔的歸宿以及中央與地方政府之間稅收管理和支配權限的劃分都具有重要的意義。

一、按徵稅對象分類

　　按徵稅對象不同，可將全部稅收劃分為流轉稅、所得稅、財產稅、資源稅和行為目的稅五種類型。

　　流轉稅是以商品或勞務的流轉額為課稅對象的一類稅。這類稅種以商品、勞務交換為前提，只要納稅人銷售貨物或提供勞務，取得了銷售收入、營業收入或發生了支付金額就依法納稅。流轉稅是中國現行稅制中最大的一類稅收，主要有增值稅、消費稅和關稅等。流轉稅有利於國家及時足額地取得財政收入，有利於調節價差收入，促進產業結構的優化。

　　所得稅是以各種所得額為課稅對象而徵收的一類稅。所得是指全部收入減除為取得收入所耗費的各項成本費用後的餘額。對所得額課稅可以有效地調節累積和消費的比例，從而控制投資規模。在發達國家，所得稅多作為主體稅種，中國現行的所得稅主要有企業所得稅、個人所得稅。

　　財產稅指以納稅人所擁有或支配的財產數量或者財產價值為課稅對象的一類稅。財產稅以財產為課稅對象，隨著財產私有制度的確立，對財產徵稅逐漸成為可能。財產稅屬於地方稅，在中國主要有房產稅、契稅、車船稅、船舶噸稅等。

　　資源稅是以自然資源和某些社會資源為徵稅對象而徵收的一類稅。資源稅通過對級差收入的調節，促使企業在大體同等條件下開展競爭，有利於保護和合理開發、使用資源。中國目前屬於資源稅類的稅種主要有資源稅、土地增值稅、城鎮土地使用稅等。

　　行為目的稅是指國家為達到某種目的，以納稅人的某些特定行為為課稅對象而徵收的一類稅，如中國當前的城市維護建設稅、印花稅、車輛購置稅等。

二、按照計稅依據不同分類

　　稅收按照計稅依據不同，可分為從價稅、從量稅和複合稅。

第一章　稅收基礎內容

從價稅以徵稅對象價格為計稅依據，其應納稅額隨商品價格的變化而變化，是能充分體現合理負擔的稅收政策，因而大部分稅種均採用這一計稅方法，如中國現行的增值稅、房產稅等稅種。

從量稅是以徵稅對象的數量、重量、體積等作為計稅依據，其課稅數額與徵稅對象數量相關而與價格無關。從量稅實行定額稅率，不受徵稅對象價格變動的影響，稅負水平較為固定，計算簡便，如資源稅、車船稅、城鎮土地使用稅等。

複合稅是對某一進出口貨物或物品既徵收從價稅，又徵收從量稅，即採用從量稅和從價稅同時徵收的一種方法，如對卷菸和白酒徵稅，就是採用的複合稅。

三、以稅收負擔是否轉嫁為標準的分類

以稅收負擔是否轉嫁為標準，稅收可以分為直接稅和間接稅。

所謂直接稅，是指納稅義務人是稅收的實際負擔人，納稅人不能或不便於把稅收負擔轉嫁給別人的稅種。屬於直接稅的這類納稅人，不僅在表面上有納稅義務，而且實際上也是稅收承擔者，即納稅人與負稅人一致。直接稅的稅負一般無法轉嫁，由納稅人直接負擔，如中國現行的所得稅、土地使用稅等。

間接稅，是指納稅義務人不是稅收的實際負擔人，納稅義務人能夠用提高價格或提高收費標準等方法把稅收負擔轉嫁給別人的稅種。屬於間接稅的納稅人，雖然表面上負有納稅義務，但是實際上已將自己的稅款加於所銷售商品的價格上由消費者負擔或用其他方式轉嫁給別人，即納稅人與負稅人不一致。間接稅一般是那些納稅人能夠將稅負轉嫁給他人負擔的那一類稅收，比如中國當前的消費稅、關稅等。

四、按稅收徵收權限和收入支配權限分類

按照稅收徵收權限和收入支配權限分類，稅收可分為中央稅、地方稅和中央地方共享稅。

中央稅，屬於中央政府的財政收入，由國家稅務局負責徵收管理，如關稅。

地方稅，屬於地方各級政府的財政收入，由地方稅務局負責徵收管理，如房產稅、車船稅、土地增值稅、城鎮土地使用稅、契稅等。

中央地方共享稅，屬於中央政府和地方政府財政的共同收入，由中央、地方政府按一定的比例分享稅收收入，目前由國家稅務局負責徵收管理，如增值稅、印花稅、資源稅等。

五、按稅收與價格的關係分類

稅收按稅收與價格的關係可分為價內稅和價外稅。價內稅是指稅金是價格的組成部分，必須按含稅價計稅；價外稅是指稅金是價格的一個附加額或附加比例，必須按不含稅價計稅。

價內稅的優點在於，流轉稅包含在價格之內，由於價格已定，國家可以通過調整價格內稅收的比例來調控經濟。其缺點在於，在實行自由價格的條件下，由於價格要靈活，而稅收則在一定時期內應保持穩定，把相對固定的流轉稅含在價格內，會使價格與稅收產生相互牽制的作用，雙方難以靈活調節。所以實行自由價格的國家一般不選擇價內稅的模式，而選擇價外稅模式。

價外稅不像價內稅那樣可以通過變動稅收來直接「擠利」或「讓利」，從而調節生產，但可以用稅收變動來影響消費，間接地配合價格發揮調節作用。價外稅，有利於全面推行增值稅，簡化計徵手續，計稅時只要依據購貨發票上註明的已納稅額，按照規定的扣除項目扣除已徵稅額就行了。價外稅也使企業核算成本大大簡化，企業只管計算成本和應得利潤，稅收另在價外考慮。

第二章 稅務登記

　　稅務登記又稱納稅登記，是指稅務機關根據稅法規定，對納稅人的生產、經營活動進行登記管理的一項法定制度，也是納稅人依法履行納稅義務的法定手續。它是稅務機關對納稅人實施稅收管理的首要環節和基礎工作，是徵納雙方法律關係成立的依據和證明，也是納稅人必須依法履行的義務。它的意義在於：有利於稅務機關瞭解納稅人的基本情況，掌握稅源，加強徵收與管理，防止漏管漏徵，建立稅務機關與納稅人之間正常的工作聯繫，強化稅收政策和法規的宣傳，增強納稅意識等。

　　根據《中華人民共和國稅收徵收管理法》和國家稅務總局印發的《稅務登記管理辦法》，稅務登記內容包括設立（開業）稅務登記，變更稅務登記，停業、復業登記，外出經營報驗登記和註銷稅務登記等。

● 第一節　設立稅務登記

一、設立稅務登記的對象

　　根據有關規定，設立的納稅人分為兩類，即領取營業執照從事生產、經營的納稅人和其他納稅人。

　　（一）領取營業執照從事生產、經營的納稅人

　　領取營業執照從事生產、經營的納稅人包括企業，企業在外地設立的分支機構，從事生產、經營的場所，個體工商戶，從事生產、經營的事業單位。

　　（二）其他納稅人

　　上述規定以外的納稅人，除國家機關，個人和無固定生產、經營場所的流動性農村小商販外，也應該按規定辦理稅務登記。

二、設立稅務登記的時間和地點

（一）辦理設立稅務登記的地點

納稅人到生產、經營所在地或者納稅義務發生地的主管稅務機關申報辦理稅務登記。非獨立核算的分支機構也應當按照規定向生產經營所在地稅務機關辦理稅務登記。

（二）設立稅務登記的時間

（1）從事生產、經營的納稅人領取工商營業執照的，應當自領取工商營業執照之日起 30 日內申報辦理稅務登記，稅務機關發放稅務登記證及副本。

（2）從事生產、經營的納稅人未辦理工商營業執照但經有關部門批准設立的，應當自有關部門批准設立之日起 30 日內申報辦理稅務登記，稅務機關發放稅務登記證及副本。

（3）從事生產、經營的納稅人未辦理工商營業執照也未經有關部門批准設立的，應當自納稅義務發生之日起 30 日內申報辦理稅務登記，稅務機關發放臨時稅務登記證及副本。

（4）有獨立的生產經營權、在財務上獨立核算並定期向發包人或者出租人上交承包費或租金的承包承租人，應當自承包承租合同簽訂之日起 30 日內，向其承包承租業務發生地稅務機關申報辦理稅務登記，稅務機關發放臨時稅務登記證及副本。

（5）境外企業在中國境內承包建築、安裝、裝配勘探工程和提供勞務的，應當自項目合同或協議簽訂之日起 30 日內，向項目所在地稅務機關申報辦理稅務登記，稅務機關發放臨時稅務登記證及副本。

上述規定以外的其他納稅人，除國家機關，個人和無固定生產、經營場所的流動性農村小商販外，均應當自納稅義務發生之日起 30 日內，向納稅義務發生地稅務機關申報辦理稅務登記，稅務機關發放稅務登記證及副本。

三、設立稅務登記的內容及應提供的資料

（一）設立稅務登記的內容

（1）單位名稱，法定代表人或業主姓名及其居民身分證、護照或者其他證明身分的合法證件。

（2）住所、經營地點。

（3）登記註冊類型及所屬主管單位。

（4）核算方式。

（5）行業、經營範圍、經營方式。

（6）註冊資金（資本）、投資總額、開戶銀行及帳號。

（7）經營期限、從業人數、營業執照號碼。

第二章 稅務登記

(8) 財務負責人、辦稅人員。
(9) 其他有關事項。

企業在外地的分支機構或者從事生產、經營的場所，還應當登記總機構名稱、地址、法人代表、主要業務範圍、財務負責人。

（二）納稅人辦理稅務登記時應提供的資料
(1) 營業執照或其他核准執業證件及其複印件。
(2) 有關合同、章程、協議書。
(3) 銀行帳戶證明。
(4) 組織機構統一代碼證書。
(5) 法定代表人或負責人或業主的居民身分證、護照或其他合法證件。
(6) 稅務機關要求的其他需要提供的資料。

四、設立稅務登記程序

設立稅務登記程序如圖2-1所示。

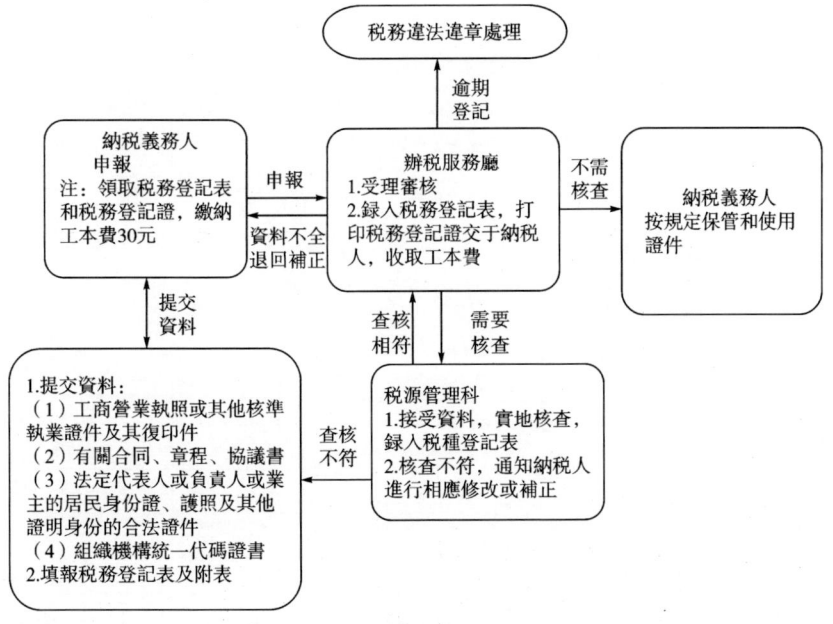

圖2-1 設立稅務登記流程圖

（一）稅務登記的申請

辦理稅務登記是為了建立正常的徵納秩序，是納稅人履行納稅義務的第一步。為此，納稅人必須嚴格按照規定的期限，向當地主管稅務機關及時申報辦理稅務登記手續，實事求是地填報登記項目，並如實回答稅務機關提出的問題。納稅人所屬

企業涉稅實務

的本縣（市）以外的非獨立經濟核算的分支機構，除由總機構申報辦理稅務登記外，還應當自設立之日起 30 日內，向分支機構所在地稅務機關申報辦理註冊稅務登記。在申報辦理稅務登記時，納稅人應認真填寫稅務登記表（見表 2-1）。

表 2-1　　　　　　　　　　稅務登記表及表單說明
（適用單位納稅人）

填表日期：

納稅人名稱			納稅人識別號			
登記註冊類型			批准設立機關			
組織機構代碼			批准設立證明或文件號			
開業（設立）日期		生產經營期限	證照名稱		證照號碼	
註冊地址			郵政編碼		聯繫電話	
生產經營地址			郵政編碼		聯繫電話	
核算方式	請選擇對應項目打「√」□ 獨立核算□ 非獨立核算			從業人數	其中外籍人數__	
單位性質	請選擇對應項目打「√」□ 企業□ 事業單位 □ 社會團體□ 民辦非企業單位 □ 其他					
網站網址			國標行業	□□□□□□□□		
適用會計制度	請選擇對應項目打「√」 □ 企業會計制度 □ 小企業會計制度□ 金融企業會計制度□ 行政事業單位會計制度					
經營範圍			請將法定代表人（負責人）身分證件複印件粘貼在此處			
項目內容	姓名	身分證件		固定電話	移動電話	電子郵箱
		種類	號碼			
法定代表人（負責人）						
財務負責人						
辦稅人						
稅務代理人名稱		納稅人識別號		聯繫電話		電子郵箱
註冊資本或投資總額		幣種	金額	幣種	金額	幣種	金額

第二章 稅務登記

表2-1(續)

投資方名稱	投資方經濟性質	投資比例	證件種類	證件號碼	國籍或地址

自然人投資比例		外資投資比例		國有投資比例	
分支機構名稱		註冊地址		納稅人識別號	

總機構名稱		納稅人識別號	
註冊地址		經營範圍	
法定代表人姓名		聯繫電話		註冊地址郵政編碼	

代扣代繳代收代繳稅款業務情況	代扣代繳、代收代繳稅款業務內容	代扣代繳、代收代繳稅種

附報資料：		
經辦人簽章： ___年___月___日	法定代表人（負責人）簽章： ___年___月___日	納稅人公章： ___年___月___日
以下由稅務機關填寫：		
納稅人所處街鄉		隸屬關係	
國稅主管稅務局		國稅主管稅務所（科）		是否屬於國稅、地稅共管戶	
地稅主管稅務局		地稅主管稅務所（科）			

23

企業涉稅實務

表2-1(續)

經辦人（簽章）： 國稅經辦人：＿＿＿＿ 地稅經辦人：＿＿＿＿ 受理日期： ＿＿年＿＿月＿＿日	國家稅務登記機關（稅務登記專用章）： 核准日期： ＿＿年＿＿月＿＿日 國稅主管稅務機關：	地方稅務登記機關（稅務登記專用章）： 核准日期： ＿＿年＿＿月＿＿日 地稅主管稅務機關：
國稅核發稅務登記證副本數量：本　發證日期：＿＿年＿＿月＿＿日		
地稅核發稅務登記證副本數量：本　發證日期：＿＿年＿＿月＿＿日		

國家稅務總局監制

表單說明

一、本表適用於各類單位納稅人填用。

二、從事生產、經營的納稅人應當自領取營業執照，或者自有關部門批准設立之日起30日內，或者自納稅義務發生之日起30日內，到稅務機關領取稅務登記表，填寫完整後提交稅務機關，辦理稅務登記。

三、辦理稅務登記應當出示、提供以下證件資料（所提供資料原件用於稅務機關審核，複印件留存稅務機關）：

1. 營業執照副本或其他核准執業證件原件及其複印件。

2. 組織機構代碼證書副本原件及其複印件。

3. 註冊地址及生產、經營地址證明（產權證、租賃協議）原件及其複印件；如為自有房產，請提供產權證或買賣契約等合法的產權證明原件及其複印件；如為租賃的場所，請提供租賃協議原件及其複印件，出租人為自然人的還須提供產權證明的複印件；如生產、經營地址與註冊地址不一致，請分別提供相應證明。

4. 公司章程複印件。

5. 有權機關出具的驗資報告或評估報告原件及其複印件。

6. 法定代表人（負責人）居民身分證、護照或其他證明身分的合法證件原件及其複印件；複印件分別粘貼在稅務登記表的相應位置上。

7. 納稅人跨縣（市）設立的分支機構辦理稅務登記時，還須提供總機構的稅務登記證（國、地稅）副本複印件。

8. 改組改制企業還須提供有關改組改制的批文原件及其複印件。

9. 稅務機關要求提供的其他證件資料。

四、納稅人應向稅務機關申報辦理稅務登記。完整、真實、準確、按時地填寫此表。

五、使用碳素或藍墨水的鋼筆填寫本表。

六、本表一式二份（國地稅聯辦稅務登記的本表一式三份）。稅務機關留存一份，退回納稅人一份（納稅人應妥善保管，驗換證時需攜帶查驗）。

七、納稅人在新辦或者換發稅務登記時應報送房產、土地和車船有關證件，包括房屋產權證、土地使用證、機動車行駛證等證件的複印件。

八、表中有關欄目的填寫說明：

1. 「納稅人名稱」欄：指企業法人營業執照或營業執照或有關核准執業證書上的「名稱」；

第二章　稅務登記

2.「身分證件名稱」欄：一般填寫「居民身分證」，如無身分證，則填寫「軍官證」「士兵證」「護照」等有效身分證件；

3.「註冊地址」欄：指工商營業執照或其他有關核准開業證照上的地址。

4.「生產經營地址」欄：指辦理稅務登記的機構生產經營地的地址。

5.「國籍或地址」欄：外國投資者填國籍，中國投資者填地址。

6.「登記註冊類型」欄：指經濟類型，按營業執照的內容填寫；不需要領取營業執照的，選擇「非企業單位」或者「港、澳、臺商企業常駐代表機構及其他」「外國企業」；如為分支機構，按總機構的經濟類型填寫。

分類標準：

110 國有企業	120 集體企業
130 股份合作企業	141 國有聯營企業
142 集體聯營企業	143 國有與集體聯營企業
149 其他聯營企業	151 國有獨資公司
159 其他有限責任公司	160 股份有限公司
171 私營獨資企業	172 私營合夥企業
173 私營有限責任公司	174 私營股份有限公司
90 其他企業	210 合資經營企業（港、澳、臺資）
220 合作經營企業（港、澳、臺資）	230 港、澳、臺商獨資經營企業
240 港、澳、臺商獨資股份有限公司	310 中外合資經營企業
320 中外合作經營企業	330 外資企業
340 外商投資股份有限公司	400 港、澳、臺商企業常駐代表機構及其他
500 外國企業	600 非企業單位

7.「投資方經濟性質」欄：單位投資的，按其登記註冊類型填寫；個人投資的，填寫自然人。

8.「證件種類」欄：單位投資的，填寫其組織機構代碼證；個人投資的，填寫其身分證件名稱。

9.「國標行業」欄：按納稅人從事生產經營行業的主次順序填寫，其中第一個行業填寫納稅人的主行業。

國民經濟行業分類標準（GB/T 4754-2002）

A 農、林、牧、漁業

01 農業	02 林業
03 畜牧業	04 漁業
05 農、林、牧、漁服務業	

B 採礦業

06 煤炭開採和洗選業	07 石油和天然氣開採業
08 黑色金屬礦採選業	09 有色金屬礦採選業
10 非金屬礦採選業	11 其他採礦業

C 製造業

13 農副食品加工業	14 食品製造業

企業涉稅實務

15 飲料製造業　　　　　　　　　　16 菸草製品業
17 紡織業　　　　　　　　　　　　18 紡織服裝、鞋、帽製造業
19 皮革、毛皮、羽毛（絨）及其製品業
20 木材加工及木、竹、藤、棕、草製品業
21 家具製造業　　　　　　　　　　22 造紙及紙製品業
23 印刷業和記錄媒介的複製　　　　24 文教體育用品製造業
25 石油加工、煉焦及核燃料加工業　26 化學原料及化學製品製造業
27 醫藥製造業　　　　　　　　　　28 化學纖維製造業
29 橡膠製品業　　　　　　　　　　30 塑料製品業
31 非金屬礦物製品業　　　　　　　32 黑色金屬冶煉及壓延加工業
33 有色金屬冶煉及壓延加工業　　　34 金屬製品業
35 普通機械製造業　　　　　　　　36 專用設備製造業
37 交通運輸設備製造業　　　　　　39 電氣機械及器材製造業
40 通信設備、計算機及其他電子設備製造業
41 儀器儀表及文化、辦公用機械製造業
42 工藝品及其他製造業　　　　　　43 廢棄資源和廢舊材料回收加工業
D 電力、燃氣及水的生產和供應業
44 電力、燃氣及水的生產和供應業
45 燃氣生產和供應業　　　　　　　46 水的生產和供應業
E 建築業
47 房屋和土木工程建築業　　　　　48 建築安裝業
49 建築裝飾業　　　　　　　　　　50 其他建築業
F 交通運輸、倉儲和郵政業
51 鐵路運輸業　　　　　　　　　　52 道路運輸業
53 城市公共交通業　　　　　　　　54 水上運輸業
55 航空運輸業　　　　　　　　　　56 管道運輸業
57 裝卸搬運及其他運輸服務業　　　58 倉儲業
59 郵政業
G 信息傳輸、計算機服務和軟件業
60 電信和其他信息傳輸服務業　　　61 計算機服務業
62 軟件業
H 批發和零售業
63 批發業　　　　　　　　　　　　65 零售業
I 住宿和餐飲業
66 住宿業　　　　　　　　　　　　67 餐飲業
J 金融業
68 銀行業　　　　　　　　　　　　69 證券業
70 保險業　　　　　　　　　　　　71 其他金融活動
K 房地產業

第二章 稅務登記

72 房地產業
L 租賃和商務服務業
73 租賃業　　　　　　　　　74 商務服務業
M 科學研究、技術服務和地質勘查業
75 研究與試驗發展　　　　　76 專業技術服務業
77 科技交流和推廣服務業　　78 地質勘查業
N 水利、環境和公共設施管理業
79 水利管理業　　　　　　　80 環境管理業
81 公共設施管理業
O 居民服務和其他服務業
82 居民服務業　　　　　　　83 其他服務業
P 教育
84 教育
Q 衛生、社會保障和社會福利業
85 衛生　　　　　　　　　　86 社會保障業
87 社會福利業
R 文化、體育和娛樂業
88 新聞出版業　　　　　　　89 廣播、電視、電影和音像業
90 文化藝術業　　　　　　　91 體育
92 娛樂業
S 公共管理與社會組織
93 中國共產黨機關　　　　　94 國家機構
95 人民政協和民主黨派
96 群眾社團、社會團體和宗教組織
97 基層群眾自治組織
T 國際組織
98 國際組織

（二）稅務登記的受理、審核

1. 受理

稅務機關對申請辦理稅務登記的單位和個人提供的申請稅務登記報告書，及要求報送的各種附列資料、證件進行查驗，只有手續完備、符合要求的，方可受理登記，並根據其經濟類型發給相應的稅務登記表。

2. 審核

稅務登記審核，是稅務登記管理的關鍵工作。通過對稅務登記申請的審核，能夠發現應申報辦理稅務登記戶數、實際辦理稅務登記戶數，以便掌握申報辦理稅務登記戶的相關稅務管理信息。

因此，稅務機關對納稅人填報的稅務登記表，提供的相關證件、資料，應當在收到申報的當日審核完畢。

(三) 稅務登記證的核發

若納稅人提交的證件和資料齊全且稅務登記表的填寫內容符合規定，稅務機關應當日辦理並發放稅務登記證件。納稅人提交的證件和資料不齊全或稅務登記表的填寫內容不符合規定的，稅務機關應當場通知其補正或重新填報。

五、稅務登記證的使用及管理

(一) 稅務登記證的使用

從事生產、經營的納稅人向生產、經營地或者納稅義務發生地的主管稅務機關申報辦理稅務登記時，所頒發的登記憑證，也叫稅務登記證件。除按照規定不需要發給稅務登記證件的外，納稅人辦理下列事項時，必須持稅務登記證件：

(1) 開立銀行帳戶；
(2) 申請減稅、免稅、退稅；
(3) 申請辦理延期申報、延期繳納稅款；
(4) 領購發票；
(5) 申請開具外出經營活動稅收管理證明；
(6) 辦理停業、歇業；
(7) 其他有關稅務事項。

(二) 稅務登記證的管理

(1) 稅務機關對稅務登記證件實行定期驗證和換證制度。納稅人應當在規定的期限內持有關證件到主管稅務機關辦理驗證或者換證手續。

(2) 納稅人應當將稅務登記證件正本在其生產、經營場所或者辦公場所公開懸掛，接受稅務機關檢查。

(3) 納稅人遺失稅務登記證件的，應當在 15 日內書面報告主管稅務機關，並登報聲明作廢；同時，憑報刊上刊登的遺失聲明向主管稅務機關申請補辦稅務登記證件。

第二節 變更稅務登記

變更稅務登記是指納稅人辦理設立稅務登記后，因稅務登記內容發生變化，向稅務機關申請將稅務登記內容重新調整為與實際情況一致的一種稅務登記管理制度。它分為工商登記變更和非工商登記變更兩個內容。註銷稅務登記是指納稅人發生解散、破產、撤銷以及其他情形，不能繼續履行納稅義務時，向稅務機關申請辦理終止納稅義務的稅務登記管理制度。辦理註銷稅務登記后，該當事人不再接受原稅務機關的管理。

第二章　稅務登記

一、變更稅務登記

（一）變更稅務登記的範圍及時間要求

1. 變更稅務登記的範圍

納稅人辦理稅務登記后，如稅務登記內容發生變化的，應當辦理變更稅務登記。如：改變名稱、改變法定代表人、改變經濟性質或經濟類型、改變住所和經營地點（不涉及主管稅務機關變動的）、改變生產經營方式、增減註冊資金（資本）、改變隸屬關係、改變生產經營期限、改變或增減銀行帳號、改變生產經營權屬以及改變其他稅務登記內容的。

2. 時間要求

納稅人稅務登記內容發生變化的，應當自工商行政管理機關或者其他機關辦理變更稅務登記之日起 30 日內，持有關證件向原稅務登記機關申報辦理變更稅務登記。

納稅人稅務登記內容發生變化，不需要到工商行政管理機關或者其他機關辦理變更登記的，應當自發生變化之日起 30 日內，持有關證件向原稅務登記機關申報辦理變更稅務登記。

（二）變更稅務登記的程序及方法

變更稅務登記的業務流程如圖 2-2 所示。

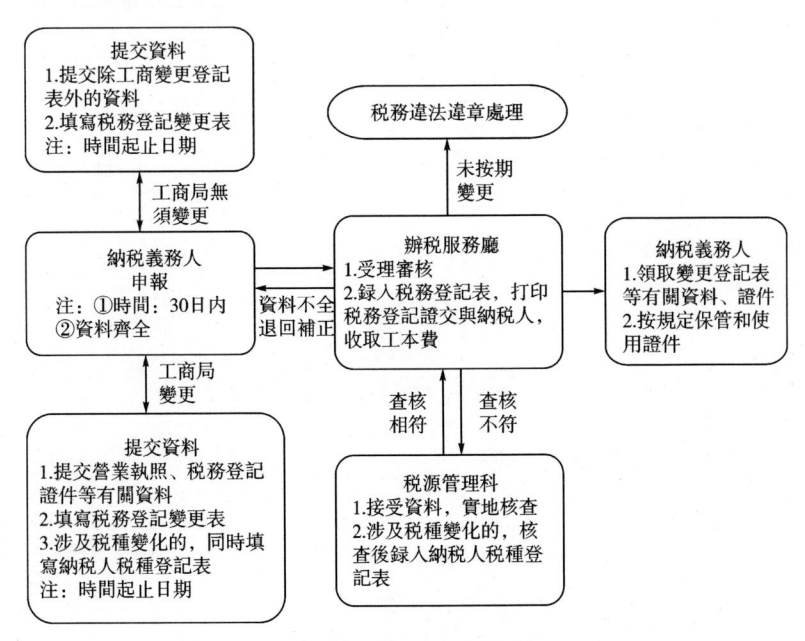

圖 2-2　變更稅務登記業務流程圖

企業涉稅實務

1. 申請

納稅人稅務登記項目發生變更時,在發生變更后 30 日內,到主管稅務機關稅務登記管理崗位領取填寫和提交如下申請資料:

納稅人因變更工商登記而需要變更稅務登記的:變更登記申請書,工商變更登記表、工商執照(註冊登記執照)及複印件,納稅人變更稅務登記內容的決議及有關證明資料,稅務機關發放的原稅務登記資料(登記證正、副本和登記表等),稅務登記變更表、納稅人稅種登記表(涉及稅種變更的),其他有關資料。

非工商登記變更因素而變更稅務登記內容的:變更登記申請書,納稅人變更稅務登記內容的決議及有關證明資料,稅務機關發放的原稅務登記資料(登記證正、副本和登記表等),稅務登記變更表、納稅人稅種登記表(涉及稅種變更的),其他有關資料。

2. 受理

稅務登記管理崗位審閱納稅人填報的表格是否符合要求,附送的資料是否齊全,符合條件的,予以受理。

3. 審核

對納稅人報送的變更登記表及附列資料進行核對,檢查填寫內容是否準確,有無漏缺項目。

對變更法定代表人的,利用法定代表人居民身分證號碼進行審核比對,檢查是否有在案的未履行納稅義務的記錄。

4. 證件製作、發放

稅務機關應當自受理之日起 30 日內,審核辦理變更稅務登記。納稅人稅務登記表和稅務登記證中的內容都發生變更的,稅務機關按變更後的內容重新核發稅務登記證件;納稅人稅務登記表的內容發生變更而稅務登記證中的內容未發生變更的,稅務機關不重新核發稅務登記證件。

稅務登記變更表如表 2-2 所示。

表 2-2　　　　　　　　　　稅務登記變更表

納稅人識別號:

納稅人名稱:

變更登記事項			
序號	變更項目	變更前內容	變更後內容

第二章　稅務登記

表2-2(續)

送繳證件情況			
法定代表人（負責人）	辦稅人員		納稅人（簽章） 年　月　日
主管稅務機關審批意見			
			（公章）
負責人：	經辦人：		年　月　日

二、註銷稅務登記

（一）註銷稅務登記的範圍及時間要求

1. 適用範圍

納稅人因經營期限屆滿而自動解散，企業由於改組、分立、合併等原因而被撤銷，企業資不抵債而破產，納稅人住所、經營地址遷移而涉及改變原主管稅務機關，納稅人被工商行政管理部門吊銷營業執照，納稅人依法終止履行納稅義務的其他情形。

2. 時間要求

納稅人發生解散、破產、撤銷以及其他情形，依法終止納稅義務的，應當在向工商行政管理機關辦理註銷登記前，持有關證件向原稅務登記管理機關申報辦理註銷稅務登記；按照規定不需要在工商管理機關辦理註銷登記的，應當自有關機關批准或者宣告終止之日起15日內，持有關證件向原稅務登記管理機關申報辦理註銷稅務登記。

納稅人因住所、生產、經營場所變動而涉及改變主管稅務登記機關的，應當在向工商行政管理機關申請辦理變更或註銷登記前，或者住所、生產、經營場所變動前，向原稅務登記機關申報辦理註銷稅務登記，並在30日內向遷入地主管稅務登記機關申報辦理稅務登記。

納稅人被工商行政管理機關吊銷營業執照的，應當自營業執照被吊銷之日起15日內，向原稅務登記機關申報辦理註銷稅務登記。

企業涉稅實務

境外企業在中國境內承包建築、安裝、裝配、勘探工程和提供勞務的，應當在項目完工、離開中國前15日內，持有關證件和資料，向原稅務登記機關申報辦理註銷稅務登記。

（二）註銷稅務登記的程序及方法

（1）納稅人在辦理註銷稅務登記之前，首先應向稅務機關結清應納稅款、滯納金、罰款，繳銷發票、稅務登記證件和其他稅務證件。

（2）納稅人辦理註銷稅務登記時應提交如下資料：註銷稅務登記申請書，上級主管部門批文或董事會、職代會的決議和其他有關資料。經稅務機關審核後符合註銷登記條件的，可領取並填寫註銷稅務登記申請審批表。

（3）稅務管理部門經稽查、審核後辦理註銷稅務登記手續。

納稅人因住所、經營地點發生變化需改變稅務登記機關而辦理註銷稅務登記的，原稅務登記機關應在對其辦理註銷手續後，向遷達地稅務機關遞交納稅人遷移通知書，並附納稅人檔案資料移交清單，由遷達地稅務登記機關為納稅人重新辦理稅務登記。

註銷稅務登記申請審批表如表2-3所示。

表2-3　　　　　　　　　　註銷稅務登記申請審批表

納稅人名稱		納稅人識別號	
註銷原因			
附送資料			
納稅人 經辦人： 　年　月　日	法定代表人（負責人）： 　年　月　日		納稅人（簽章） 　年　月　日
以下由稅務機關填寫			
受理時間	經辦人： 　年　月　日	負責人： 　年　月　日	
清繳稅款、滯納金、罰款情況	經辦人： 　年　月　日	負責人： 　年　月　日	
繳銷發票情況	經辦人： 　年　月　日	負責人： 　年　月　日	

第二章　稅務登記

表2-3(續)

稅務檢查意見	檢查人員： 　年　月　日		負責人： 　年　月　日		
收繳稅務證件情況	種類	稅務登記證正本	稅務登記證副本	臨時稅務登記證正本	臨時稅務登記證副本
	收繳數量				
	經辦人： 　年　月　日		負責人： 　年　月　日		
批准意見	部門負責人： 　年　月　日			稅務機關（簽章） 　年　月　日	

表單說明：

1. 本表依據《徵管法實施細則》第十五條設置。

2. 適用範圍：納稅人發生解散、破產、撤銷、被吊銷營業執照及其他情形而依法終止納稅義務，或者因住所、經營地點變動而涉及改變稅務登記機關的，向原稅務登記機關申報辦理註銷稅務登記時使用。

3. 填表說明：

（1）附送資料：填寫附報的有關注銷的文件和證明資料；

（2）清繳稅款、滯納金、罰款情況：填寫納稅人應納稅款、滯納金、罰款繳納情況；

（3）繳銷發票情況：納稅人發票領購簿及發票繳銷情況；

（4）稅務檢查意見：檢查人員對需要清查的納稅人，在納稅人繳清查補的稅款、滯納金、罰款后簽署意見；

（5）收繳稅務證件情況：在相應的欄內填寫收繳數量並簽字確認，收繳的證件如果為「臨時稅務登記證」，添加「臨時」字樣。

4. 本表為A4型豎式，一式二份，稅務機關一份，納稅人一份。

● 第三節　停業、復業登記

一、停業登記

實行定期定額徵收方式的納稅人，在營業執照核准的經營期限內需要停業的，應當向稅務機關提出停業登記申請，說明停業的理由、時間，停業前的納稅情況和

33

發票的領、用、存情況，並如實填寫申請停業登記表。納稅人的停業期限不得超過一年。稅務機關經過審核（必要時可實地審查），應當責成申請停業的納稅人結清稅款並收回稅務登記證件、發票領購簿和發票，辦理停業登記。納稅人停業期間發生納稅義務，應當及時向主管稅務機關申報，依法補繳應納稅款。

二、復業登記

納稅人應當與恢復生產、經營之前，向稅務機關提出復業登記申請，經確認后，辦理復業登記，領回或啟用稅務登記證件、發票領購簿和領購的發票，納入正常管理。

納稅人停業期滿不能及時恢復生產、經營的，應當在停業期滿前到稅務機關辦理延長停業登記，並如實填寫停業復業報告書。納稅人停業期滿未按期復業又不申請延長停業的，稅務機關應當視為已恢復營業，實施正常的稅收徵收管理。

停業復業報告書發表 2-4 所示。

表 2-4　　　　　　　　　　停業復業（提前復業）報告書

填表日期：　　年　月　日

納稅人基本情況	納稅人名稱			納稅人識別號			經營地點		
停業期限				復業時間					
繳回發票情況	種類	號碼	本數	領回發票情況	種類	號碼	本數		
繳存稅務資料情況	發票領購簿	稅務登記證	其他資料	領用稅務資料情況	發票領購簿	稅務登記證	其他資料		
	是（否）	是（否）	是（否）		是（否）	是（否）	是（否）		
結清稅款情況	應納稅款	滯納金	罰款	停業期是（否）納稅	已繳應納稅款	已繳滯納金	已繳罰款		
	是（否）	是（否）	是（否）		是（否）	是（否）	是（否）		

納稅人（簽章）：
年　月　日

第二章　稅務登記

表2-4(續)

稅務機關復核	經辦人： 　　年　月　日	負責人： 　　年　月　日	稅務機關（簽章） 　　年　月　日

1. 申請提前復業的納稅人在表頭「提前復業」字樣上劃鉤。
2. 已繳還或領用稅務資料的納稅人，在「是」字上劃鉤，未繳還或未領用稅務資料的納稅人，在「否」字上劃鉤。
3. 納稅人在停業期間有義務繳納稅款的，在「停業期是（否）納稅」項目的「是」字上劃鉤，然后填寫后面內容；沒有納稅義務的，在「停業期是（否）納稅」項目的「否」字上劃鉤，后面內容不用填寫。

● 第四節　外出經營報檢登記和非正常戶管理

一、外出經營報檢登記

　　納稅人到外縣（市）臨時從事生產經營活動的，應當在外出生產經營以前，持稅務登記證向主管稅務機關申請開具外出經營活動稅收管理證明。

　　稅務機關按照一地一證原則，發放外出經營活動稅收管理證明，其有效期一般為 30 日，最長不得超過 180 天。

　　納稅人應當在外出經營活動稅收管理證明註明地進行生產經營前向當地稅務機關報驗登記，並提交稅務登記證件副本、外出經營活動稅收管理證明。納稅人在外出經營活動稅收管理證明註明地銷售貨物的，還應如實填寫外出經營貨物報驗單，申報查驗貨物。

　　納稅人外出經營活動結束，應當向經營地稅務機關填報外出經營活動情況申報表，並結清稅款，繳銷發票。

　　納稅人應當在外出經營活動稅收管理證明有效期屆滿 10 日內，持外出經營活動稅收管理證明回原稅務登記地稅務機關辦理外出經營活動稅收管理證明撤銷手續。

　　外出經營活動稅收管理證明如表 2-5 所示。

表 2-5　　　　　　　　外出經營活動稅收管理證明

納稅人名稱		納稅人識別號	
法定代表人 （負責人）		身分證件名稱　　　身分證件號碼	
稅務登記地		外出經營地	
登記註冊類型		經營方式	

企業涉稅實務

表2-5(續)

外出經營活動情況				
應稅勞務	勞務地點	有效期限		合同金額
		年 月 日至 年 月 日		
		年 月 日至 年 月 日		
貨物名稱	數量	銷售地點	有效期限	貨物總值
			年 月 日至 年 月 日	
			年 月 日至 年 月 日	
合同總金額				
稅務登記地稅務機關意見：				
經辦人： 年 月 日		負責人： 年 月 日	稅務機關（簽章） 年 月 日	
有效日期		自 年 月 日起至 年 月 日		
以下由外出經營地稅務機關填寫				

應稅勞務	營業額	繳納稅款	使用發票名稱	發票份數	發票號碼
合計金額			……		
貨物名稱	銷售數量	銷售額	繳納稅款	使用發票名稱	發票份數	發票號碼
合計金額	……			……		

外出經營地稅務機關意見：			
經辦人： 年 月 日	負責人： 年 月 日		稅務機關（簽章） 年 月 日

使用說明

1. 本表依據《徵管法實施細則》第二十一條、《稅務登記管理辦法》第三十二條設置。

2. 適用範圍：納稅人需要臨時到外埠從事生產經營活動時使用。

3. 表中主要內容填寫說明：

經營方式：填批發零售、工業加工、修理修配、建築安裝、服務、其他。

勞務地點：填勞務實際發生的地點。

4. 本表由納稅人在外出經營前向稅務登記地稅務機關領取並填寫有關內容；到達外出經營地

36

第二章 稅務登記

在開始經營前向外出經營地稅務機關報驗登記；外出經營活動結束后，經外出經營地稅務機關簽章，由納稅人持本表返稅務登記地稅務機關辦理有關事項。

二、非正常戶處理

已辦理稅務登記的納稅人未按照規定的期限申報納稅，在稅務機關責令其限期改正后，逾期不改正的，稅務機關應當派員實地檢查，查無下落並且無法強制其履行納稅義務的，由檢查人員製作非正常戶認定書，存入納稅人檔案，稅務機關暫停其稅務登記證件、發票領購簿和發票的使用。

納稅人被列入非正常戶超過3個月的，稅務機關可以宣布其稅務登記證件失效，其應納稅款的追徵仍按《中華人民共和國稅收徵收管理法》及其實施細則的規定執行。

第三章　稅收徵管與法律責任

在社會主義市場經濟條件下，稅收作為國家參與社會分配、組織財政收入和調節社會再生產各個環節的經濟槓桿，不僅其地位和作用是任何行政手段和經濟槓桿所無法取代的，而且在社會主義市場經濟中將擔負更為重要的使命。但是也應當看到，由於人們受舊的傳統觀念影響，社會上對稅收的認識還存在較大的片面性，稅收觀念淡薄，以權代法、以言代法的現象時有發生，偷稅、騙稅案件也不斷出現，這與依法治稅是根本不相容的。同時，也說明我們現行的分配制度不規範、槓桿配合不協調、徵收管理不嚴格、宣傳工作不深入。加強稅收管理已成為稅收工作的當務之急。因此，加強對稅收徵管及其法律責任的瞭解，具有重要的意義和作用。

第一節　稅收徵收管理

《中華人民共和國稅收徵收管理法》（以下簡稱《稅收徵管法》）於1992年9月4日經第七屆全國人民代表大會常務委員會第二十七次會議通過，自1993年1月1日起施行，后又經過數次修訂。《稅收徵管法》只適用於由稅務機關徵收的各種稅收的徵收管理。其作用在於，加強稅收徵收管理，規範稅收徵收和繳納行為，保障國家稅收收入，保護納稅人的合法權益，促進經濟發展和社會進步。

一、稅收徵管法的適用範圍

《稅收徵管法》規定，凡依法由稅務機關徵收的各種稅收的徵收管理，均適用本法。中國徵稅的稅務機關包括稅務、海關、財政等部門，稅務機關徵收各種工商稅收，海關徵收關稅。《稅收徵管法》只適用於由稅務機關徵收的各種稅收的徵收管理。

第三章　稅收徵管與法律責任

二、稅收徵管權利與義務的設定

(一) 稅務機關與稅務人員的權利和義務

稅務機關和稅務人員的權利：負責稅收徵收管理工作；依法執行職務，任何單位和個人不能阻撓。

稅務機關和稅務人員的義務：廣泛宣傳稅法，無償提供諮詢；加強隊伍建設，提高政治業務素質；秉公執法，忠於職守，清正廉潔，尊重和保護相對人的權利；不得索賄受賄、徇私舞弊、玩忽職守，不得不徵或者少徵應徵稅款，不得濫用職權多徵或者故意刁難納稅人和扣繳義務人；應當建立、健全內部制約和監督管理制度；上級應當對下級的執法活動依法進行監督；應當對其工作人員執行法律、行政法規和廉潔自律準則的情況進行監督檢查；負責徵收、管理、稽查、行政復議的人員的職責應當明確，並相互分離，相互制約；為檢舉人保密，並按照規定給予獎勵；稅務人員在核定應納稅額、調整稅收定額時，與扣繳義務人或者其法定代表人、直接責任人有關係的，應當迴避。

(二) 地方各級人民政府、有關部門和單位的權利和義務

地方各級人民政府、有關部門和單位擁有如下權利：地方各級人民政府應當依法加強對本行政區域內稅收徵收管理工作的領導和協調，支持稅務機關依法執行職務，依照法定稅率計算稅額，依法徵收稅款；各有關部門和單位應當支持、協助稅務機關依法執行職務；任何單位和個人都有權檢舉違反稅收法律、行政法規的行為。

地方各級人民政府、有關部門和單位的義務：不得違反法律、法規的規定，擅自做出稅收開徵、停徵以及減稅、免稅、補稅和其他與稅收法律、法規相抵觸的決定；收到違反稅收法律、法規行為檢舉的機關和負責查處的機關應當為檢舉人保密。

● 第二節　稅款徵收與稅務檢查

一、稅款徵收

稅款徵收是稅收徵管管理工作中的中心環節，是全部稅收徵管工作的目的和歸宿，在整個稅收工作中占據著極其重要的地位。

(一) 稅款徵收原則

稅務機關是徵稅的唯一行政主體，稅務機關只能依據法律、行政法規的規定徵稅。稅務機關不能違反法律、法規的規定開徵、停徵、多徵、少徵、提前、延緩徵收或者攤派稅款。

稅務機關徵收稅款必須遵守法定權限和程序。稅務機關徵收稅款或扣押、查封商品、貨物或者其他財產時，必須開具完稅憑證或開付扣押、查封的收據或清單。

稅款、滯納金、罰款統一由稅務機關上繳國庫。稅款徵收必須依據稅收優先原則（優先於無擔保債權，優先於抵押權、職權、留置權執行，優先於罰款、沒收違法所得）。

（二）稅款徵收方式

1. 查帳徵收

查帳徵收是由納稅人依據帳簿記載，先自行計算繳納，事後經稅務機關查帳核定，如有不符合稅法規定的情況，多退少補。這種方式一般適用於財務會計制度較為健全、能夠認真履行納稅義務的納稅單位。

2. 查定徵收

查定徵收是指稅務機關根據納稅人的從業人員、生產設備、採用原材料等因素，對其產制的應稅產品查實核定產量、銷售額並據以徵收稅款的方式。這種方式一般適用於帳冊不夠健全，但是能夠控製原材料或進銷貨的納稅單位。

3. 查驗徵收

查驗徵收是稅務機關對納稅人應稅商品，通過查驗數量，按市場一般銷售單價計算其銷售收入並據以徵稅的方式。這種方式一般適用於經營品種比較單一、經營地點、時間和商品來源不固定的納稅單位。

4. 定期定額徵收

定期定額徵收是稅務機關通過典型調查，逐戶確定營業額和所得額並據以徵稅的方式。這種方式一般適用於無完整考核依據的小型納稅單位。

5. 委托代徵

委托代徵是指稅務機關委托代徵人以稅務機關的名義徵收稅款，並將稅款繳入國庫的方式。這種方式一般適用於小額、零散稅源的徵收。

6. 郵寄納稅

郵寄納稅是一種新的納稅方式，只適用於那些有能力按期納稅，但又不方便採用其他方式納稅的納稅人。

7. 其他方式

它主要是指利用網路申報、IC 卡納稅等方式。

（三）稅款徵收制度

稅款徵收制度，是指稅務機關按照稅法規定將納稅人應納的稅款收繳入庫的法定制度。它是稅收徵收管理的中心環節，直接關係到國家稅收的及時、足額入庫。

1. 代扣代繳、代收代繳稅款制度

對法律、行政法規沒有規定負有代扣、代收稅款義務的單位和個人，稅務機關不得要求其履行代扣、代收稅款義務。稅法規定的扣繳義務人必須依法履行代扣、代收稅款義務，如果不履行，將要承擔法律責任。扣繳義務人依法履行代扣代繳義務時，納稅人不得拒絕。扣繳義務人代扣、代收稅款，只限於法律、行政法規規定的範圍，並依照法律、行政法規規定的徵收標準執行，對法律、法規沒有規定代扣、

第三章　稅收徵管與法律責任

代收的，扣繳義務人不得超越範圍或者降低標準代扣、代收。稅務機關按照規定付給扣繳義務人代扣、代收手續費，且此手續費只能由縣（市）以上稅務機關統一辦理退庫手續，不得在徵收稅款過程中坐支。

2. 延期繳納稅款制度

納稅人和扣繳義務人必須在稅法規定的期限內繳納、解繳稅款。但考慮到納稅人在履行納稅義務的過程中，可能會遇到諸如不可抗力導致的重大損失，當期貨幣工資扣除應付職工工資、社會保險費之后不足繳稅的特殊困難。為保護納稅人的合法權益，《稅收徵管法》規定，納稅人申請經省、自治區、直轄市國家稅務局、地方稅務局批准后，可延期繳納稅款，但最長不得超過三個月。

3. 稅收滯納金徵收制度

納稅人未按照規定期限繳納稅款的，扣繳義務人未按照規定期限解繳稅款的，稅務機關除責令限期繳納外，從滯納稅款之日起，按日加收滯納稅款萬分之五的滯納金。

4. 稅收強制執行措施

從事生產經營的納稅人、扣繳義務人在規定的期限沒有繳納或者解繳稅款，納稅擔保人未按照規定的期限繳納所擔保的稅款，由稅務機關責令限期繳納或者解繳稅款，逾期仍未繳納的，經縣以上稅務局局長批准，稅務機關可以採取措施強制執行。如書面通知其開戶銀行或者其他金融機構從其存款中扣繳稅款，扣押、查封、依法拍賣或者變賣其價值相當於應納稅款的商品、貨物或者其他財產，以拍賣或者變賣所得抵繳稅款。個人及其所撫養家屬維持生活必需的住房及用品，不在強制執行措施的範圍之內。

5. 欠稅清繳制度

欠稅指納稅人未按規定期限繳納稅款，扣繳義務人未按照規定期限解繳稅款的行為。欠稅清繳制度包括：

（1）阻止出境。欠繳稅款的納稅人及其法定代表人需要出境的，應當在出境前向稅務機關結清應納稅款或者提供擔保。未結清稅款，又不提供擔保的，稅務機關可以通知出境管理機關阻止其出境。

（2）改制納稅人欠稅的清繳。納稅人有合併、分立情形的，應當向稅務機關報告，並依法繳清稅款。納稅人合併時未繳清稅款的，應當由合併后的納稅人繼續履行未履行的納稅義務；納稅人分立時未繳清稅款的，分立后的納稅人對未履行的納稅義務應當承擔連帶責任。

（3）大額欠稅處分財產報告。欠繳稅款數額在 5 萬元以上的納稅人，在處分其不動產或者大額資產之前，應當向稅務機關報告。這一規定有利於稅務機關及時掌握欠稅企業處置不動產和大額資產的動向。稅務機關可以根據其是否侵害了國家稅收，是否有轉移資產、逃避納稅義務的情形，決定是否行使稅收優先權，是否採取稅收保全措施或者強制執行措施。

（4）行使代位權、撤銷權。稅務機關可以對欠繳稅款的納稅人行使代位權、撤銷權，即對納稅人的到期債權等財產權利，稅務機關可以依法向第三者追索以抵繳稅款。《稅收徵管法》第五十條規定了在哪些情況下稅務機關可以依據《中華人民共和國合同法》行使代位權、撤銷權。

（5）欠稅公告。稅務機關應當對納稅人欠繳稅款的情況，在辦稅場所或者廣播、電視、報紙、期刊、網路等新聞媒體上定期予以公告。定期公告是指稅務機關定期向社會公告納稅人的欠稅情況。同時稅務機關還可以根據實際情況和實際需要，制定納稅人的納稅信用等級評比制度。

6. 稅款退還和追徵制度

（1）稅款退還。納稅人超過應納稅額繳納的稅款，稅務機關發現後應當立即退還。納稅人自結算應納稅款之日起3年內發現的，可以向稅務機關要求退還多繳的稅款並加算銀行同期存款利息，稅務機關及時查實後應當立即退還。

（2）稅款補繳。因稅務機關的責任，致使納稅人、扣繳義務人未繳或者少繳稅款的，稅務機關在3年內可以要求納稅人、扣繳義務人補繳稅款，但是不得加收滯納金。

（3）稅款的追徵。因納稅人、扣繳義務人計算錯誤等失誤造成的未繳或者少繳的稅款，稅務機關在3年內可以追徵稅款、滯納金；有特殊情況的，追徵期可以延長到5年。對偷稅、抗稅、騙稅的，稅務機關追徵其未繳或者少繳的稅款、滯納金或者所騙取的稅款，不受期限的限制。

二、稅務檢查

稅務檢查是稅收徵收管理的一個重要環節。它是指稅務機關依法對納稅人履行繳納稅款義務和扣繳義務人履行代扣、代收稅款義務所進行的監督檢查。納稅人、扣繳義務人必須接受稅務機關依法進行的稅務檢查，如實反映情況，提供有關資料，不得拒絕、隱瞞。稅務機關依法進行稅務檢查時，有關部門和單位應當支持、協助。稅務檢查，既有利於全面貫徹國家的稅收政策，嚴肅稅收法紀，加強納稅監督，查處偷稅、漏稅和逃騙稅等違法行為，確保稅收收入足額入庫，也有利於幫助納稅人明確經營方向，促使其加強經濟核算，提高經濟效益。

（一）稅務檢查的方法

稅務機關進行稅務檢查，一般採用以下三種方法：

1. 稅務查帳

稅務查帳是對納稅人的會計憑證、帳簿、會計報表以及銀行存款帳戶等核算資料所反映的納稅情況所進行的檢查。這是稅務檢查中最常用的方法。

2. 實地調查

實地調查是對納稅人帳務情況進行的現場調查。

第三章　稅收徵管與法律責任

3. 稅務稽查

稅務稽查是對納稅人的應稅貨物進行的檢查。

稅務機關對從事生產、經營的納稅人以前納稅期的納稅情況依法進行稅務檢查時，發現納稅人有逃避納稅義務行為，並有明顯的轉移、隱匿其納稅的商品、貨物以及其他財產或者應納稅的收入跡象的，可以按照《稅收徵管法》規定的批准權限採取稅收保全措施或者強制執行措施。

稅務機關依法進行上述稅務檢查時，納稅人、扣繳義務人必須接受檢查，如實反映情況，提供有關資料，不得拒絕、隱瞞；稅務機關有權向有關單位和個人調查納稅人、扣繳義務人和其他當事人與納稅或者代扣代繳、代收代繳稅款有關的情況，有關部門和個人有義務向稅務機關如實提供有關材料及證明材料。稅務機關調查稅務違法案件時，對與案件有關的情況和資料，可以進行記錄和複製。但是，稅務人員在進行稅務檢查時，必須出示稅務檢查證，並有責任為被檢查人保守秘密；未出示稅務檢查證和稅務檢查通知書的，納稅人、扣繳義務人及其他當事人有權拒絕檢查。

（二）稅務檢查的範圍

檢查納稅人的帳簿、記帳憑證、報表和有關資料，檢查扣繳義務人代扣代繳、代收代繳稅款帳簿、記帳憑證和有關資料。

到納稅人的生產、經營場所和貨物存放地檢查納稅人應納稅的商品、貨物或者其他財產，檢查扣繳義務人與代扣代繳、代收代繳稅款有關的經營情況。

責成納稅人、扣繳義務人提供與納稅或者代扣代繳、代收代繳稅款有關的文件、證明材料和有關資料。

詢問納稅人、扣繳義務人與納稅或者代扣代繳、代收代繳稅款有關的問題和情況。

到車站、碼頭、機場、郵政企業及其分支機構檢查納稅人托運、郵寄應納稅商品、貨物或者其他財產的有關單據、憑證和有關資料。

經縣以上稅務局（分局）局長批准，憑全國統一格式的檢查存款帳戶許可證明，查詢從事生產、經營的納稅人、扣繳義務人在銀行或者其他金融機構的存款帳戶。稅務機關調查稅收違法案件時，經設區的市、自治州以上稅務局（分局）局長批准，可以查詢案件涉嫌人員的儲蓄存款。

● 第三節　法律責任

所謂稅收法律責任，是指稅收法律關係的主體因違反稅收法律規範所應承擔的法律后果。稅收法律責任依其性質和形式的不同，可分為經濟責任、行政責任和刑

企業涉稅實務

事責任；依承擔法律責任主體的不同，可分為納稅人的責任、扣繳義務人的責任、稅務機關及其工作人員的責任。

一、違反稅務管理基本規定行為的處罰

根據《稅收徵管法》第六十條和《稅收徵管法實施細則》第九十條規定：納稅人有下列行為之一的，由稅務機關責令限期改正，可以處 2,000 元以下的罰款；情節嚴重的，處 2,000 元以上 1 萬元以下的罰款。

（1）未按照規定的期限申報辦理稅務登記、變更或者註銷登記的；
（2）未按照規定設置、保管帳簿或者記帳憑證和有關資料的；
（3）未按照規定將財務、會計制度或者財務、會計處理辦法和會計核算軟件報送稅務機關備查的；
（4）未按照規定將其全部銀行帳號向稅務機關報告的；
（5）未按照規定安裝、使用稅控裝置，或者損毀或擅自改動稅控裝置的；
（6）納稅人未按照規定辦理稅務登記證件驗證或者換證手續的。

納稅人不辦理稅務登記的，由稅務機關責令限期改正；逾期不改正的，由工商行政管理機關吊銷其營業執照。

納稅人未按照規定使用稅務登記證件，或者轉借、塗改、損毀、買賣、偽造稅務登記證件的，處 2,000 元以上 1 萬元以下的罰款；情節嚴重的，處 1 萬元以上 5 萬元以下的罰款。

二、扣繳義務人違反帳簿、憑證管理的處罰

扣繳義務人未按照規定設置、保管代扣代繳、代收代繳稅款帳簿，或者未按照規定保管代扣代繳、代收代繳稅款記帳憑證及有關資料的，由稅務機關責令限期改正，可以處 2,000 元以下的罰款；情節嚴重的，處 2,000 元以上 5,000 元以下的罰款。

三、納稅人、扣繳義務人未按規定進行納稅申報的法律責任

納稅人未按照規定的期限辦理納稅申報和報送納稅資料的，或者扣繳義務人未按照規定的期限向稅務機關報送代扣代繳、代收代繳稅款報告表和有關資料的，由稅務機關責令限期改正，可以處 2,000 元以下的罰款；情節嚴重的，可以處 2,000 元以上 1 萬元以下的罰款。

四、對偷稅的認定及其法律責任

《稅收徵管法》第六十三條規定：納稅人偽造、變造、隱匿、擅自銷毀帳簿、

第三章　稅收徵管與法律責任

記帳憑證，或者在帳簿上多列支出或者不列、少列收入，或者經稅務機關通知申報而拒不申報，或者進行虛假的納稅申報，不繳或者少繳應納稅款的，屬於偷稅。

　　偷稅行為產生的原因有兩個方面。一方面，企業會計人員業務能力和職業操守較低，沒有遵從會計準則記錄企業經濟事項，不能正確記錄企業經濟業務而導致的偷稅行為；或者企業出於追求高利潤的目的和僥幸心理而產生偷稅行為。另一方面，中國的稅收徵管體系不健全，中國稅負比重不高，「費」負擔卻很重，導致納稅人鋌而走險，以此減輕企業負擔。同時稅收徵管體系的稅務幹部業務素質偏低，造成偷稅查不出來。甚至，有些稅務人員不認真負責，拿國稅作交易，企業交多少算多少，收「人情稅」。

　　對納稅人有偷稅行為的，由稅務機關追繳其不繳或者少繳的稅款、滯納金，並處不繳或者少繳的稅款50%以上5倍以下的罰款；構成犯罪的，依法追究刑事責任。

五、騙取出口退稅的法律責任

　　騙取出口退稅罪在客觀方面表現為採取以假報出口等欺騙手段，騙取國家出口退稅款。由稅務機關追繳其騙取的退稅款，並處騙取稅款1倍以上5倍以下的罰款；構成犯罪的，依法追究刑事責任。

　　對騙取國家出口退稅款的，稅務機關可以在規定期間內停止為其辦理出口退稅。

　　以假報出口或者其他欺騙手段，騙取國家出口退稅款，數額較大的，處5年以下有期徒刑或者拘役，並處騙取稅款1倍以上5倍以下罰金；數額巨大或者有其他嚴重情節的，處5年以上10年以下有期徒刑，並處騙取稅款1倍以上5倍以下罰金；數額特別巨大或者有其他特別嚴重情節的，處10年以上有期徒刑或者無期徒刑，並處騙取稅款1倍以上5倍以下罰金或者沒收財產。

六、抗稅的法律責任

　　以暴力、威脅方法拒不繳納稅款的，是抗稅。除由稅務機關追繳其拒繳的稅款、滯納金外，還要依法追究其刑事責任。情節輕微，未構成犯罪的，由稅務機關追繳其拒繳的稅款、滯納金，並處拒繳稅款1倍以上5倍以下罰款。

　　對於抗稅的處理，《中華人民共和國刑法》第二百零二條規定：以暴力、威脅方法拒不繳納稅款的，處三年以下有期徒刑或者拘役，並處拒繳稅款1倍以上5倍以下罰金；情節嚴重的，處三年以上七年以下有期徒刑，並處拒繳稅款1倍以上5倍以下罰金。

　　根據《最高人民法院關於審理偷稅抗稅刑事案件具體應用法律若干問題的解釋》第五條的規定，實施抗稅行為具有下列情形之一的，屬於刑法第二百零二條規定的「情節嚴重」：聚眾抗稅的首要分子，抗稅數額在十萬元以上的，多次抗稅的，故意傷害致人輕傷的，具有其他嚴重情節的。

45

第四章　稅收行政法制

第一節　稅務行政處罰

　　為了保障和監督行政機關有效實施行政管理，保護公民、法人和其他組織的合法權益，1996年3月17日第八屆全國人民代表大會第四次會議通過了《中華人民共和國行政處罰法》（以下簡稱《行政處罰法》），並於1996年10月1日實施。它的頒布實施，進一步完善了中國的社會主義民主法治制度。

　　稅務行政處罰是行政處罰的重要組成部分，是指公民、法人或者其他組織有違反稅收徵收管理秩序的違法行為，尚未構成犯罪，依法應當承擔行政責任的，由稅務機關給予行政處罰。各類罰款以及稅收法律、法規、規章規定的其他行政處罰，都屬於稅務行政處罰的範圍。根據稅法的規定，現行稅務行政處罰只有罰款、沒收財務非法所得、停止出口退稅權。

一、稅務行政處罰的原則

（一）法定原則

法定原則包括四個方面的內容。
(1) 對公民和組織實施稅務行政處罰必須有法定依據，無明文規定不得處罰。
(2) 稅務行政處罰必須由法定的國家機關在其職權範圍內設定。
(3) 稅務行政處罰必須由法定的稅務機關在其職權範圍內實施。
(4) 稅務行政處罰必須由稅務機關按照法定程序實施。

第四章 稅收行政法制

(二) 公正、公開原則

公正就是要防止偏聽偏信，要使當事人瞭解其違法行為的性質，並給予其申辯的機會。公開，一是稅務行政處罰的規定要公開，凡是需要公開的法律規範都要事先公布；二是處罰程序要公開。

(三) 以事實為依據原則

任何法律規範的適用必然基於一定的法律行為和事件，法律事實不清或者脫離了法律事實，法律的適用就不可能準確，法律對各種社會關係的調整功能就不可能有效發揮。因此，稅務行政處罰必須以事實為依據，以法律為準繩。

(四) 過罰相當原則

過罰相當是指在稅務行政處罰的設定和實施方面，都要根據稅務違法行為的性質、情節、社會危害性而定，防止畸輕畸重或者「一刀切」的行政處罰現象。

(五) 處罰與教育相結合原則

稅務行政處罰的目的是糾正違法行為，教育公民自覺守法，處罰只是手段。因此，稅務機關在實施行政處罰時，要責令當事人改正或者限期改正違法行為，對情節輕微的違法行為也不一定都實施處罰。

(六) 監督、制約原則

對稅務機關實施行政處罰實行兩方面的監督制約。一是內部的，如對違法行為的調查與處罰決定的分開，決定罰款的機關與收繳的機構分離，當場做出的處罰決定向所屬行政機關備案等。二是外部的，包括稅務系統上下級之間的監督制約和司法監督，具體體現主要是稅務行政復議和訴訟。

二、稅務行政處罰的主體與管轄

(一) 主體

稅務行政處罰的實施主體主要是縣以上的稅務機關。稅務機關是指能夠獨立行使稅收徵收管理職權，具有法人資格的行政機關。中國稅務機關的組織構成包括國家稅務總局，省、自治區、直轄市國家稅務局和地方稅務局，地（市、州、盟）國家稅務局和地方稅務局，縣（市、旗）國家稅務局和地方稅務局四級。這些稅務機關都具有稅務行政處罰主體資格。

各級稅務機關的內設機構、派出機構不具有處罰主體資格，不能以自己的名義實施稅務行政處罰。但《稅收徵管法》對稅務所特別授權，稅務所可以實施罰款額在2,000元以下的稅務行政處罰。

(二) 管轄

根據《行政處罰法》和《稅收徵管法》的規定，稅務行政處罰由當事人稅收違法行為發生的縣（市、旗）以上稅務機關管轄。這一管轄原則有以下含義：

(1) 從稅務行政處罰的地域管轄來看，稅務行政處罰實行行為發生地原則。只

47

有當事人違法行為發生地的稅務機關才有權對當事人實施處罰,其他地方的稅務機關無權實施。

(2) 從稅務行政處罰的級別管轄來看,必須是縣(市、旗)以上的稅務機關。法律特別授權的稅務所除外。

(3) 從稅務行政處罰的管轄主體的要求來看,必須有稅務行政處罰權。

三、稅務行政處罰的簡易程序

稅務行政處罰的簡易程序,是指稅務機關及其執法人員對公民、法人或者其他組織違反稅收徵收管理秩序的行為,當場做出稅務行政處罰決定的行政處罰程序。簡易程序的使用條件:一是案情簡單、事實清楚、違反后果比較輕微且有法定依據應當給予處罰的違法行為;二是給予的處罰較輕,僅適用於對公民處於 50 元以下和對法人或者其他組織處以 1,000 元以下罰款的違法案件。

符合上述條件,稅務行政執法人員應當按照下列程序當場做出稅務行政處罰決定。

(1) 出示證件,說明處罰理由。稅務人員當場做出行政處罰時,應當向當事人出示稅務檢查證;同時,稅務執法人員在做出當場處罰決定前,還須向被處罰者指出其違反行政義務行為的事實和給予處罰的法律、法規依據。

(2) 告知稅務管理相對人有陳述和申辯的權利,並認真聽取稅務管理相對人的陳述和申辯。稅務管理相對人陳述和申辯可以採用口頭形式,稅務執法人員要認真仔細地聽取,並要答辯。稅務執法人員的答辯應當能夠對稅務管理相對人的申辯意見給予正確、全面的回答,使稅務管理相對人心服口服。整個過程應當扼要地製成筆錄備查。

(3) 出具處罰證明。稅務人員當場做出行政處罰時,應當填寫稅務行政處罰決定書並當場交付當事人,稅務行政處罰決定書應當載明當事人的違法行為、處罰依據、罰款數額、時間、地點以及稅務機關名稱,並由執法人員簽名或者蓋章。

(4) 執法人員當場做出的稅務行政處罰決定,必須及時報所屬稅務機關備案。

四、稅務行政處罰的一般程序

行政處罰的一般程序,是指除法律特別規定應當適用簡易程序和聽證程序的以外,行政處罰通常所應適用的程序。簡易程序適用於案情簡單、處罰輕微的處罰案件,聽證程序適用於案情複雜、爭議較大、處罰可能較重的案件,一般程序則適用於介乎兩者之間的案件。一般程序和聽證程序在適用範圍上的區分的關鍵不是案件是否重大、複雜,而在於當事人或行政機關認為是否有必要適用聽證程序,而必要的標準是當事人和處罰機關在認定事實上有重大分歧。如果當事人並不要求聽證,則不管多麼重大的案件,行政機關原則上都可以適用一般程序。

第四章　稅收行政法制

(一) 立案

行政處罰程序中的立案，是指行政機關對於公民、法人或者其他組織的控告、檢舉或本機關在例行檢查工作中發現的違法情況或重大違法嫌疑情況，認為有調查處理必要的，決定進行查處的活動。行政機關對於控告、檢舉材料或來訪的接受還不是立案活動，只有在對這些材料審查以後做出的進行調查的決定才是立案。

《行政處罰法》對立案程序未作統一的明確規定，但立案是行政處罰程序的開始，執法實踐中大多案件需要經過立案程序。

(二) 調查取證

調查取證是行政機關發現違法行為后，在進行調查、收集證據活動中所應當遵循的程序。要證明公民、法人或者其他組織是否存在違法行為，必須要有證據。證據就是能夠證明違法行為存在的客觀事實。

1. 證據的特點

證據具有客觀性、關聯性和合法性三個重要特點。所謂客觀性，就是證據必須是客觀存在的事實，而不是人們主觀想像或者臆造的東西。所謂關聯性，就是證據必須是與案件有關聯並能夠證明案件真實情況的事實材料，與案件無關的材料不能作為證據。所謂合法性，就是證據必須是符合法律規定的形式，按照法律規定的程序和方式收集來的事實材料。不符合法律規定的形式，或者不是按照法律規定的程序和方式收集的材料，不能作為證據。

2. 證據的種類

《行政處罰法》對哪些材料可以作為證據，沒有規定。公民、法人或者其他組織如果對行政處罰決定不服可以向法院提起行政訴訟，在行政訴訟中，行政機關對做出的行政處罰負有舉證責任。因此，行政處罰所依據的證據必須符合行政訴訟法規定的要求，否則就可能在行政訴訟中敗訴。根據行政訴訟法的規定，證據包括書徵、物證、視聽資料、證人證言、當事人的陳述、鑒定結論、勘驗筆錄和現場筆錄等。

3. 證據的收集方式

根據《行政處罰法》和其他有關法律的規定，證據的收集方式主要有以下幾種：

第一，訪問證人，收集證人證言。

第二，對涉嫌違法的場所、物品依法進行檢查。

第三，抽樣取證。抽樣取證是在證據較多的情況下，執法人員可以按照科學的抽樣方法，抽取一部分物品作為證據。

第四，先行登記保存。先行登記保存是在證據可能滅失或者以後難以取得的情況下所採取的一種證據保全措施。根據《行政處罰法》第三十七條第二款的規定，先行登記保存必須經行政機關負責人批准，執法人員不能擅自採取。對採取了先行登記保存后，行政機關應當在7日內做出處理決定。

第五，查封、凍結、扣押。行政處罰法沒有規定行政機關可以採取查封、凍結、扣押措施，但其他有關法律規定某些行政機關可以採取查封、凍結、扣押措施。因此，它們也是收集證據的三種重要形式。

為了保證行政機關做到依法行政，正確行使調查權和檢查權，保證所收集的證據具有客觀性，行政處罰法明確規定，行政機關在進行調查或者檢查時，執法人員不得少於兩人，並應當向當事人或者有關被調查的人員出示證件。同時規定，執法人員與當事人有直接利害關係的，應當迴避。當事人和有關人員必須如實回答執法人員的詢問，並協助調查或者檢查，不得阻撓。

（三）說明理由，當事人陳述和申辯

略。

（四）行政機關負責人審查調查結果，做出決定

執法人員對違法行為調查終結后，應當將調查結果和處理意見報行政機關負責人，由行政機關負責人對調查結果進行審查，然后根據不同情況，分別做出決定。

（1）違法事實確鑿，根據有關法律、法規或者規章規定應當處以行政處罰的，根據情節輕重和具體情況，依照法律、法規或者規章規定的處罰種類和幅度做出行政處罰決定。

（2）違法事實確鑿，但比較輕微，依照法律、法規或者規章規定可以不給予行政處罰的，做出不予行政處罰決定。

（3）違法事實不能成立的，不得給予行政處罰，做出不構成違法的決定。

（4）違法行為已構成犯罪的，做出移送司法機關處理的決定。為了保證行政處罰決定的公正、合法，《行政處罰法》規定對情節複雜或者重大違法行為給予較重的行政處罰的，行政機關負責人應當集體討論決定。

（五）製作行政處罰決定書

行政機關負責人做出行政處罰決定后，應當製作行政處罰決定書。行政處罰決定書應當載明以下事項：

（1）當事人的姓名或者名稱、地址，以便處罰決定書的送達和執行。

（2）當事人違反法律、法規或者規章有關規定的事實和證據，以證明處罰的依據和便於當事人瞭解自己的違法所在。

（3）行政處罰的種類和依據。

（4）行政處罰的履行方式和期限。

（5）當事人不服行政處罰決定，可以申請復議或者提起行政訴訟的途徑和期限。

（6）做出行政處罰決定的行政機關名稱和做出決定的日期。

（7）行政處罰決定書必須加蓋做出行政處罰決定的行政機關的印章。

（六）送達行政處罰決定書

行政處罰決定書應當在向當事人宣告後當場交付當事人，如果當事人不在場，

第四章 稅收行政法制

行政機關應當在 7 日內依照民事訴訟法的有關規定，即民事訴訟法第七章第二節和第二十六關於送達的規定，將行政處罰決定書送達當事人。根據民事訴訟法的規定，送達文書即送達行政處罰決定書必須有送達回證，由受送達人即被處罰當事人在送達回證上記明收到日期，簽名或者蓋章。送達方式有直接送達、留置送達、委托送達、郵寄送達、轉交送達、公告送達、涉外送達幾種。需要說明的是，適用一般程序時仍然應當適用共同程序，特別是告知程序、陳述和申辯程序。為此《行政處罰法》在一般程序的最后一條特別規定：「行政機關及其執法人員在做出行政處罰決定之前，不依照本法第三十一條、第三十二條的規定向當事人告知給予行政處罰的事實、理由和依據，或者拒絕聽取當事人的陳述、申辯，行政處罰決定不能成立；當事人放棄陳述或者申辯權利的除外。」

五、稅務行政處罰的執行

稅務機關做出行政處罰決定后，應當依法送達當事人執行。

稅務行政處罰的執行，指履行稅務機關依法做出的行政處罰決定的活動。稅務機關依法做出行政處罰決定后，當事人應當在行使處罰決定規定的期限內，予以履行。當事人在法定期限內不申請復議又不起訴，並且在規定期限內又不履行的，稅務機關可以依法強制執行或者申請法院強制執行。

稅務機關對當事人做出罰款行政處罰決定的，當事人應當在收到行政處罰決定書之日起 15 日內繳納罰款；到期不繳納的，稅務機關可以對當事人每日按罰款數額的 3% 加處罰款。

● 第二節 稅務行政復議

為了防止和糾正違法或不當的稅務具體行政行為，保護納稅人及其他稅務當事人的合法權益，保障和監督稅務機關依法行使職權，國家稅務總局根據《中華人民共和國行政復議法》和其他有關法律、法規的規定，制定了《稅務行政復議規則》。2015 年 12 月 28 日國家稅務總局對該規則進行了修正。

稅務行政復議是指當事人不服稅務機關及其工作人員做出的稅務具體行政行為，依法向上一級稅務機關（復議機關）提出申請，復議機關經審理對原稅務機關具體行政行為依法做出維持、變更、撤銷等決定的活動。稅務行政復議是中國行政復議制度的重要組成部分。中國稅務行政復議具有以下特點：稅務行政復議以當事人不服稅務機關及其工作人員做出的稅務具體行政行為為前提，稅務行政復議因當事人的申請而產生，稅務行政復議案件的審理一般由原處理稅務機關的上一級稅務機關進行，稅務行政復議與行政訴訟相銜接。

企業涉稅實務

一、稅務行政復議機構和人員

(1) 各級行政復議機關負責法制工作的機構依法辦理行政復議事項，履行下列職責。

①受理行政復議申請。

②向有關組織和人員調查取證，查閱文件和資料。

③審查申請行政復議的具體行政行為是否合法和適當，起草行政復議決定。

④處理或者轉送對本規則第十五條所列有關規定的審查申請。

⑤對被申請人違反行政復議法及其實施條例和本規則規定的行為，依照規定的權限和程序向相關部門提出處理建議。

⑥研究行政復議工作中發現的問題，及時向有關機關或者部門提出改進建議，重大問題及時向行政復議機關報告。

⑦指導和監督下級稅務機關的行政復議工作。

⑧辦理或者組織辦理行政訴訟案件的賠償事項。

⑨辦理行政復議案件的賠償事項。

⑩辦理行政復議、訴訟、賠償等案件的統計、報告、歸檔工作和重大行政復議決定備案事項。

⑪其他與行政復議工作有關的事項。

(2) 各級行政復議機關可以成立行政復議委員會，研究重大、疑難案件，提出處理建議。行政復議委員會可以邀請本機關以外的具有相關專業知識的人員參加。

(3) 行政復議工作人員應當具備與履行行政復議職責相適應的品行、專業知識和業務能力，並取得行政復議法實施條例規定的資格。

二、稅務行政復議範圍

(一) 行政復議機關受案範圍

(1) 徵稅行為，包括確認納稅主體、徵稅對象、徵稅範圍、減稅、免稅及退稅，適用稅率，計稅依據，納稅環節，納稅期限，納稅地點及稅款徵收方式等具體行為和徵收、加收滯納金及扣繳義務人、受稅機關委託徵收的單位做出的代扣代繳、代收代繳的行為。

(2) 行政許可、行政審批行為。

(3) 發票管理行為，包括發票的發售、收繳以及代收代繳等行為。

(4) 稅收保全措施、強制執行措施。

(5) 行政處罰行為，包括罰款、沒收財物和違法所得、停止出口退稅權。

(6) 稅收機關做出的稅收保全措施：

①書面通知銀行或者其他金融機構從其存款中扣繳稅款；

第四章　稅收行政法制

②變賣、拍賣、扣押、查封商品、貨物或者其他財產。
（7）稅務機關未能及時解除保全措施，致使納稅人以及其他當事人的合法權益遭受損失的行為。
（8）稅務機關不予依法辦理或者答覆的行為：
①不予審批減免稅或者出口退稅行為；
②不予抵扣稅款；
③不予退還稅款；
④不予頒發稅務登記證、發售發票；
⑤不予開具完稅憑證和出具票據；
⑥不予認定為增值稅一般納稅人；
⑦不予核准延期申報、批准延期繳納稅款。
（9）稅收機關責令納稅人提供納稅擔保或者不依法確認納稅擔保有效的行為。
（10）稅務機關不依法給予舉報獎勵的行為。
（11）稅務機關做出的通知出境管理機關阻止其出境行為。
（12）納稅信用等級評定行為。
（13）其他具體行為。
（二）申請人申請復議
申請人認為稅務機關的具體行政行為所依據的下列規定不合法，隨具體行政行為申請行政復議時，可以一併向行政復議機關提出對有關規定的審查申請；申請人對具體行政行為提出行政復議申請時不知道該具體行政行為所依據的規定的，可以在行政復議機關做出行政復議決定以前提出對該規定的審查申請。
（1）國家稅務總局和國務院其他部門的規定。
（2）其他各級稅務機關的規定。
（3）地方各級人民政府的規定。
（4）地方人民政府工作部門的規定。
前款中的規定不包括規章。

三、稅務行政復議管轄

（一）一般管轄
1. 上級管轄
對各級國家稅務局的具體行政行為不服的，向上一級國家稅務局申請行政復議。
2. 選擇管轄
對各級地方稅務局的具體行政行為不服的，可以選擇向其上一級地方稅務局或者該稅務局的本級人民政府申請行政復議。省級人大及其常委會、人民政府對復議管轄另有規定的，從其規定。

3. 本級管轄

對國家稅務總局的具體行政行為不服的,向國家稅務總局申請行政復議;對行政復議決定不服的,申請人可以向人民法院提起行政訴訟,也可以向國務院申請裁決;國務院的裁決為最終裁決。

(二) 特殊管轄

(1) 對計劃單列市稅務局的具體行政行為不服的,向省稅務局申請行政復議。

(2) 對稅務所(分局)、各級稅務局的稽查局的具體行政行為不服的,向其所屬稅務局申請行政復議。

(3) 對兩個以上稅務機關共同做出的具體行政行為不服的,向共同上一級稅務機關申請行政復議;對稅務機關與其他行政機關共同做出的具體行政行為不服的,向其共同上一級行政機關申請行政復議。

(4) 對被撤銷的稅務機關在撤銷以前所做出的具體行政行為不服的,向繼續行使其職權的稅務機關的上一級稅務機關申請行政復議。

(5) 對稅務機關做出的逾期不繳納罰款加處罰款決定不服的,向做出行政處罰決定的稅務機關申請行政復議。

(6) 對已處罰款和加處罰款「都不服」的,一併向做出行政處罰決定的稅務機關的上一級稅務機關申請行政復議。

(三) 統一受理與轉送管轄

除對計劃單列市稅務局的具體行政行為不服的,向省稅務局申請行政復議的情形外,申請人也可以向具體行政行為發生地的縣級地方人民政府提交行政復議申請,由接受申請的縣級地方人民政府依法轉送。

四、稅務行政復議申請人和被申請人

(一) 申請人

依法提起行政復議的納稅人或其他稅務當事人為稅務行政復議申請人,具體指納稅人、扣繳義務人、納稅擔保人和其他稅務當事人。

有權申請行政復議的公民死亡的,其近親屬可以申請行政復議;

有權申請行政復議的公民為無行為能力人或者限制行為能力人,其法定代理人可以代理申請行政復議;

有權申請行政復議的法人或者其組織發生合併、分立或終止的,承受其權利的法人或其他組織可以申請行政復議;

非具體行政行為的行政管理人,但其權利直接被該具體行政行為所剝奪、限制或者被賦予義務的公民、法人或者其他組織,在行政管理相對人沒有申請行政復議時,可以單獨申請行政復議。

第四章　稅收行政法制

（二）被申請人

1. 原則性規定

申請人對具體行政行為不服申請行政復議的，做出該具體行政行為的稅務機關為被申請人。

2. 具體規定

（1）申請人對扣繳義務人的扣繳稅款行為不服的，主管該扣繳義務人的稅務機關為被申請人。

（2）對稅務機關委托的單位和個人的代徵行為不服的，委托稅務機關為被申請人。

（3）對稅務機關與法律、法規授權的組織以共同的名義做出具體行政行為不服的，稅務機關和法律、法規授權的組織為共同被申請人。

（4）對稅務機關與其他組織以共同名義做出具體行政行為不服的，稅務機關為被申請人。

（5）對稅務機關依照法律、法規和規章規定，經上級稅務機關批准做出具體行政行為不服的，批准機關為被申請人。

（6）對經重大稅務案件審理程序做出的決定不服的，審理委員會所在稅務機關為被申請人。

（7）對稅務機關設立的派出機構、內設機構或者其他組織，未經法律、法規授權，以自己名義對外做出具體行政行為不服的，稅務機關為被申請人。（種類越權）

（三）第三人

在稅務行政復議中，申請人以外的公民、法人或者其他組織與被審查的稅務具體行政行為有利害關係的，也可以依申請或經稅務行政復議機關通知，作為第三人參加行政復議；第三人不參加行政復議，不影響行政復議案件的審理。

（四）委托代理人

申請人、第三人可以委托（書面或口頭）1~2 名代理人參加行政復議，被申請人不得委托本機關以外的人員參加行政復議。

五、稅收行政復議申請

對納稅人而言，為維護自己的合法權益，行使法律賦予自己的要求稅務機關對其行政行為進行復議的權利，首先要依照法律、法規的規定提出復議申請。現行的稅務行政復議規則對此專門做出了規定。申請的期限為稅務機關做出具體行政行為之日起 60 日內。

（1）納稅人及其他稅務當事人對稅務機關做出的徵稅行為不服，應當先向復議機關申請行政復議，對復議決定不服，再向人民法院起訴。

申請人按前款規定申請行政復議的，必須先依照稅務機關的納稅決定，繳納或

者解繳稅款及滯納金或者提供相應的擔保，然后可以依法提出行政復議申請。

（2）申請人對稅務機關做出的徵稅以外的其他稅務具體行政行為不服，可以申請行政復議，也可以直接向人民法院提起行政訴訟。

（3）申請人可以在得知稅務機關做出具體行政行為之日起60日內提出行政復議申請。

因不可抗力或者被申請人設置障礙等其他正當理由耽誤法定申請期限的，申請期限自障礙消除之日起繼續計算。

（4）申請人申請行政復議，可以書面申請，也可以口頭申請。口頭申請的，復議機關應當當場記錄申請人的基本情況，行政復議請求，申請行政復議的主要事實、理由和時間。

（5）依法提起行政復議的納稅人或其他稅務當事人為稅務行政復議申請人，具體是指納稅義務人、扣繳義務人、納稅擔保人和其他稅務當事人。

有權申請行政復議的公民死亡的，其近親屬可以申請行政復議；有權申請行政復議的公民為無行為能力人或者限制行為能力人，其法定代理人可以代理申請行政復議。

有權申請行政復議的法人或者其他組織發生合併、分立或終止的，承受其權利的法人或其他組織可以申請行政復議。

與申請行政復議的具體行政行為有利害關係的其他公民、法人或者其他組織，可以作為第三人參加行政復議。

申請人、第三人可以委托代理人代為參加行政復議，被申請人不得委托代理人代為參加行政復議。

（6）納稅人或其他稅務當事人對稅務機關的具體行政行為不服申請行政復議的，做出具體行政行為的稅務機關是被申請人。

（7）申請人向復議機關申請行政復議，復議機關已經受理的，在法定行政復議期限內申請人不得再向人民法院起訴；申請人向人民法院提起行政訴訟，人民法院已經依法受理的，不得申請行政復議。

六、稅務行政復議的受理

（1）復議機關收到行政復議申請后，應當在5日內進行審查，對不符合規定的行政復議申請，決定不予受理，並書面告知申請人；對符合規定，但是不屬於本機關受理的行政復議申請，應當告知申請人向有關行政復議機關提出申請。

（2）對符合規定的行政復議申請，自復議機關法制工作機構收到之日起即為受理；受理行政復議申請，應書面告知申請人。

（3）對應當先向復議機關申請行政復議，對行政復議決定不服再向人民法院提起行政訴訟的具體行政行為，復議機關決定不予受理或者受理后超過復議期限不作

第四章　稅收行政法制

答覆的，納稅人和其他稅務當事人可以自收到不予受理決定書之日起，或者行政復議期滿之日起15日內，依法向人民法院提起行政訴訟。

（4）納稅人及其他稅務當事人依法提出行政復議申請，復議機關無正當理由不予受理且申請人沒有向人民法院提起行政訴訟的，上級稅務機關應當責令其受理；必要時，上級稅務機關也可以直接受理。

（5）行政復議期間稅務具體行政行為不停止執行。但是，有下列情形之一的，可以停止執行：

①被申請人認為需要停止執行的。
②復議機關認為需要停止執行的。
③申請人申請停止執行，復議機關認為其要求合理，決定停止執行的。
④法律、法規規定停止執行的。

七、稅務行政復議證據

行政復議證據包括：書證、物證、視聽資料、電子數據、證人證言、當事人陳述、鑒定意見、勘驗筆錄、現場筆錄。

在行政復議中，被申請人對其做出的具體行政行為負有舉證責任。

（1）在行政復議過程中，被申請人不得自行向申請人和其他有關組織或者個人收集證據。

（2）行政復議機構認為必要時，可以調查取證。調查取證時，行政復議工作人員不得少於2人。

（3）下列證據不得作為定案依據：

①違反法定程序收集的證據材料。
②以偷拍、偷錄等手段獲取侵害他人合法權益的證據材料。
③以利誘、詐欺、脅迫和暴力等不當手段獲取的證據材料。
④無正當事由超出舉證期限提供的證據材料。
⑤無正當理由拒不提供原件、原物，又無其他證據印證，且對方不予認可的證據的複印件、複製品。
⑥無法辨別真偽的證據材料。
⑦不能正確表達意志的證人提供的證言。
⑧不具備合法性、真實性的其他證據材料。

行政復議機構依據《稅務行政復議規則》第十一條第（二）項規定的職責所取得的有關材料（即：向有關組織和人員調查取證，查閱文件和資料），不得作為支持被申請人具體行政行為的證據。

（4）在行政復議過程中，被申請人不得自行向申請人和其他有關組織或者個人收集證據。

(5) 行政復議機構認為必要時，可以調查取證。

行政復議工作人員向有關組織和人員調查取證時，可以查閱、複製和調取有關文件和資料，向有關人員詢問。調查取證時，行政復議工作人員不得少於2人，並應當向當事人和有關人員出示證件。被調查單位和人員應當配合行政復議人員的工作，不得拒絕、阻撓。

需要現場勘查的，現場勘查所用時間不計入行政復議審理期限。

(6) 申請人和第三人可以查閱被申請人提出的書面答覆，做出具體行政行為的證據、依據和其他有關材料，除涉及國家秘密、商業秘密或者個人隱私外，行政復議機關不得拒絕。

八、稅務行政復議審查和決定

行政復議機構應當自受理行政復議申請之日起7日內，將行政復議申請書副本或者行政復議申請筆錄複印件發送被申請人。被申請人應當自收到申請書副本或者申請筆錄複印件之日起10日內提出書面答覆，並提出當初做出具體行政行為的證據、依據和其他有關材料。

對國家稅務總局的具體行政行為不服申請行政復議的案件，由原承辦具體行政行為的相關機構向行政復議機構提出書面答覆，並提出當初做出具體行政行為的證據、依據和其他有關材料。

● 第三節 稅務行政訴訟

一、稅務行政訴訟的概念

稅務行政訴訟指公民、法人和其他組織認為稅務機關及其工作人員的具體稅務行政行為違法或者不當，侵犯了其合法權益，依法向人民法院提起行政訴訟，由人民法院對具體稅務行政行為的合法性和適當性進行審理並做出裁決的司法活動。其目的是保證人民法院正確、及時審理稅務行政案件，保護納稅人、扣繳義務人等當事人的合法權益，維護和監督稅務機關依法行使行政職權。

二、稅務行政的原則

1. 人民法院特定主管原則

即人民法院對稅務行政案件只有部分管轄權，人民法院只能受理因具體行政行為引起的稅務行政爭議案。

第四章　稅收行政法制

2. 合法性審查原則

除審查稅務機關是否濫用權力、稅務行政處罰是否顯失公正外，只對具體稅務行為是否合法予以審查，人民法院原則上不直接判決變更。

3. 不適用調解原則

稅收行政管理權是國家權力的重要組成部分，稅務機關無權依自己意願進行處置，法院不能對稅務行政訴訟法律關係的雙方當事人進行調解。

4. 起訴不停止執行原則

即當事人不能以起訴為理由而停止執行稅務機關所做出的具體行政行為，如稅收保全措施和稅收強制措施。

5. 稅務機關負責舉證責任原則

由於稅務行政行為是稅務機關單方依一定事實和法律做出的，只有稅務機關最瞭解做出該行為的證據，如果稅務機關不提供或不能提供證據，就可能敗訴。

6. 由稅務機關負責賠償的原則

稅務機關及其工作人員因執行職務不當，給當事人造成人身及財產損害的，應當賠償責任。

三、稅務行政訴訟的管轄

稅務行政訴訟管轄，是指人民法院受理第一審稅務案件的職權分工。具體來說，稅務行政訴訟的管轄分為級別管轄、地域管轄和裁定管轄。

（一）級別管轄

級別管轄是上下級人民法院之間受理第一審稅務案件的分工和權限。基層人民法院管轄一般的稅務行政訴訟案件，中、高級人民法院管轄本轄區內重大、複雜的稅務行政訴訟案件，最高人民法院管轄全國範圍內重大、複雜的稅務行政訴訟案件。

（二）地域管轄

地域管轄是同級人民法院之間受理第一審行政案件的分工和權限，分一般地域管轄和特殊地域管轄兩種。

1. 一般地域管轄

一般地域管轄指按照最初做出具體行政行為的機關所在地來確定管轄法院。凡是未經復議直接向人民法院提起訴訟的，或者經過復議，復議裁決維持原具體行政行為，當事人不服向人民法院提起訴訟的，均由最初做出具體行政行為的稅務機關所在地人民法院管轄。

2. 特殊地域管轄

特殊地域管轄指根據特殊行政法律關係或特殊行政法律所指的對象來確定管轄法院。稅務行政案件的特殊地域管轄主要是指：經過復議的案件，復議機關改變原具體行政行為的，由原告選擇最初做出具體行政行為的稅務機關所在地的人民法院，

或者復議機關所在地人民法院管轄。原告可以向任何一個有管轄權的人民法院起訴，最先收到起訴狀的人民法院為第一審法院。

（三）裁定管轄

裁定管轄指人民法院依法自行裁定的管轄，包括移送管轄、指定管轄及管轄權的轉移三種情況。

1. 移送管轄

移送管轄指人民法院將已經受理的案件，移送給有管轄權的人民法院審理。移送管轄必須具備三個條件：一是移送人民法院已經受理了該案件，二是移送法院發現自己對該案件沒有管轄權，三是接受移送的人民法院必須對該案件確有管轄權。

2. 指定管轄

指定管轄指上級人民法院以裁定的方式，指定某下一級人民法院管轄某一案件。有管轄權的人民法院因特殊原因不能行使對行政訴訟的管轄權的，由其上級人民法院指定管轄；人民法院對管轄權發生爭議且協商不成的，由它們共同的上級人民法院制定管轄。

3. 管轄權的轉移

上級人民法院有權審理下級人民法院管轄的第一審稅務行政案件，也可以將自己管轄的第一審行政案件移交下級人民法院審判；下級人民法院對其管轄的第一審稅務行政案件，認為需要由上級人民法院審判的，也可以請上級人民法院決定。

四、稅務行政訴訟的受案範圍

稅務行政訴訟的受案範圍，是指人民法院對稅務機關的哪些行為擁有司法審查權。換言之，公民、法人或者其他組織對稅務機關的哪些行為不服可以向人民法院提起稅務行政訴訟。在實際生活中，稅務行政爭議種類多、涉及面廣，不可能也沒有必要都訴諸人民法院通過訴訟程序解決。界定稅務行政訴訟的受案範圍，便於明確人民法院、稅務機關及其他國家機關間在解決稅務行政爭議方面的分工和權限。

稅務行政訴訟案件的受案範圍除受《中華人民共和國行政訴訟法》（以下簡稱《行政訴訟法》）有關規定的限制外，也受《稅收徵管法》及其他相關法律、法規的調整和制約。具體來說，稅務行政訴訟的受案範圍與稅務行政復議的受案範圍基本一致，包括：

（1）稅務機關做出的徵稅行為：一是徵收稅款、加收滯納金，二是扣繳義務人、受稅務機關委托的單位做出代扣代繳、代收代繳行為及代徵行為。

（2）稅務機關做出的責令納稅人提交納稅保證金或者納稅擔保行為。

（3）稅務機關做出的行政處罰行為：一是罰款，二是沒收違法所得，三是停止出口退稅權，四是收繳發票和暫停供應發票。

（4）稅務機關做出的通知出境管理機關阻止出境行為。

第四章　稅收行政法制

（5）稅務機關做出的稅收保全措施：一是書面通知銀行或者其他金融機構凍結存款，二是扣押、查封商品、貨物或者其他財產。

（6）稅務機關做出的稅收強制執行措施：一是書面通知銀行或者其他金融機構扣繳稅款，二是拍賣所扣押、查封的商品、貨物或者其他財產抵繳稅款。

（7）認為符合法定條件申請稅務機關頒發稅務登記證和發售發票，稅務機關拒絕頒發、發售或者不予答覆的行為。

（8）稅務機關的復議行為：一是復議機關改變了原具體行政行為，二是期限屆滿，稅務機關不予答覆。

五、稅務行政訴訟的起訴和受理

（一）稅務行政訴訟的起訴

稅務行政訴訟起訴，是指公民、法人或者其他組織認為自己的合法權益受到稅務機關具體行政行為的侵害，而向人民法院提出訴訟請求，要求人民法院行使審判權，依法予以保護的訴訟行為。起訴，是法律賦予稅務行政管理相對人，用以保護其合法權益的權利和手段。在稅務行政訴訟等行政訴訟中，起訴權是單向性的權利，稅務機關不享有起訴權，只有應訴權，即稅務機關只能作為被告；與民事訴訟不同，作為被告的稅務機關不能反訴。

納稅人、扣繳義務人等稅務管理相對人在提起稅務行政訴訟時，必須符合下列條件：

（1）原告是認為具體稅務行為侵犯其合法權益的公民、法人或者其他組織。

（2）有明確的被告。

（3）有具體的訴訟請求和事實、法律根據。

（4）屬於人民法院的受案範圍和受訴人民法院管轄。

此外，提起稅務行政訴訟，還必須符合法定的期限和必經的程序。根據《稅收徵管法》第八十八條及其他相關規定，對稅務機關的徵稅行為提起訴訟，必須先經過復議；對復議決定不服的，可以在接到復議決定書之日起15日內向人民法院起訴；對其他具體行政行為不服的，當事人可以在接到通知或者知道之日起15日內直接向人民法院起訴。

稅務機關做出具體行政行為時，未告知當事人訴權和起訴期限，致使當事人逾期向人民法院起訴的，其起訴期限從當事人實際知道訴權或者起訴期限時計算，但最長不得超過2年。

（二）稅務行政訴訟的受理

原告起訴，經人民法院審查，認為符合起訴條件並立案審理的行為，稱為受理。對當事人的起訴，人民法院一般從以下幾方面進行審查並做出是否受理的決定：一是審查是否屬於法定的訴訟受案範圍，二是審查是否具備法定的起訴條件，三是審

查是否已經受理或者正在受理，四是審查是否有管轄權，五是審查是否符合法定的期限，六是審查是否經過必經復議程序。

根據法律規定，人民法院接到訴狀，經過審查，應當在 7 日內立案或者做出裁定不予受理。原告對不予受理的裁定不服的，可以提起上訴。

六、稅務行政訴訟的審理和判決

（一）稅務行政訴訟的審理

人民法院審理行政案件實行合議、迴避、公開審判和兩審終審的審判制度。審理的核心是審查被訴具體行政行為是否合法，即做出該行為的稅務機關是否依法享有該稅務行政管理權，該行為是否依據一定的事實和法律做出，稅務機關做出該行為是否遵照必備的程序等。

根據《行政訴訟法》第五十二條、第五十三條的規定，人民法院審查具體行政行為是否合法，依據法律、行政法規和地方性法規（民族自治地方的自治條例和單行條例），參照部門規章和地方性規章。

（二）稅務行政訴訟的判決

人民法院對受理的稅務行政案件，經過調查、收集證據、開庭審理之後，分別做出如下判決：

1. 維持判決

它適用於具體行政行為證據確鑿，適用法律、法規正確，符合法定程序的案件。

2. 撤銷判決

被訴的具體行政行為主要證據不足，適用法律、法規錯誤，違反法定程序，或者超越職權、濫用職權，人民法院應判決撤銷或部分撤銷，同時可判決稅務機關重新做出具體行政行為。

3. 履行判決

稅務機關不履行或拖延履行法定職責的，判決其在一定期限內履行。

4. 變更判決

稅務行政處罰顯失公正的，可以判決變更。

對一審人民法院的判決不服，當事人可以上訴。對發生法律效力的判決，當事人必須執行，否則人民法院有權依對方當事人的申請予以強制執行。

第五章 增值稅

● 第一節 增值稅概述

　　增值稅是以商品（含應稅勞務和應稅服務）在流轉過程中產生的增值額作為徵稅對象而徵收的一種流轉稅。按中國增值稅法的規定，增值稅是對在中國境內銷售貨物或者提供加工、修理修配勞務，交通運輸業、郵政業、電信業、部分現代服務業，以及進口貨物的單位和個人，就其應稅銷售額計算稅款，並實行稅款抵扣制的一種流轉稅。

　　增值稅具有如下特點：①以增值額為課稅對象。從徵稅對象看，增值稅是以增值額而不是以銷售全額為課稅對象。以增值額為課稅對象是增值稅最基本的特點。②實行普遍徵稅。無論是從橫向看還是從縱向看，都有著廣闊的稅基。從生產經營的橫向關係看，無論工業、商業或者勞務服務活動，只要有增值收入就要納稅；從生產經營的縱向關係看，每一貨物無論經過多少生產經營環節，都要按各道環節上發生的增值額逐次徵稅。③實行多環節徵稅。從納稅環節看，增值稅實行多環節徵稅，即在生產、批發、零售、勞務提供和進口等各個經營環節分別課稅，而不是只在某一環節徵稅。

　　當前，增值稅作為中國第一大流轉稅，能夠平衡稅負，促進公平競爭；既便於對出口商品退稅，又可避免對進口商品徵稅不足；在組織財政收入上具有穩定性和及時性；在稅收徵管上可以相互制約，交叉審計，避免發生偷稅現象；真正體現了稅負公平。

企業涉稅實務

一、增值稅的納稅義務人和扣繳義務人

（一）納稅義務人的一般規定

按照《中華人民共和國增值稅暫行條例》（以下簡稱《增值稅暫行條例》）和「營改增」的規定，凡在中華人民共和國境內銷售貨物、提供應稅勞務、應稅服務以及進口貨物的單位和個人，為增值稅的納稅人。

「境內」是指銷售貨物的起運地或者所在地在境內，提供的應稅勞務、應稅服務發生在境內。

「單位」是指企業、行政單位、事業單位、軍事單位、社會團體及其他單位。「個人」是指個體工商戶和其他個人。

在境內銷售或進口貨物、提供應稅勞務的單位租賃或者承包給其他單位或者個人經營的，以承租人或者承包人為納稅人。

（二）小規模納稅人和一般納稅人的劃分

為了便於增值稅的徵收管理並簡化計稅，中國將增值稅納稅人劃分為小規模納稅人與一般納稅人。

1. 小規模納稅人

小規模納稅人是指年銷售額在規定標準以下，並且會計核算不健全，不能按規定報送有關稅務資料的增值稅納稅人。所稱會計核算不健全，是指不能正確核算增值稅的銷項稅額、進項稅額和應納稅額。

根據《增值稅暫行條例》和「營改增」的相關文件規定，小規模納稅人的認定標準是：

（1）從事貨物生產或者提供應稅勞務的納稅人，以及以從事貨物生產或者提供應稅勞務為主，兼營貨物批發或者零售的納稅人，年應徵增值稅銷售額（以下簡稱應稅銷售額）在 50 萬元以下（含本數，下同）的。「以從事貨物生產或者提供應稅勞務為主」是指納稅人的年貨物生產或者提供應稅勞務的銷售額佔年應稅銷售額的比重在 50% 以上。上述情況以外（不含銷售服務）的納稅人，年應稅銷售額在 80 萬元以下的。

（2）銷售服務、不動產和無形資產的納稅人，年應稅銷售額在 500 萬元以下的。

（3）年應稅銷售額超過小規模納稅人標準的其他個人，不經常發生應稅行為的行政事業單位。

2. 一般納稅人

一般納稅人是指年應納增值稅銷售額超過增值稅法規定的小規模納稅人標準的企業和企業性單位。一般納稅人應按規定辦理資格登記。

年應稅銷售額未超過規定標準以及新開業的納稅人，若符合規定條件（有固定

第五章 增值稅

經營場所，能夠準確提供稅務核算資料），也可以向主管稅務機關申請辦理一般納稅人資格登記。小規模納稅人會計核算健全的（按照國家統一會計制度規定設置帳簿、根據合法、有效會計憑證進行會計核算），也可以向主管稅務機關申請辦理一般納稅人資格登記。一經認定為一般納稅人后，不得再轉為小規模納稅人。

納稅人兼有銷售貨物、提供修理修配勞務和應稅行為的，應稅貨物及勞務銷售額與應稅行為銷售額分別計算，分別適用增值稅一般納稅人資格登記標準。

增值稅一般納稅人必須按規定向稅務機關辦理認定手續，以取得法定資格。

（三）扣繳義務人

中華人民共和國境外的單位或個人在境內銷售貨物或提供應稅勞務、服務，在境內未設經營機構的，其應納稅款以代理人為扣繳義務人；沒有代理人的，以購買者為扣繳義務人。

二、增值稅的徵稅範圍

按照稅法規定，增值稅的徵稅範圍是在中華人民共和國境內銷售貨物或者提供加工、修理修配勞務以及進口貨物。

（一）銷售貨物

1. 一般銷售行為

所謂銷售貨物，是指有償轉讓貨物的所有權。「有償」是指從購買方取得貨幣、貨物或者其他經濟利益。「貨物」是指有形動產，包括電力、熱力、氣體在內。

2. 視同銷售行為

單位或者個體工商戶的下列行為，視同銷售貨物或提供應稅勞務：

（1）將貨物交付其他單位或個人代銷；

（2）銷售代銷貨物；

（3）設有兩個以上機構並實行統一核算的納稅人，將貨物從一個機構移送至其他機構用於銷售，但相關機構設在同一縣（市）的除外；

（4）將自產、委託加工的貨物用於非增值稅應稅項目，用於集體福利或個人消費；

（5）將自產、委託加工或購進的貨物作為投資，分配給股東或投資者，無償贈送他人；

（6）企業將資產用於市場推廣、交際應酬、職工獎勵、對外捐贈以及其他改變資產所有權權屬的情況。

（二）提供加工、修理修配勞務

應稅勞務是指納稅人提供的加工、修理修配勞務。加工是指受託加工貨物，即委託方提供原料及主要材料，受託方按照委託方的要求製造貨物並收取加工費的業務；修理修配是指受託對損傷和喪失功能的貨物進行修復，使其恢復原狀和功能的

業務。提供應稅勞務，是指有償提供加工、修理修配勞務。單位或者個體工商戶聘用的員工為本單位或者雇主提供加工、修理修配勞務，不包括在內。

（三）提供應稅服務

應稅服務，是指陸路運輸服務、水路運輸服務、航空運輸服務、管道運輸服務、郵政普遍服務、郵政特殊服務、其他郵政服務、基礎電信服務、增值電信服務、研發和技術服務、信息技術服務、文化創意服務、物流輔助服務、有形動產租賃服務、簽證諮詢服務、廣播影視服務。提供應稅服務，是指有償提供應稅服務，但不包括非營業活動中提供的應稅服務。在境內提供應稅服務，是指應稅服務提供方在境內。

（四）特殊規定

1. 混合銷售

一項銷售行為如果既涉及服務又涉及貨物，為混合銷售。從事貨物生產、批發或零售的單位和個體工商戶的混合銷售行為，按照銷售貨物繳納增值稅；其他單位和個體工商戶的混合銷售行為，按照銷售服務繳納增值稅。如企業銷售自產產品並送貨上門，若發生在 2016 年 4 月 30 日前，不屬於混合銷售，產品銷售額和運費分別按 17% 和 11% 計稅；若發生在 2016 年 5 月 1 日后，則屬於混合銷售，銷售額和運費按 17% 合併計稅。

2. 兼營非增值稅應稅項目

納稅人兼營銷售貨物、加工修理修配勞務、服務、無形資產、不動產適用不同稅率或者徵收率的，應當分別核算適用不同稅率或徵收率的銷售額，未分別核算銷售額的，由主管稅務機關核定貨物或者應稅勞務的銷售額。

3. 特殊項目

（1）貨物期貨（包括商品期貨和貴金屬期貨），應當繳納增值稅。納稅人應在期貨的實物交割環節納稅。

（2）銀行銷售金銀的業務，應當繳納增值稅。

（3）典當業的死當物品銷售業務和寄售業代委托人銷售寄售物品的業務，均應繳納增值稅。

（4）電力公司向發電企業收取的過網費，應當繳納增值稅。

（5）對從事熱力、電力、燃氣、自來水等公用事業的增值稅納稅人收取的一次性費用，凡與貨物的銷售數量有直接關係的，繳納增值稅；凡與貨物的銷售數量無直接關係的，不繳納增值稅。

（6）印刷企業接受出版單位委托，自行購買紙張，印刷有統一刊號（CN）以及採用國際標準書號編序的圖書、報紙和雜誌，按貨物銷售繳納增值稅。

三、增值稅的稅率及徵收率

中國增值稅採用比例稅率形式。為了發揮增值稅的中性作用，原則上增值稅的

第五章　增值稅

稅率應該對不同行業、不同企業實行單一稅率，稱為基本稅率。實踐中為照顧一些特殊行業或產品也增設了低稅率檔次，對出口產品實行零稅率。

（一）基本稅率

增值稅一般納稅人銷售或進口貨物，提供應稅勞務、應稅服務，除低稅率使用範圍外，稅率一律為17%。

（二）低稅率

1. 13%

增值稅一般納稅人銷售或者進口下列貨物，按13%的低稅率計徵增值稅：農產品、食用植物油、食用鹽；自來水、暖氣、冷氣、熱水、煤氣、石油液化氣、天然氣、沼氣、居民用煤炭製品；圖書、報紙、雜誌、音像製品、電子出版物；飼料、化肥、農藥、農機、農膜等。

2. 11%

對提供交通運輸服務、郵政服務、基礎電信服務和建築服務、轉讓土地使用權、銷售不動產和提供不動產租賃服務的，按11%的低稅率計徵增值稅。

3. 6%

對銷售或轉讓土地使用權之外的其他無形資產，提供增值電信服務、金融服務、生活服務的以及除租賃服務之外的各項現代服務業，按6%的低稅率計徵增值稅。

（三）零稅率

納稅人出口貨物和財政部、國家稅務總局規定的應稅服務，稅率為零，但是，國務院另有規定的除外。

根據「營改增」的規定，境內單位和個人提供的國際運輸、航天運輸、向境外單位提供的研發服務和設計服務，境內單位和個人提供的往返中國香港、澳門、臺灣的交通運輸服務以及在中國香港、澳門、臺灣提供的交通運輸服務，適用增值稅零稅率；國際服務外包，實行增值稅零稅率或免稅。境內單位和個人提供期租、承租和濕租服務，如果租賃的交通運輸工具用於國際運輸服務和中國港澳臺運輸服務，不適用增值稅零稅率，由承租方按規定申請適用零稅率。

（四）增值稅的徵收率、預徵率

1. 3%

根據「營改增」規定，交通運輸業、郵政業、電信業和部分現代服務業營業稅改徵增值稅中的小規模納稅人適用3%的徵收率。

2. 5%

小規模納稅人銷售其取得（不含自建）的不動產（不含個體戶銷售購買的住房和其他個人銷售不動產），應以取得的全部價款和價外費用減去該項不動產購置原價或取得不動產時的作價后的餘額為銷售額，按5%的徵收率計算應納稅額（差額計稅）。

小規模納稅人銷售其自建的不動產，應以取得的全部價款和價外費用為銷售額，

按5%的徵收率計算應納稅額。

房地產開發企業中的小規模納稅人，銷售或出租自行開發的房地產項目，按5%的徵收率計稅；房地產開發企業中的一般納稅人，銷售或出租自行開發的房地產老項目，可選擇簡易計稅方法，按5%的徵收率計稅。

3. 2%、3%、5%

一般納稅人跨縣（市）提供建築服務，適用一般計稅方法的，以取得的全部價款和價外費用扣除分包款后的餘額，在服務發生地，按2%的預徵率預繳稅款。

房地產開發企業採取預收款方式銷售所開發的房地產項目，收到預收款時按3%的預徵率預繳增值稅。

房地產開發企業中的一般納稅人銷售老項目，適用一般計稅方法的，以取得的全部價款和價外費用，在不動產所在地，按3%的預徵率預繳稅款。

房地產開發企業中的一般納稅人，出租其2016年5月1日後自行開發的與機構所在地不在同一縣（市）的房地產項目，應按3%的預徵率在所在地預繳稅款。

一般納稅人轉讓其2016年4月30日前取得的不動產，選擇適用簡易計稅方法計稅時，徵收率為5%；選擇適用一般計稅方法計稅時，按預徵率5%預繳稅款。一般納稅人轉讓其2016年5月1日後取得的不動產，適用一般計稅方法，按預徵率5%預繳稅款。

第二節　增值稅的計算

一、一般納稅人應納稅額的計算

中國目前對一般納稅人採用的一般計稅方法是國際上通行的購進扣稅法即以當期銷項稅額抵扣當期進項稅額后的餘額為應納稅額。其計算公式如下：

應納稅額＝當期銷項稅額－當期進項稅額＝銷售額×適用稅率－當期進項稅額

公式中的「應納稅額」是納稅人實際應繳納的增值稅稅額，即納稅人當期銷項稅額抵扣進項稅額后的餘額。結果為正數時，為納稅人當期應納稅額；結果為負數時，也就是當期銷項稅額小於當期進項稅額而發生不足抵扣時，其不足部分可以結轉下期繼續抵扣。

可見，當期增值稅應納稅額取決於當期銷項稅額和當期進項稅這兩個因素。只要確定了當期銷項稅額和當期可以抵扣的進項稅額，就不難計算出應納稅額。

（一）銷項稅額的計算

銷項稅額，是指納稅人銷售貨物、提供應稅勞務或應稅服務，按照銷售額或提供應稅勞務和應稅服務收入與規定的增值稅稅率，計算並向購買方收取的增值稅稅額。其計算公式如下：

第五章　增值稅

銷項稅額＝銷售額×適用稅率

1. 銷售額

銷售額為納稅人銷售貨物、提供應稅勞務或應稅服務向購買方或接受方收取的全部價款和價外費用，但是不包括收取的銷項稅額。價外費用是指價外向購買方收取的手續費、補貼、基金、集資費、返還利潤、獎勵費、違約金、滯納金、延期付款利息、賠償金、代收款項、代墊款項、包裝費、包裝物租金、儲備費、優質費、運輸裝卸費以及其他各種性質的價外收費。但是，下列項目不包括在價外費用之內：

（1）受託加工應徵消費稅的消費品所代收代繳的消費稅；

（2）同時符合以下條件的代墊運輸費用：承運部門的運輸費用發票開具給購買方的，納稅人將該項發票轉交給購買方的。

（3）同時符合以下條件代為收取的政府性基金或者行政事業性收費：由國務院或者財政部批准設立的政府性基金，由國務院或者省級人民政府及其財政、價格主管部門批准設立的行政事業性收費；收取時開具省級以上財政部門印製的財政票據；所收款項全額上繳財政。

（4）銷售貨物的同時代辦保險等而向購買方收取的保險費，以及向購買方收取的代購買方繳納的車輛購置稅、車輛牌照費。

（5）以委託方名義開具發票代委託方收取的款項。

如果納稅人在銷售貨物、提供應稅勞務以及銷售服務、銷售無形資產或者不動產時採用銷售額和銷項稅額合併定價方法，則應將含稅銷售額換算為不含稅銷售額。具體計算公式如下：

銷售額＝含稅銷售額÷（1＋稅率）

另外，對增值稅一般納稅人向購買方收取的價外費用和逾期包裝物押金，應視為含稅收入，在徵稅時也應該按照上述公式換算成不含稅收入並入銷售額計算增值稅銷項稅額。

納稅人銷售貨物或提供應稅勞務價格明顯偏低並無正當理由或者有視同銷售貨物行為而無銷售額的，按下列順序確定銷售額：

第一，按納稅人最近時期同類貨物的平均銷售價格確定。

第二，按其他納稅人最近時期同類貨物的平均銷售價格確定。

第三，按組成計稅價格確定。

組成計稅價格的公式為：

組成計稅價格＝成本×（1＋成本利潤率）

對於既徵收增值稅又徵收消費稅的貨物，其組成計稅價格中應加計消費稅稅額。組成計稅價格的公式為：

組成計稅價格＝成本×（1＋成本利潤率）＋消費稅稅額

組成計稅價格＝成本×（1＋成本利潤率）÷（1－消費稅比例稅率）

或者：

$$組成計稅價格 = \frac{成本 \times (1+成本利潤率) + 從量徵收消費稅稅額}{1-消費稅比例稅率}$$

以上公式的成本是指，銷售自產貨物的為實際生產成本，銷售外購貨物的為實際採購成本。公式中的成本利潤率為10%，但屬於應從價定率徵收或複合計徵消費稅的貨物，其組成計稅價格公式中的成本利潤率為《國家稅務總局關於印發<消費稅若干具體問題的規定>的通知》（國稅發〔1993〕156號）和《財政部、國家稅務總局關於調整和完善消費稅政策的通知》（財稅〔2006〕33號）中規定的成本利潤率。

「營改增」試點納稅人銷售服務、無形資產或者不動產的價格明顯偏低或者偏高且不具有合理商業目的或者發生視同銷售服務、無形資產或者不動產而無銷售額的，主管稅務機關有權按照下列順序確定銷售額：

（1）按照納稅人最近時期銷售服務、無形資產或者不動產的平均價格確定。

（2）按照其他納稅人最近時期銷售服務、無形資產或者不動產的平均價格確定。

（3）按照組成計稅價格確定。

組成計稅價格的公式為：

$$組成計稅價格 = 成本 \times (1+成本利潤率)$$

式中，成本利潤率由國家稅務總局確定。

2. 特殊銷售方式下銷售額的確定

（1）折扣銷售

折扣銷售也叫商業折扣，是指銷貨方在銷售貨物或應稅勞務時，因購貨方購貨數量較大等原因而給予購貨方的價格優惠。根據稅法規定，納稅人採取折扣方式銷售貨物，如果銷售額和折扣額在同一張發票上分別註明，可以按折扣后的銷售額徵收增值稅；如果將折扣額另開發票，不論其在財務上如何處理，均不得從銷售額中減除折扣額。

銷售折扣也叫現金折扣，指銷貨方在銷售貨物、提供應稅勞務后，為了鼓勵購貨方及早償還貨款，而協議許諾給予購貨方的一種折扣優待。其發生在銷貨之后，是一種融資性的理財費用，不得從銷售額中減除。

銷售折讓是指貨物銷售后，由於其品種、質量等原因購貨方未予退貨，但銷貨方需給予購貨方的一種價格折讓。對銷售折讓，可將折讓后的貨款作為銷售額。

需要注意的是，上述「折扣」，僅限於貨物價格的折扣。

（2）以舊換新

以舊換新銷售是指納稅人在銷售貨物時，折價收回同類舊貨物，並以折價款部分衝減新貨物價款的一種銷售方式。根據稅法規定，採取以舊換新方式銷售貨物的，應按新貨物的同期銷售價格確定銷售額，不得扣減舊貨物的收購價格。

但是對金銀首飾以舊換新業務，可以按銷售方實際收取的不含增值稅的全部價

第五章　增值稅

款徵收增值稅。

(3) 還本銷售

還本銷售是指納稅人在銷售貨物后，到一定期限將貨款一次或分次退還給購貨方全部或部分價款的一種銷售方式。這種方式實際上是一種籌資，是以貨物換取資金的使用價值，到期還本不付息的方法。根據稅法規定，採取還本銷售方式銷售貨物的，其銷售額就是貨物的銷售價格，不得從銷售額中減除還本支出。

(4) 以物易物

以物易物是指購銷雙方不是以貨幣結算，而是以同等價款的貨物相互結算，實現貨物購銷的一種方式。根據稅法的規定，以物易物雙方都應作購銷處理，以各自發出的貨物核算銷售額並計算銷項稅額，以各自收到的貨物按規定核算購貨額並計算進項稅額。在以物易物活動中，應分別開具合法的票據，如收到的貨物不能取得相應的增值稅專用發票或其他合法票據的，不能抵扣進項稅額。

(5) 包裝物押金

銷售貨物而出租、出借包裝物而取得的押金，單獨記帳核算，時間在1年以內，又未逾期的，不並入銷售額徵稅；因逾期（合同約定或以1年為限）未收回包裝物不再退還的押金，應換算為不含稅收入按所包裝貨物的適用稅率並入銷售額徵稅。

對銷售除啤酒、黃酒外的其他酒類產品收取的包裝物押金，無論是否返還以及會計上如何核算，均應並入當期銷售額徵稅。對銷售啤酒、黃酒所收取的押金，按上述一般押金的規定處理。

需要注意的是，逾期包裝物押金、租金應當作為價外費用（含稅收入）處理，需換算成不含稅價再並入銷售額徵稅。

(二) 進項稅額的計算

進項稅額是納稅人購進貨物或者接受應稅勞務支付或者負擔的增值稅稅額。進項稅額與銷項稅額是相互對應的兩個概念，在購銷業務中，銷貨方的銷項稅額就是購貨方的進項稅額。需要注意的是，並非納稅人支付的所有進項稅額都可以在計算應納稅額時從銷項稅額中抵扣。現行增值稅法對於哪些進項稅額可以抵扣，哪些進項稅額不能抵扣做了專門、嚴格的規定。

1. 準予從銷項稅額中抵扣的進項稅額

(1) 在銷售方或者提供方取得的增值稅專用發票（含貨物運輸業增值稅轉運發票、稅控機動車銷售統一發票）上註明的增值稅稅額。

(2) 在海關取得的海關進口增值稅專用繳款書上註明的增值稅稅額。

(3) 購進農產品，除取得增值稅專用發票或者海關進口增值稅專用繳款書外，按照農產品收購發票或者銷售發票上註明的農產品買價和13%的扣除率計算的進項稅額。計算公式為：

$$進項稅額 = 買價 \times 扣除率$$

(4) 接受境外單位或者個人提供的應稅服務，在稅務機關或者境內代理人取得

的解繳稅款的完稅憑證（簡稱稅收繳款憑證）上註明的增值稅稅額。

2. 不得從銷項稅額中抵扣的進項稅額

納稅人購進貨物或者接受應稅勞務和應稅服務，取得的增值稅扣稅憑證不符合法律、行政法規或者國家稅務總局有關規定的，其進項稅額不得從銷項稅額中抵扣。

（1）簡易計稅方法計稅項目、非增值稅項目、免徵增值稅項目、集體福利或者個人消費的購進貨物或者應稅勞務。

（2）非正常損失的購進貨物及相關的應稅勞務。

（3）非正常損失的在產品、產成品所耗用的購進貨物或者應稅勞務。

（4）非正常損失的不動產以及該不動產所耗用的購進貨物、設計服務和建築服務。

（5）非正常損失的不動產在建工程所耗用的購進貨物、設計服務和建築服務。

（6）財政部和國家稅務總局規定的其他情形。

非正常損失是指因管理不善造成被盜、丟失、霉爛變質的損失，以及因違反法律法規造成貨物或者不動產被依法沒收、銷毀、拆除的情形。

一般納稅人應納稅額計算案例：

【例5-1】某工業企業（一般納稅人），2016年10月購銷業務情況如下：

（1）購進生產原料一批，已驗收入庫，取得增值稅專用發票上註明的價、稅款分別為23萬元和3.9萬元；

（2）購進鋼材20噸，已驗收入庫，取得增值稅專用發票上註明的價、稅款分別為8萬元和1.36萬元；

（3）將本月外購20噸鋼材及庫存的同價鋼材20噸移送本企業修建產品倉庫工程使用；

（4）銷售產品一批，貨已發出並辦妥托收手續，但貨款未到，在向買方開具的專用發票上註明銷售42萬元；

（5）直接向農民收購用於生產加工的農產品一批，在經稅務機關批准的收購憑證上註明價款為42萬元，同時按規定繳納了收購環節農業特產稅2.1萬元。

（6）期初留抵進項稅額0.5萬元。

計算該企業當期應納增值稅稅額或期末留抵進項稅額。

解析：

（1）當期進項稅額=3.9+1.36+（42+2.1）×13%－（1.36×2）=8.273（萬元）

（2）當期銷項稅額=42×17%=7.14（萬元）

（3）當期應納稅額=7.14-8.273-0.5=-1.633（萬元）

（4）期末留抵進項稅額為1.633萬元。

當期進項稅額大於銷項稅額的，其留抵稅額結轉下期抵扣，預徵稅額大於應納稅額的，在下期增值稅應納稅額中抵減。

第五章 增值稅

二、簡易計稅方法

簡易計稅方法的應納稅額是指按照銷售額和增值稅徵收率計算的增值稅稅額，不得抵扣進項稅額。應納稅額的計算公式為：

$$應納稅額＝銷售額×徵收率$$

簡易計稅方法的銷售額不包括應納稅額，納稅人採用銷售額和應納稅額合併定價方法的，按照下列公式計算銷售額：

$$銷售額＝含稅銷售額÷（1＋徵收率）$$

根據「營改增」的規定，一般納稅人應該按照一般計稅方法計算繳納增值稅。但是，試點納稅人中的一般納稅人提供公共交通運輸服務的，包括輪客渡、公交客運、軌道交通、出租車、長途客車、班車的，試點納稅人中的一般納稅人以該地區試點實施之日前購進或者自製的有形動產為標的提供經營租賃業務等的，試點期間可以選擇按照簡易徵收辦法計算繳納增值稅。

三、小規模納稅人應納稅額的計算

小規模納稅人銷售貨物、提供應稅勞務以及銷售服務、銷售無形資產或者不動產的，適用簡易計稅方法計稅，不得抵扣進項稅額，按照銷售額和增值稅徵收率計算的增值稅稅額為應納稅額。

計算公式為：

$$應納稅額＝銷售額×徵收率$$

小規模納稅人銷售貨物或者提供應稅勞務採用銷售額和應納稅額合併定價方法的，按下列公式計算銷售額：

$$銷售額＝含稅銷售額÷（1＋徵收率）$$

小規模納稅人因銷售貨物退回或者折讓退還給購買方的銷售額，應從發生銷售貨物退回或者折讓當期的銷售額中扣減。

【例5-2】某食品加工廠為小規模納稅人，本月銷售產品收入為30,000元。本月購進原材料、動力等支付價款10,000元，專用發票上註明增值稅稅額為100元。計算本月應納增值稅稅額。

解析：

（1）本月應稅銷售額＝30,000÷（1＋3%）＝29,126.21（元）

（2）本月應納增值稅＝29,126.21×3%＝873.79（元）

四、進口貨物應納稅額的計算

納稅人進口貨物，按照組成計稅價格和規定的稅率計算應納稅額，不得抵扣稅額。其計算公式為：

組成計稅價格＝關稅完稅價格＋關稅＋消費稅

應納稅額＝組成計稅價格×稅率

一般貿易下進口貨物的關稅完稅價格以海關審定的成交價格為基礎的到岸價格作為完稅價格。所謂成交價格，是一般貿易項下進口貨物的買方為購買該項貨物向賣方實際支付或應當支付的價格；到岸價格，即貨價加上貨物運抵中國關境內輸入地點起卸前的包裝費、運費、保險費和其他勞務費等費用而構成的一種價格。

【例5-3】某進出口公司為一般納稅人，2016年1月報送進口電子遊戲機200臺（非消費稅應稅產品），關稅完稅價格為60,000元，關稅稅額為78,000元。已交進口關稅和海關代徵的增值稅，並已取得增值稅完稅憑證。當月對外售出180臺，每臺不含稅售價為1,000元。試計算該公司當月進口環節和銷售環節應納增值稅稅額。

解析：

進口環節＝（60,000＋78,000）×17%＝23,460（元）——進項稅額

銷售環節＝180×1,000×17%＝30,600（元）——銷項稅額

應納稅額＝30,600－23,460＝7,140（元）

五、增值稅的會計處理

一般納稅人進行增值稅會計處理，應在「應交稅費」帳戶下設置「應交稅費——應交增值稅」和「應交稅費——未交增值稅」兩個明細帳戶。

（一）「應交稅費——應交增值稅」各會計科目核算的內容和要求

（1）「銷項稅額」專欄，平時核算（年末抵衝時除外，下同）只允許貸方出現數據。「銷項稅額」專欄記錄企業銷售貨物或提供應稅勞務應收取的增值稅稅額。企業銷售貨物或提供應稅勞務應收取的銷項稅額，用藍字在貸方登記；退回銷售貨物應衝銷的銷項稅額，用紅字（負數）在貸方登記。

（2）「出口退稅」專欄，平時核算只允許貸方出現數據。「出口退稅」專欄記錄企業出口適用零稅率的貨物，向海關辦理報關出口手續後，憑出口報關單等有關憑證，向稅務機關辦理退稅而收到退回的稅款。出口貨物退回的增值稅稅額，用藍字在貸方登記；出口貨物辦理退稅後發生退貨或者退關而補交已退的增值稅款，用紅字（負數）在貸方登記。

（3）「進項稅額轉出」專欄，平時核算只允許貸方出現數據。「進項稅額轉出」專欄記錄企業的購進貨物、在產品、產成品等發生非正常損失以及其他原因（比如出口退稅稅率差引起的轉出）而不應從銷項稅額中抵扣，按規定轉出的進項稅額。

（4）「轉出多交增值稅」專欄，平時核算只允許貸方出現數據。「轉出多交增值稅」專欄記錄企業月終將當月多交的增值稅予以轉出的金額。

（5）「進項稅額」專欄，平時核算只允許借方出現數據。「進項稅額」主要記

第五章 增值稅

錄企業購入貨物或接受應稅勞務而支付的、準予從銷項稅額中抵扣的增值稅稅額（實務操作中應是反映已經在稅務局認證通過準予抵扣的進項稅額）。企業購入貨物或接受應稅勞務支付的進項稅額，用藍字登記；退回所購貨物應衝銷的進項稅額，用紅字登記。

（6）「已交稅金」專欄，平時核算只允許借方出現數據。「已交稅金」專欄記錄企業本月預繳增值稅稅額。（該科目原來是預留給出口企業按4%預交增值稅用的，因該法規目前已經取消，所以目前的實務操作中大多數企業該專欄已經不使用；部分與地方稅務局統籌考慮的仍有預繳）

（7）「減免稅款」專欄，平時核算只允許借方出現數據。「減免稅款」專欄記錄企業經主管稅務機關批准，實際減免的增值稅稅額。

（8）「出口抵減內銷產品應納稅額」專欄，平時核算只允許借方出現數據。「出口抵減內銷產品應納稅額」專欄記錄企業按國務院規定的退稅率計算的出口貨物的進項稅額抵減內銷產品的應納稅額。

（9）「轉出未交增值稅」專欄，平時核算只允許借方出現數據。「轉出未交增值稅」專欄記錄企業月終將當月發生的應交未交增值稅予以轉出的金額。

（10）「待抵扣進項稅」專欄，平時核算只允許借方出現數據。「待抵扣進項稅」專欄用於核算月底收到的採購增值稅發票但未來得及拿到稅務局認證的進項稅額。次月待增值稅票拿到稅務局認證後，需要將對應的進項稅額從該科目轉到「進項稅額」專欄。

（二）「應交稅費——未交增值稅」科目的核算

1. 一般納稅人的處理

（1）正常購售

借：應收帳款
　　貸：主營業務收入
　　　　應交稅費——應交增值稅——銷項稅額
借：存貨
　　應交稅費——應交增值稅——進項稅額
　　貸：應付帳款

（2）月末若銷項稅額等貸方科目>進項稅額等借方科目發生數

借：應交稅費——應交增值稅——轉出未交增值稅
　　貸：應交稅費——未交增值稅

（3）月末若進項稅額等借方科目>銷項稅額等貸方科目發生數，不需要做帳務處理，留待以後抵扣就可以了。

（4）次月繳納增值稅時

借：應交稅費——未交增值稅
　　貸：銀行存款

(5) 如購入存貨用於非稅項目，則進項要轉出
借：應交稅費——應交增值稅——進項稅額
　　貸：應交稅費——應交增值稅——進項稅額
(6) 如稅務局要求預繳
借：應交稅費——應交增值稅——已交稅金
　　貸：銀行存款
如果預繳多於當月應繳，理論上，可以要求國家退款，做會計分錄：
借：應交稅費——未交增值稅
　　貸：應交稅費——應交增值稅——轉出多交增值稅
實際收到退款時（月底「應交稅費——應交增值稅」餘額為零）：
借：銀行存款
　　貸：應交稅費——未交增值稅
(7) 出口退稅，先抵、再退
借：應交稅費——應交增值稅——出口抵減內銷產品應納稅額（銀行存款）
　　貸：應交稅費——應交增值稅——出口退稅
(8) 享受減免政策的
借：應交稅費——應交增值稅——出口退稅
　　貸：補貼收入（營業外收入之類）
(9) 月底收到的採購增值稅發票但未來得及拿到稅務局認證的進項稅額
借：存貨
　　　應交稅費——應交增值稅——待抵扣進項稅
　　貸：應付帳款等
次月取得認證：
借：應交稅費——應交增值稅——進項稅額（藍字）
　　貸：應交稅費——應交增值稅——待抵扣進項稅額（借方為負數（紅字））
2. 小規模納稅人的核算
(1) 月末計提應繳納的增值稅時
借：應收帳款
　　貸：主營業務收入
　　　　應交稅費——未交增值稅
(2) 月初上交上月應繳納的增值稅時
借：應交稅費——未交增值稅
　　貸：銀行存款

第五章 增值稅

第三節 增值稅的申報繳納

一、納稅申報提交材料

一般納稅人進行增值稅納稅申報，必須實行電子信息採集。使用防偽稅控系統開具增值稅專用發票的納稅人必須在抄報稅成功后，方可進行納稅申報。納稅申報材料包括納稅申報表及其附列資料和納稅申報其他資料兩類。

（一）納稅申報表及其附列資料

1. 增值稅一般納稅人（以下簡稱一般納稅人）納稅申報表及其附列資料

（1）增值稅納稅申報表（適用於增值稅一般納稅人）；

（2）增值稅納稅申報表附列資料（一）（本期銷售情況明細）；

（3）增值稅納稅申報表附列資料（二）（本期進項稅額明細）；

（4）增值稅納稅申報表附列資料（三）（應稅服務扣除項目明細）；

一般納稅人提供營業稅改徵增值稅的應稅服務，按照國家有關營業稅政策規定差額徵收營業稅的，需填報增值稅納稅申報表附列資料（三）。其他一般納稅人不填寫該附列資料。

（5）固定資產進項稅額抵扣情況表。

2. 增值稅小規模納稅人（以下簡稱小規模納稅人）納稅申報表及其附列資料

（1）增值稅納稅申報表（適用於增值稅小規模納稅人）；

（2）增值稅納稅申報表（適用於增值稅小規模納稅人）附列資料。

小規模納稅人提供營業稅改徵增值稅的應稅服務，按照國家有關營業稅政策規定差額徵收營業稅的，需填報增值稅納稅申報表（適用於增值稅小規模納稅人）附列資料。

其他小規模納稅人不填寫該附列資料。

（二）納稅申報其他資料

（1）已開具的稅控機動車銷售統一發票和普通發票的存根聯；

（2）符合抵扣條件且在本期申報抵扣的防偽稅控增值稅專用發票、貨物運輸業增值稅專用發票、稅控機動車銷售統一發票、公路、內河貨物運輸業統一發票的抵扣聯；

（3）符合抵扣條件且在本期申報抵扣的海關進口增值稅專用繳款書、購進農產品取得的普通發票、運輸費用結算單據的複印件；

（4）符合抵扣條件且在本期申報抵扣的代扣代繳增值稅的稅收通用繳款書及其清單，書面合同、付款證明和境外單位的對帳單或者發票；

（5）已開具的農產品收購憑證的存根聯或報查聯；

（6）應稅服務扣除項目的合法憑證及其清單；

(7) 主管稅務機關規定的其他資料。

納稅申報表及其附列資料為必報資料，其紙質資料的報送份數、期限由市（地）國稅機關確定；納稅申報備查資料是否需要在當期報送、如何報送由主管國稅機關確定。

國家稅務總局規定特定納稅人（如成品油零售企業，機動車生產、經銷企業，農產品增值稅進項稅額抵扣試點企業，廢舊物資經營企業，電力企業等）填報的特定申報資料，仍按現行要求填報。

二、增值稅納稅申報表的填寫

（一）一般納稅人

增值稅納稅申報表格式如表 5-1 所示。

表 5-1　　　　　　　　　　　增值稅納稅申報表
（適用於增值稅一般納稅人）

根據《中華人民共和國增值稅暫行條例》第二十二條和第二十三條的規定制定本表。納稅人不論有無銷售額，均應按主管稅務機關核定的納稅期限按期填報本表，並於次月一日起十五日內，向當地稅務機關申報。

稅款所屬時間：　年　月　日至　年　月　日　　填表日期：　年　月　日

納稅人識別號：　　　　　　　　　　　　　　金額單位：元（列至角分）

納稅人名稱		法定代表人姓名	註冊地址	營業地址
開戶銀行及帳號		企業登記註冊類型		電話號碼

第五章　增值稅

表 5-1（續）

項目		欄次	一般貨物及勞務和應稅服務		即徵即退貨物及勞務和應稅服務	
			本月數	本年累計	本月數	本年累計
銷售額	（一）按適用稅率徵稅貨物及勞務銷售額	1				
	其中：應稅貨物銷售額	2				
	應稅勞務銷售額	3				
	納稅檢查調整的銷售額	4			—	—
	（二）按簡易徵收辦法徵稅貨物銷售額	5				
	其中：納稅檢查調整的銷售額	6				
	（三）免、抵、退辦法出口貨物銷售額	7			—	—
	（四）免稅貨物及勞務銷售額	8			—	—
	其中：免稅貨物銷售額	9			—	—
	免稅勞務銷售額	10			—	—
稅款計算	銷項稅額	11				
	進項稅額	12				
	上期留抵稅額	13				
	進項稅額轉出	14				
	免、抵、退貨物應退稅額	15				
	按適用稅率計算的納稅檢查應補繳稅額	16				
	應抵扣稅額合計	17＝12＋13－14－15＋16		—		
	實際抵扣稅額	18（如 17＜11，則為17，否則為11）				
	應納稅額	19＝11－18				
	期末留抵稅額	20＝17－18				
	簡易徵收辦法計算的應納稅額	21			—	—
	按簡易徵收辦法計算的納稅檢查應補繳稅額	22			—	—
	應納稅額減徵額	23				
	應納稅額合計	24＝19＋21－23				

79

表5-1(續)

稅款繳納	期初未繳稅額（多繳為負數）	25			
	實收出口開具專用繳款書退稅額	26		—	—
	本期已繳稅額	27 = 28+29+30+31			
	①分次預繳稅額	28		—	
	②出口開具專用繳款書預繳稅額	29		—	
	③本期繳納上期應納稅額	30			
	④本期繳納欠繳稅額	31			
	期末未繳稅額（多繳為負數）	32 = 24+25+26-27			
	其中：欠繳稅額（≥0）	33 = 25 + 26 -27			—
	本期應補（退）稅額	34 = 24 - 28 -29			
	即徵即退實際退稅額	35			
稅款繳納	期初未繳查補稅額	36		—	—
	本期入庫查補稅額	37		—	—
	期末未繳查補稅額	38 = 16+22+36-37		—	—

授權聲明	如果你已委託代理人申報，請填寫下列資料： 為代理一切稅務事宜，現授權 （地址）為本納稅人的代理申報人，任何與本申報表有關的往來文件，都可寄予此人。 授權人簽字：	申報人聲明	此納稅申報表是根據《中華人民共和國增值稅暫行條例》的規定填報的，我相信它是真實的、可靠的、完整的。 聲明人簽字：

以下由稅務機關填寫：

收到日期：	接收人：	主管稅務機關蓋章：

增值稅納稅申報表（適用於增值稅一般納稅人）填表說明：

1. 「稅款所屬時間」：指納稅人申報的增值稅應納稅額的所屬時間，應填寫具體的起止年、月、日。

2. 「填表日期」：指納稅人填寫本表的具體日期。

3. 「納稅人識別號」：填寫稅務機關為納稅人確定的識別號，即稅務登記證號碼。

4. 「所屬行業」：按照國民經濟行業分類與代碼中的小類行業填寫。

第五章　增值稅

5.「納稅人名稱」：填寫納稅人單位名稱全稱。

6.「法定代表人姓名」：填寫納稅人法定代表人的姓名。

7.「註冊地址」：填寫納稅人稅務登記證上所註明的詳細地址。

8.「營業地址」：填寫納稅人營業地的詳細地址。

9.「開戶銀行及帳號」：填寫納稅人開戶銀行的名稱和納稅人在該銀行的結算帳戶號碼。

10.「企業登記註冊類型」：按稅務登記證填寫。

11.「電話號碼」：填寫可聯繫到納稅人的實際電話號碼。

12.「即徵即退貨物及勞務和應稅服務」：反映納稅人按照稅法規定享受增值稅即徵即退稅收優惠政策的貨物及勞務和應稅服務的徵（退）稅數據。

13.「一般貨物及勞務和應稅服務」：反映除享受增值稅即徵即退稅收優惠政策以外的貨物及勞務和應稅服務的徵（免）稅數據。

14.「本年累計」：除第13欄「上期留抵稅額」、第18欄「實際抵扣稅額」以及「一般貨物及勞務和應稅服務」列第20、25、32、36、38欄外，「本年累計」列中其他各欄次，均填寫本年度內各月「本月數」之和。

15. 第1欄「（一）按適用稅率徵稅貨物及勞務銷售額」：反映納稅人本期按一般計稅方法計算繳納增值稅的銷售額。它包含在財務上不作銷售但按稅法規定應繳納增值稅的視同銷售和價外費用的銷售額，外貿企業作價銷售進料加工復出口貨物的銷售額，稅務、財政、審計部門檢查按一般計稅方法計算調整的銷售額。

營業稅改徵增值稅的納稅人，應稅服務有扣除項目的，本欄應填寫扣除之前的不含稅銷售額。

本欄「一般貨物及勞務和應稅服務」列「本月數」=附列資料（一）第9列第1至5行之和－第9列第6、7行之和；本欄「即徵即退貨物及勞務和應稅服務」列「本月數」=附列資料（一）第9列第6、7行之和。

16. 第2欄「其中：應稅貨物銷售額」：反映納稅人本期按適用稅率繳納增值稅的應稅貨物的銷售額。它包含在財務上不作銷售但按稅法規定應繳納增值稅的視同銷售貨物和價外費用的銷售額，以及外貿企業作價銷售進料加工復出口的貨物。

17. 第3欄「其中：應稅勞務銷售額」：反映納稅人本期按適用稅率繳納增值稅的應稅勞務的銷售額。

18. 第4欄「其中：納稅檢查調整的銷售額」：反映納稅人因稅務、財政、審計部門檢查，並按一般計稅方法在本期計算調整的銷售額。但享受即徵即退稅收優惠政策的貨物及勞務和應稅服務，經納稅檢查發現偷稅的，不填入「即徵即退貨物及勞務和應稅服務」列，而應填入「一般貨物及勞務和應稅服務」列。

營業稅改徵增值稅的納稅人，應稅服務有扣除項目的，本欄應填寫扣除之前的不含稅銷售額。

本欄「一般貨物及勞務和應稅服務」列「本月數」=附列資料（一）第7列第1至5行之和。

19. 第5欄「（二）按簡易徵收辦法徵稅貨物銷售額」：反映納稅人本期按簡易計稅方法徵收增值稅的銷售額。包含納稅檢查調整按簡易計稅方法徵收增值稅的銷售額。

營業稅改徵增值稅的納稅人，應稅服務有扣除項目的，本欄應填寫扣除之前的不含稅銷

售額。

本欄「一般貨物及勞務和應稅服務」列「本月數」≥附列資料（一）第 9 列第 8 至 13 行之和-第 9 列第 14、15 行之和，本欄「即徵即退貨物及勞務和應稅服務」列「本月數」≥附列資料（一）第 9 列第 14、15 行之和。

20. 第 6 欄「其中：納稅檢查調整的銷售額」：反映納稅人因稅務、財政、審計部門檢查，並按簡易計稅方法在本期計算調整的銷售額。但享受即徵即退稅收優惠政策的貨物及勞務和應稅服務，經納稅檢查發現偷稅的，不填入「即徵即退貨物及勞務和應稅服務」列，而應填入「一般貨物及勞務和應稅服務」列。

營業稅改徵增值稅的納稅人，應稅服務有扣除項目的，本欄應填寫扣除之前的不含稅銷售額。

21. 第 7 欄「免、抵、退辦法出口貨物銷售額」：反映納稅人本期執行免、抵、退稅辦法的出口貨物、勞務和應稅服務的銷售額。

營業稅改徵增值稅的納稅人，應稅服務有扣除項目的，本欄應填寫扣除之前的銷售額。

本欄「一般貨物及勞務和應稅服務」列「本月數」=附列資料（一）第 9 列第 16、17 行之和。

22. 第 8 欄「（四）免稅貨物及勞務銷售額」：反映納稅人本期按照稅法規定免徵增值稅的銷售額和適用零稅率的銷售額，但零稅率的銷售額中不包括適用免、抵、退稅辦法的銷售額。

營業稅改徵增值稅的納稅人，應稅服務有扣除項目的，本欄應填寫扣除之前的免稅銷售額。

本欄「一般貨物及勞務和應稅服務」列「本月數」=附列資料（一）第 9 列第 18、19 行之和。

23. 第 9 欄「其中：免稅貨物銷售額」：反映納稅人本期按照稅法規定免徵增值稅的貨物的銷售額及適用零稅率的貨物的銷售額，但不包括適用免、抵、退辦法出口貨物的銷售額。

24. 第 10 欄「免稅勞務銷售額」：反映納稅人本期按照稅法規定免徵增值稅的勞務的銷售額及適用零稅率的勞務的銷售額，但不包括適用免、抵、退辦法的勞務的銷售額。

25. 第 11 欄「銷項稅額」：反映納稅人本期按一般計稅方法徵稅的貨物及勞務和應稅服務的銷項稅額。

營業稅改徵增值稅的納稅人，應稅服務有扣除項目的，本欄應填寫扣除之后的銷項稅額。

本欄「一般貨物及勞務和應稅服務」列「本月數」=附列資料（一）第 10 列第 1、3 行之和-10 列第 6 行+第 14 列第 2、4、5 行之和-第 14 列第 7 行；

本欄「即徵即退貨物及勞務和應稅服務」列「本月數」=附列資料（一）第 10 列第 6 行+第 14 列第 7 行。

26. 第 12 欄「進項稅額」：反映納稅人本期申報抵扣的進項稅額。

本欄「一般貨物及勞務和應稅服務」列「本月數」+「即徵即退貨物及勞務和應稅服務」列「本月數」=附列資料（二）第 12 欄「稅額」。

27. 第 13 欄「上期留抵稅額」：

（1）上期留抵稅額按規定須掛帳的納稅人，按以下要求填寫本欄的「本月數」和「本年累計」。

上期留抵稅額按規定須掛帳的納稅人是指試點實施之日前一個稅款所屬期的申報表第 20 欄「期末留抵稅額」「一般貨物及勞務和應稅服務」列「本月數」大於零，且兼有營業稅改徵增值

第五章　增值稅

稅應稅服務的納稅人，下同。其試點實施之日前一個稅款所屬期的申報表第 20 欄「期末留抵稅額」「一般貨物及勞務和應稅服務」列「本月數」，以下稱為貨物和勞務掛帳留抵稅額。

①本欄「一般貨物及勞務和應稅服務」列「本月數」：試點實施之日的稅款所屬期填寫「0」；以後各期按上期申報表第 20 欄「期末留抵稅額」「一般貨物及勞務和應稅服務」列「本月數」填寫。

②本欄「一般貨物及勞務和應稅服務」列「本年累計」：反映貨物和勞務掛帳留抵稅額本期期初餘額。試點實施之日的稅款所屬期按試點實施之日前一個稅款所屬期的申報表第 20 欄「期末留抵稅額」「一般貨物及勞務和應稅服務」列「本月數」填寫；以後各期按上期申報表第 20 欄「期末留抵稅額」「一般貨物及勞務和應稅服務」列「本年累計」填寫。

③本欄「即徵即退貨物及勞務和應稅服務」列「本月數」：按上期申報表第 20 欄「期末留抵稅額」「即徵即退貨物及勞務和應稅服務」列「本月數」填寫。

(2) 其他納稅人，按以下要求填寫本欄「本月數」和「本年累計」：

其他納稅人是指除上期留抵稅額按規定須掛帳的納稅人之外的納稅人，下同。

①本欄「一般貨物及勞務和應稅服務」列「本月數」：按上期申報表第 20 欄「期末留抵稅額」「一般貨物及勞務和應稅服務」列「本月數」填寫。

②本欄「一般貨物及勞務和應稅服務」列「本年累計」：填寫「0」。

③本欄「即徵即退貨物及勞務和應稅服務」列「本月數」：按上期申報表第 20 欄「期末留抵稅額」「即徵即退貨物及勞務和應稅服務」列「本月數」填寫。

28. 第 14 欄「進項稅額轉出」：反映納稅人已經抵扣按稅法規定本期應轉出的進項稅額。

本欄「一般貨物及勞務和應稅服務」列「本月數」+「即徵即退貨物及應稅服務」列「本月數」=附列資料（二）第 13 欄「稅額」。

29. 第 15 欄「免、抵、退應退稅額」：反映稅務機關退稅部門按照出口貨物、勞務和應稅服務免、抵、退辦法審批的增值稅退稅額。

30. 第 16 欄「按適用稅率計算的納稅檢查應補繳稅額」：反映按一般計稅方法計算徵稅的納稅檢查應補繳的增值稅稅額。

本欄「一般貨物及勞務和應稅服務」列「本月數」≤附列資料（一）第 8 列第 1 至 5 行之和+附列資料（二）第 19 欄。

31. 第 17 欄「應抵扣稅額合計」：反映納稅人本期應抵扣進項稅額的合計數，按表中所列公式計算填寫。

32. 第 18 欄「實際抵扣稅額」：

(1) 上期留抵稅額按規定須掛帳的納稅人，按以下要求填寫本欄的「本月數」和「本年累計」：

①本欄「一般貨物及勞務和應稅服務」列「本月數」：按表中所列公式計算填寫。

②本欄「一般貨物及勞務和應稅服務」列「本年累計」：反映貨物和勞務掛帳留抵稅額本期實際抵減一般貨物和勞務應納稅額的數額。將「貨物和勞務掛帳留抵稅額本期期初餘額」與「一般計稅方法的一般貨物及勞務應納稅額」兩個數據相比較，取二者中小的數據。

其中：貨物和勞務掛帳留抵稅額本期期初餘額=第 13 欄「上期留抵稅額」「一般貨物及勞務和應稅服務」列「本年累計」；

其中：一般計稅方法的一般貨物及勞務應納稅額=（第 11 欄「銷項稅額」「一般貨物及勞務

和應稅服務」列「本月數」-第18欄「實際抵扣稅額」「一般貨物及勞務和應稅服務」列「本月數」）×一般貨物及勞務銷項稅額比例；

一般貨物及勞務銷項稅額比例＝（附列資料（一）第10列第1、3行之和-第10列第6行）÷第11欄「銷項稅額」「一般貨物及勞務和應稅服務」列「本月數」×100%。

③本欄「即徵即退貨物及勞務和應稅服務」列「本月數」：按表中所列公式計算填寫。

（2）其他納稅人，按以下要求填寫本欄的「本月數」和「本年累計」：

①本欄「一般貨物及勞務和應稅服務」列「本月數」：按表中所列公式計算填寫。

②本欄「一般貨物及勞務和應稅服務」列「本年累計」：填寫「0」。

③本欄「即徵即退貨物及勞務和應稅服務」列「本月數」：按表中所列公式計算填寫。

33. 第19欄「應納稅額」：反映納稅人本期按一般計稅方法計算並應繳納的增值稅稅額。按以下公式計算填寫：

（1）本欄「一般貨物及勞務和應稅服務」列「本月數」＝第11欄「銷項稅額」「一般貨物及勞務和應稅服務」列「本月數」-第18欄「實際抵扣稅額」「一般貨物及勞務和應稅服務」列「本月數」-第18欄「實際抵扣稅額」「一般貨物及勞務和應稅服務」列「本年累計」。

（2）本欄「即徵即退貨物及勞務和應稅服務」列「本月數」＝第11欄「銷項稅額」「即徵即退貨物及勞務和應稅服務」列「本月數」-第18欄「實際抵扣稅額」「即徵即退貨物及勞務和應稅服務」列「本月數」。

34. 第20欄「期末留抵稅額」：

（1）上期留抵稅額按規定須掛帳的納稅人，按以下要求填寫本欄的「本月數」和「本年累計」：

①本欄「一般貨物及勞務和應稅服務」列「本月數」：反映試點實施以後，一般貨物及應稅服務共同形成的留抵稅額，按表中所列公式計算填寫。

②本欄「一般貨物及勞務和應稅服務」列「本年累計」：反映貨物和勞務掛帳留抵稅額，在試點實施以後抵減一般貨物和勞務應納稅額后的餘額。按以下公式計算填寫：

本欄「一般貨物及勞務和應稅服務」列「本年累計」＝第13欄「上期留抵稅額」「一般貨物及勞務和應稅服務」列「本年累計」-第18欄「實際抵扣稅額」「一般貨物及勞務和應稅服務」列「本年累計」。

③本欄「即徵即退貨物及勞務和應稅服務」列「本月數」：按表中所列公式計算填寫。

（2）其他納稅人，按以下要求填寫本欄「本月數」和「本年累計」：

①本欄「一般貨物及勞務和應稅服務」列「本月數」：按表中所列公式計算填寫。

②本欄「一般貨物及勞務和應稅服務」列「本年累計」：填寫「0」。

③本欄「即徵即退貨物及勞務和應稅服務」列「本月數」：按表中所列公式計算填寫。

35. 第21欄「簡易徵收辦法計算的應納稅額」：反映納稅人本期按簡易計稅方法計算並應繳納的增值稅稅額，但不包括按簡易計稅方法計算的納稅檢查應補繳稅額。按以下公式計算填寫：

本欄「一般貨物及勞務和應稅服務」列「本月數」＝附列資料（一）第10列第8、9、10、11、13行之和-10列第14行+第14列第12行-第14列第15行

本欄「即徵即退貨物及勞務和應稅服務」列「本月數」＝附列資料（一）10列第14行+第14列第15行。

36. 第22欄「按簡易徵收辦法計算的納稅檢查應補繳稅額」：反映納稅人本期因稅務、財政、

第五章　增值稅

審計部門檢查並按簡易計稅方法計算的納稅檢查應補繳稅額。

37. 第 23 欄「應納稅額減徵額」：反映納稅人本期按照稅法規定減徵的增值稅應納稅額，包含按稅法規定可在增值稅應納稅額中全額抵減的增值稅稅控系統專用設備費用以及技術維護費。

當本期減徵額小於或等於第 19 欄「應納稅額」與第 21 欄「簡易徵收辦法計算的應納稅額」之和時，按本期減徵額實際填寫；當本期減徵額大於第 19 欄「應納稅額」與第 21 欄「簡易徵收辦法計算的應納稅額」之和時，按本期第 19 欄與第 21 欄之和填寫。本期減徵額不足抵減部分結轉下期繼續抵減。

38. 第 24 欄「應納稅額合計」：反映納稅人本期應繳增值稅的合計數，按表中所列公式計算填寫。

39. 第 25 欄「期初未繳稅額（多繳為負數）」：「本月數」按上一稅款所屬期申報表第 32 欄「期末未繳稅額（多繳為負數）」「本月數」填寫。「本年累計」按上年度最后一個稅款所屬期申報表第 32 欄「期末未繳稅額（多繳為負數）」「本年累計」填寫。

40. 第 26 欄「實收出口開具專用繳款書退稅額」：本欄不填寫。

41. 第 27 欄「本期已繳稅額」：反映納稅人本期實際繳納的增值稅稅額，但不包括本期入庫的查補稅款，按表中所列公式計算填寫。

42. 第 28 欄「①分次預繳稅額」：反映納稅人本期已繳納的準予在本期增值稅應納稅額中抵減的稅額。營業稅改徵增值稅總機構試點納稅人，按照稅法規定從本期增值稅應納稅額中抵減的分支機構已繳納的增值稅和營業稅款，也填入本欄。

43. 第 29 欄「②出口開具專用繳款書預繳稅額」：本欄不填寫。

44. 第 30 欄「③本期繳納上期應納稅額」：反映納稅人本期繳納上一稅款所屬期應繳未繳的增值稅稅額。

45. 第 31 欄「④本期繳納欠繳稅額」：反映納稅人本期實際繳納和留抵稅額抵減的增值稅欠稅額，但不包括繳納入庫的查補增值稅稅額。

46. 第 32 欄「期末未繳稅額（多繳為負數）」：「本月數」反映納稅人本期期末應繳未繳的增值稅稅額，但不包括納稅檢查應繳未繳的稅額，按表中所列公式計算填寫。「本年累計」欄與「本月數」欄數據相同。

47. 第 33 欄「其中：欠繳稅額（≥0）」：反映納稅人按照稅法規定已形成欠稅的增值稅稅額，按表中所列公式計算填寫。

48. 第 34 欄「本期應補（退）稅額」：反映納稅人本期應納稅額中應補繳或應退回的數額，按表中所列公式計算填寫。

49. 第 35 欄「即徵即退實際退稅額」：反映納稅人本期因符合增值稅即徵即退優惠政策規定，而實際收到的稅務機關退回的增值稅稅額。

50. 第 36 欄「期初未繳查補稅額」：「本月數」按上一稅款所屬期申報表第 38 欄「期末未繳查補稅額」「本月數」填寫。「本年累計」按上年度最后一個稅款所屬期申報表第 38 欄「期末未繳查補稅額」「本年累計」填寫。

51. 第 37 欄「本期入庫查補稅額」：反映納稅人本期因稅務、財政、審計部門檢查而實際入庫的增值稅稅額，包括按一般計稅方法計算並實際繳納的查補增值稅稅額和按簡易計稅方法計算並實際繳納的查補增值稅稅額。

52. 第 38 欄「期末未繳查補稅額」：「本月數」反映納稅人因納稅檢查本期期末應繳未繳的

85

企業涉稅實務

增值稅稅額，按表中所列公式計算填寫。「本年累計」欄與「本月數」欄數據相同。

（二）小規模納稅人

小規模納稅人納稅申報表如表 5-2 所示。

表 5-2　　　　　　　　　　　增值稅納稅申報表

（小規模納稅人適用）

納稅人識別號：☐☐☐☐☐☐☐☐☐☐

納稅人名稱（公章）：

稅款所屬期：　　年　月　日至　　年　月　日　　　　填表日期：　年　月　日

金額單位：元（列至角分）

	項目	欄次	本期數		本年累計	
			應稅貨物及勞務	應稅服務	應稅貨物及勞務	應稅服務
一、計稅依據	（一）應徵增值稅不含稅銷售額	1				
	稅務機關代開的增值稅專用發票不含稅銷售額	2				
	稅控器具開具的普通發票不含稅銷售額	3				
	（二）銷售使用過的應稅固定資產不含稅銷售額	4（4≥5）		—		—
	其中：稅控器具開具的普通發票不含稅銷售額	5		—		—
	（三）免稅銷售額	6=7+8+9				
	其中：小微企業免稅銷售額	7				
	未達起徵點銷售額	8				
	其他免稅銷售額	9				
	（四）出口免稅銷售額	10（10≥11）				
	其中：稅控器具開具的普通發票銷售額	11				
二、稅款計算	本期應納稅額	12				
	本期應納稅額減徵額	13				
	本期免稅額	14				
	其中：小微企業免稅額	15				
	未達起徵點免稅額	16				
	應納稅額合計	17=12−13				
	本期預繳稅額	18			—	—
	本期應補（退）稅額	19=17−18				

第五章 增值税

表5-2(續)

納稅人或代理人聲明：本納稅申報表是根據國家稅收法律、法規及相關規定填報的，我確定它是真實的、可靠的、完整的。	如納稅人填報，由納稅人填寫以下各欄：
	辦稅人員：　　　　　　　　　財務負責人：
	法定代表人：　　　　　　　　聯繫電話：
	如委托代理人填報，由代理人填寫以下各欄：
	代理人名稱（公章）：　　　　經辦人：
	聯繫電話：

主管稅務機關：　　　　接收人：　　　　接收日期：

填寫說明：

1.「稅款所屬期」是指納稅人申報的增值稅應納稅額的所屬時間，應填寫具體的起止年、月、日。

2.「納稅人識別號」欄：填寫納稅人的稅務登記證號碼。

3.「納稅人名稱」欄：填寫納稅人單位名稱全稱。

4. 第1欄「應徵增值稅不含稅銷售額」：填寫應稅貨物及勞務、應稅服務的不含稅銷售額，不包括銷售使用過的應稅固定資產和銷售舊貨的不含稅銷售額、免稅銷售額、出口免稅銷售額、查補銷售額。

應稅服務有扣除項目的納稅人，本欄填寫扣除后的不含稅銷售額，與當期增值稅納稅申報表（小規模納稅人適用）附列資料第8欄數據一致。

5. 第2欄「稅務機關代開的增值稅專用發票不含稅銷售額」：填寫稅務機關代開的增值稅專用發票銷售額合計。

6. 第3欄「稅控器具開具的普通發票不含稅銷售額」：填寫稅控器具開具的應稅貨物及勞務、應稅服務的普通發票註明的金額換算的不含稅銷售額。

7. 第4欄「銷售使用過的應稅固定資產不含稅銷售額」：填寫銷售自己使用過的應稅固定資產和銷售舊貨的不含稅銷售額，銷售額=含稅銷售額÷（1+3%）。

8. 第5欄「其中：稅控器具開具的普通發票不含稅銷售額」：填寫稅控器具開具的銷售自己使用過的應稅固定資產和銷售舊貨的普通發票金額換算的不含稅銷售額。

9. 第6欄「免稅銷售額」：填寫銷售免徵增值稅的應稅貨物及勞務、應稅服務的銷售額，不包括出口免稅銷售額。

應稅服務有扣除項目的納稅人，填寫扣除之前的銷售額。

10. 第7欄「其中：小微企業免稅銷售額」：填寫符合小微企業免徵增值稅政策的免稅銷售額，不包括符合其他增值稅免稅政策的銷售額。個體工商戶和其他個人不填寫本欄次。

11. 第8欄「未達起徵點銷售額」：填寫個體工商戶和其他個人未達起徵點（含支持小微企業免徵增值稅政策）的免稅銷售額，不包括符合其他增值稅免稅政策的銷售額。本欄次由個體工商

戶和其他個人填寫。

12. 第9欄「其他免稅銷售額」：填寫銷售免徵增值稅的應稅貨物及勞務、應稅服務的銷售額，不包括符合小微企業免徵增值稅和未達起徵點政策的免稅銷售額。

13. 第10欄「出口免稅銷售額」：填寫出口免徵增值稅應稅貨物及勞務、出口免徵增值稅應稅服務的銷售額。

應稅服務有扣除項目的納稅人，填寫扣除之前的銷售額。

14. 第11欄「其中：稅控器具開具的普通發票銷售額」：填寫稅控器具開具的出口免徵增值稅應稅貨物及勞務、出口免徵增值稅應稅服務的普通發票銷售額。

15. 第12欄「本期應納稅額」：填寫本期按徵收率計算繳納的應納稅額。

16. 第13欄「本期應納稅額減徵額」：填寫納稅人本期按照稅法規定減徵的增值稅應納稅額。它包含可在增值稅應納稅額中全額抵減的增值稅稅控系統專用設備費用以及技術維護費，可在增值稅應納稅額中抵免的購置稅控收款機的增值稅稅額。其抵減、抵免增值稅應納稅額情況，需填報增值稅納稅申報表附列資料（四）（稅額抵減情況表）予以反映。無抵減、抵免情況的納稅人，不填報此表。增值稅納稅申報表附列資料（四）表式見《國家稅務總局關於調整增值稅納稅申報有關事項的公告》（國家稅務總局公告2013年第32號）。

當本期減徵額小於或等於第12欄「本期應納稅額」時，按本期減徵額實際填寫；當本期減徵額大於第12欄「本期應納稅額」時，按本期第12欄填寫，本期減徵額不足抵減部分結轉下期繼續抵減。

17. 第14欄「本期免稅額」：填寫納稅人本期增值稅免稅額，免稅額根據第6欄「免稅銷售額」和徵收率計算。

18. 第15欄「其中：小微企業免稅額」：填寫符合小微企業免徵增值稅政策的增值稅免稅額，免稅額根據第7欄「其中：小微企業免稅銷售額」和徵收率計算。

19. 第16欄「未達起徵點免稅額」：填寫個體工商戶和其他個人未達起徵點（含支持小微企業免徵增值稅政策）的增值稅免稅額，免稅額根據第8欄「未達起徵點銷售額」和徵收率計算。

20. 第18欄「本期預繳稅額」：填寫納稅人本期預繳的增值稅稅額，但不包括查補繳納的增值稅稅額。

增值稅納稅申報表（小規模納稅人適用）附列資料如表5-3所示。

表5-3　　　　　增值稅納稅申報表（小規模納稅人適用）附列資料

稅款所屬期：　　年　月　日至　　年　月　日　　　　　填表日期：　年　月　日
納稅人名稱（公章）：　　　　　　　　　　　　　　　金額單位：元（列至角分）

應稅服務扣除額計算			
期初餘額	本期發生額	本期扣除額	期末餘額
1	2	3（3≤1+2之和，且3≤5）	4 = 1+2-3
應稅服務計稅銷售額計算			
全部含稅收入	本期扣除額	含稅銷售額	不含稅銷售額
5	6 = 3	7 = 5-6	8 = 7÷1.03

第五章　增值稅

填寫說明：

本附列資料由應稅服務有扣除項目的納稅人填寫，各欄次均不包含免徵增值稅應稅服務數額。

1.「稅款所屬期」是指納稅人申報的增值稅應納稅額的所屬時間，應填寫具體的起止年、月、日。

2.「納稅人名稱」欄：填寫納稅人單位名稱全稱。

3. 第1欄「期初餘額」：填寫應稅服務扣除項目上期期末結存的金額，試點實施之日的稅款所屬期填寫「0」。

4. 第2欄「本期發生額」：填寫本期取得的按稅法規定準予扣除的應稅服務扣除項目金額。

5. 第3欄「本期扣除額」：填寫應稅服務扣除項目本期實際扣除的金額。

第3欄「本期扣除額」≤第1欄「期初餘額」+第2欄「本期發生額」之和，且第3欄「本期扣除額」≤第5欄「全部含稅收入」

6. 第4欄「期末餘額」：填寫應稅服務扣除項目本期期末結存的金額。

7. 第5欄「全部含稅收入」：填寫納稅人提供應稅服務取得的全部價款和價外費用數額。

8. 第6欄「本期扣除額」：填寫本附列資料第3項「本期扣除額」欄數據。

第6欄「本期扣除額」=第3欄「本期扣除額」

9. 第7欄「含稅銷售額」：填寫應稅服務的含稅銷售額。

第7欄「含稅銷售額」=第5欄「全部含稅收入」-第6欄「本期扣除額」

10. 第8欄「不含稅銷售額」：填寫應稅服務的不含稅銷售額。

第8欄「不含稅銷售額」=第7欄「含稅銷售額」÷1.03，與增值稅納稅申報表（小規模納稅人適用）第1欄「應徵增值稅不含稅銷售額」「本期數」「應稅服務」欄數據一致。

三、納稅義務確認的時間

（一）銷售貨物、提供應稅勞務的納稅義務確認時間

納稅人銷售貨物或者提供應稅勞務的納稅義務確認時間為收訖銷售款或者取得索取銷售款憑據的當天；先開具發票的，為開具發票的當天。納稅人進口貨物的納稅義務確認時間為報關進口的當天。

其中，收訖銷售款或者取得索取銷售款憑據的當天按銷售結算方式的不同，具體分為：

（1）採取直接收款方式銷售貨物，不論貨物是否發出，均為收到銷售款或者取得索取銷售款憑據的當天；

納稅人生產經營活動中採取直接收款方式銷售貨物，已將貨物移送對方並暫估銷售收入入帳，但既未取得銷售款或取得索取銷售款憑據，也未開具銷售發票的，其增值稅納稅義務確認時間為取得銷售款或取得索取銷售款憑據的當天；先開具發票的，為開具發票的當天。

（2）採取托收承付和委托銀行收款方式銷售貨物，為發出貨物並辦妥托收手續的當天。

(3) 採取賒銷和分期收款方式銷售貨物，為書面合同約定的收款日期的當天，無書面合同的或者書面合同沒有約定收款日期的，為貨物發出的當天。

(4) 採取預收貨款方式銷售貨物，為貨物發出的當天，但生產銷售生產工期超過 12 個月的大型機械設備、船舶、飛機等貨物，為收到預收款或者書面合同約定的收款日期的當天。

(5) 委託其他納稅人代銷貨物，為收到代銷單位的代銷清單或者收到全部或者部分貨款的當天。未收到代銷清單及貨款的，為發出代銷貨物滿 180 天的當天。

(6) 銷售應稅勞務，為提供勞務同時收訖銷售款或者取得索取銷售款的憑據的當天。

(7) 納稅人發生除將貨物交付其他單位或者個人代銷和銷售代銷貨物以外的視同銷售貨物行為，為貨物移送的當天。

(二) 銷售服務、無形資產或者不動產的納稅義務確認時間

(1) 納稅人發生應稅行為的納稅義務確認時間為發生應稅行為並收訖銷售款或者取得索取銷售款憑據的當天；先開具發票的，為開具發票的當天。其中，收訖銷售款，是指納稅人提供應稅服務過程中或者完成後收到款。取得索取銷售款憑據的當天，是指書面合同確定的付款日期；未簽訂書面合同或者書面合同未確定付款日期的，為應稅服務完成的當天。

(2) 納稅人提供建築服務、租賃服務採取預收款方式的，其納稅義務確認時間為收到預收款的當天。

(3) 納稅人從事金融商品轉讓，為金融商品所有權轉移的當天。

(4) 納稅人發生視同銷售服務、無形資產或者不動產的，其納稅義務確認時間為服務、無形資產轉讓完成的當天或者不動產權屬變更的當天。

根據《增值稅暫行條例》及營改增稅收政策的規定，增值稅扣繳義務確認時間為納稅人增值稅納稅義務發生的當天。

四、納稅期限

增值稅的納稅期限分別為 1 日、3 日、5 日、10 日、15 日、1 個月或者 1 個季度。納稅人的具體納稅期限，由主管稅務機關根據納稅人應納稅額核定；不能按照固定期限納稅的，可以按次納稅。以 1 個季度為納稅期限的規定適用於小規模納稅人、銀行、財務公司、信託投資公司、信用社以及財政部和國家稅務總局規定的其他納稅人。

納稅人以 1 個月或者 1 個季度為 1 個納稅期的，自期滿之日起 15 日內申報納稅；以 1 日、3 日、5 日、10 日或者 15 日為 1 個納稅期的，自期滿之日起 5 日內預繳稅款，於次月 1 日起 15 日內申報納稅並結清上月應納稅款。納稅人進口貨物，應當自海關填發海關進口增值稅專用繳款書之日起 15 日內繳納稅款。

扣繳義務人解繳稅款的期限，依照上述規定執行。

第五章　增值稅

五、納稅地點

（1）固定業戶應當向其機構所在地或居住地的主管稅務機關申報納稅。總機構和分支機構不在同一縣（市）的，應當分別向各自所在地的主管稅務機關申報納稅；經國務院財政、稅務主管部門或者其授權的財政、稅務機關批准，可以由總機構匯總向總機構所在地的主管稅務機關申報納稅。

固定業戶的總分支機構不在同一縣（市），但在同一省（區、市）範圍內的，經省（區、市）財政廳（局）、國家稅務局審批同意，可以由總機構匯總向總機構所在地的主管稅務機關申報繳納增值稅。

（2）固定業戶到外縣（市）銷售貨物或者應稅勞務，應當向其機構所在地的主管稅務機關申請開具外出經營活動稅收管理證明，並向其機構所在地的主管稅務機關申報納稅；未開具證明的，應當向銷售地或者勞務發生地的主管稅務機關申報納稅；未向銷售地或者勞務發生地的主管稅務機關申報納稅的，由其機構所在地的主管稅務機關補徵稅款。

（3）非固定業戶銷售貨物，提供應稅勞務以及銷售服務、無形資產或者不動產，應當向貨物銷售地，應稅勞務發生地以及服務、無形資產或者不動產的銷售地的主管稅務機關申報納稅；未申報納稅的，由其機構所在地或者居住地的主管稅務機關補徵稅款。

（4）其他個人提供建築服務，銷售或者租賃不動產，轉讓自然資源使用權，應向建築服務發生地、不動產所在地、自然資源所在地稅務機關申報納稅。

（5）進口貨物，應當向報關地海關申報納稅。

（6）扣繳義務人應當向其機構所在地或者居住地的主管稅務機關申報繳納其扣繳的稅款。

六、稅收優惠

（一）資源綜合利用產品和勞務增值稅優惠政策

納稅人銷售自產的資源綜合利用產品和提供資源綜合利用勞務，可享受增值稅即徵即退政策。退稅比例有30％、50％、70％和100％4個檔次。

納稅人從事優惠目錄所列的資源綜合利用項目，享受規定的增值稅即徵即退政策時，應同時符合一些條件，如應屬於增值稅一般納稅人，銷售綜合利用產品和勞務不屬於國家發改委《產業結構調整指導目錄》中的禁止、限制類項目等。

（二）免徵蔬菜流通環節增值稅

經國務院批准，自2012年1月1日起，免徵蔬菜流通環節增值稅。

（1）對從事蔬菜批發、零售的納稅人銷售的蔬菜免徵增值稅。

（2）對納稅人既銷售蔬菜又銷售其他增值稅應稅貨物的，應分別核算蔬菜和其

他增值稅應稅貨物的銷售額；未分別核算的，不得享受蔬菜增值稅免稅政策。

（三）粕類產品免徵增值稅

豆粕屬於應徵收增值稅的飼料產品，除豆粕以外的其他粕類產品，均免徵增值稅。

（四）制種行業增值稅政策

制種企業在下列生產經營模式下生產銷售種子，屬於農業生產者銷售自種農業產品，應根據《增值稅暫行條例》有關規定免徵增值稅。

（1）制種企業利用自有土地或承租土地，雇用農戶或雇工進行種子繁育，再經烘干、脫粒、風篩等深加工后銷售種子。

（2）制種企業提供親本種子，委托農戶繁育並從農戶手中收回，再經烘干、脫粒、風篩等深加工后銷售種子。

第四節　增值稅專用發票的使用和管理

增值稅實行憑國家印發的增值稅專用發票註明的稅款進行抵扣制度。增值稅專用發票不僅是納稅人經濟活動中重要的商業憑證，而且是兼記銷貨方銷項稅額和購貨方進項稅額進行稅款抵扣的憑證，對增值稅的計算和管理起著決定性的作用。因此，正確使用增值稅專用發票是十分重要的。

專用發票，是增值稅一般納稅人銷售貨物或者提供應稅勞務開具的發票，是購買方支付增值稅稅額並可按照增值稅有關規定據以抵扣增值稅進項稅額的憑證。一般納稅人應通過增值稅防偽稅控系統使用專用發票。使用，包括領購、開具、繳銷、認證紙質專用發票及其相應的數據電文。防偽稅控系統，是指經國務院同意推行的，使用專用設備和通用設備、運用數字密碼和電子存儲技術管理專用發票的計算機管理系統。專用設備，是指金稅卡、IC卡、讀卡器和其他設備。通用設備，是指計算機、打印機、掃描器具和其他設備。

一、專用發票的聯次

專用發票是由基本聯次或者基本聯次附加其他聯次構成的。基本聯次為三聯：發票聯、抵扣聯和記帳聯。發票聯，作為購買方核算採購成本和增值稅進項稅額的記帳憑證；抵扣聯，作為購買方報送主管稅務機關認證和留存備查的憑證；記帳聯，作為銷售方核算銷售收入和增值稅銷項稅額的記帳憑證。其他聯次用途，由一般納稅人自行確定。

貨物運輸業增值稅專用發票分為三聯票和六聯票：第一聯，記帳聯，承運人記帳憑證；第二聯，抵扣聯，受票方扣稅憑證；第三聯，發票聯，受票方記帳憑證；第四聯至第六聯由發票使用單位自行安排使用。

第五章　增值稅

二、專用發票的開票限額及初始發行

(一) 核定開票限額

專用發票實行最高開票限額管理。最高開票限額，是指單份專用發票開具的銷售額合計數不得達到的上限額度。

最高開票限額由一般納稅人申請，稅務機關依法審批。最高開票限額為十萬元及以下的，由區縣級稅務機關審批；最高開票限額為一百萬元的，由地市級稅務機關審批；最高開票限額為一千萬元及以上的，由省級稅務機關審批。防偽稅控系統的具體發行工作由區縣級稅務機關負責。

稅務機關審批最高開票限額應進行實地核查。批准使用最高開票限額為十萬元及以下的，由區縣級稅務機關派人實地核查；批准使用最高開票限額為一百萬元的，由地市級稅務機關派人實地核查；批准使用最高開票限額為一千萬元及以上的，由地市級稅務機關派人實地核查后將核查資料報省級稅務機關審核。

一般納稅人申請最高開票限額時，需填報最高開票限額申請表，如表 5-4 所示。

表 5-4　　　　　　　　　增值稅專用發票最高開票限額申請表

	納稅人名稱		納稅人識別號	
	地　　址		聯繫電話	
	購票人信息			
申請事項（由納稅人填寫）	申請增值稅專用發票（增值稅稅控系統）最高開票限額	□初次　□變更　（請選擇一個項目並在□內打「√」） □一億元　□一千萬元　□一百萬元 □十萬元　□一萬元　□一千元 （請選擇一個項目並在□內打「√」）		
	申請貨物運輸業增值稅專用發票（增值稅稅控系統）最高開票限額	□初次　□變更　（請選擇一個項目並在□內打「√」） □一億元　□一千萬元　□一百萬元 □十萬元　□一萬元　□一千元 （請選擇一個項目並在□內打「√」）		
	申請理由：			
	經辦人（簽字）： 　　　年　月　日		納稅人（印章）： 　　　年　月　日	

表5-4(續)

申請事項(由納稅人填寫)	納稅人名稱		納稅人識別號	
	地　　址		聯繫電話	
	購票人信息			
	申請增值稅專用發票（增值稅稅控系統）最高開票限額	□初次　□變更　（請選擇一個項目並在□內打「√」） □一億元　□一千萬元　□一百萬元 □十萬元　□一萬元　□一千元 （請選擇一個項目並在□內打「√」）		
	申請貨物運輸業增值稅專用發票（增值稅稅控系統）最高開票限額	□初次　□變更　（請選擇一個項目並在□內打「√」） □一億元　□一千萬元　□一百萬元 □十萬元　□一萬元　□一千元 （請選擇一個項目並在□內打「√」）		
	申請理由： 經辦人（簽字）：　　　　　　　　　　　　　　　納稅人（印章）： 　　年　月　日　　　　　　　　　　　　　　　　　年　月　日			

區縣稅務機關意見	發票種類	批准最高開票限額
	增值稅專用發票（增值稅稅控系統）	
	貨物運輸業增值稅專用發票（增值稅稅控系統）	
	經辦人（簽字）：　　　批准人（簽字）：　　　稅務機關（印章）： 　　年　月　日　　　　　年　月　日　　　　　　年　月　日	

註：本申請表一式兩聯，第一聯由申請納稅人留存，第二聯由區縣稅務機關留存。

（二）辦理初始發行

一般納稅人領購專用設備後，憑最高開票限額申請表、發票領購簿到主管稅務機關辦理初始發行，即主管稅務機關將一般納稅人的信息載入空白金稅卡和IC卡。稅務機關在增值稅稅控系統中將稅務登記信息、資格認定信息、稅種稅目認定信息、票種核定信息、離線開票時限和離線開票總金額等信息載入金稅盤（稅控盤）後，

第五章 增值稅

已辦理增值稅發票核定的納稅人可以領取發票。使用增值稅專用發票和貨物運輸業增值稅專用發票的納稅人，應提供增值稅稅控系統最高開票限額準予稅務行政許可決定書、增值稅稅控系統安裝使用告知書。

增值稅稅控系統專用設備初始發行流程如圖 5-1 所示。

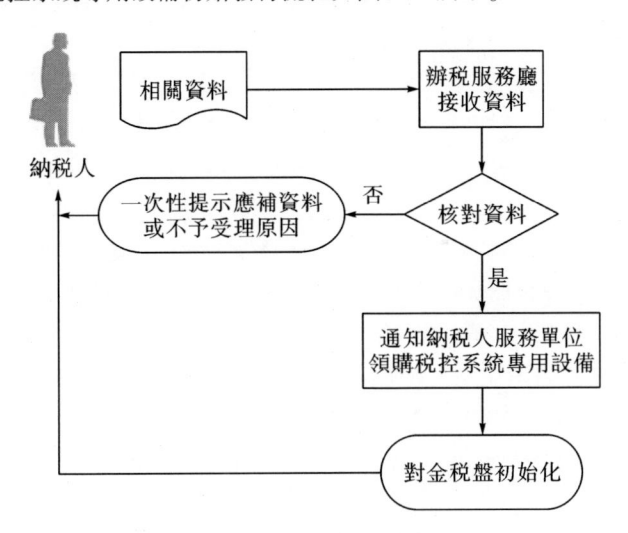

圖 5-1 增值稅稅控系統專用設備初始發行流程

三、專用發票的領購和使用

（一）專用發票的領購

專用發票只限於增值稅一般納稅人領購使用，增值稅的小規模納稅人和非增值稅納稅人不得領購使用。一般納稅人憑發票領購簿、IC 卡和經辦人身分證明領購專用發票。一般納稅人有下列情形之一的，不得領購開具專用發票：

（1）會計核算不健全，不能向稅務機關準確提供增值稅銷項稅額、進項稅額、應納稅額數據及其他有關增值稅稅務資料的。上列其他有關增值稅稅務資料的內容，由省、自治區、直轄市和計劃單列市國家稅務局確定。

（2）有《稅收徵管法》規定的稅收違法行為，拒不接受稅務機關處理的。

（3）有下列行為之一，經稅務機關責令限期整改而仍未改正的：

①虛開增值稅專用發票；

②私自印制專用發票；

③向稅務機關以外的單位和個人買取專用發票；

④借用他人專用發票；

⑤未按規定開具專用發票；

⑥未按規定保管專用發票和專用設備；

⑦未按規定申請辦理防偽稅控系統變更行為；

⑧未按規定接受稅務機關檢查。

有上述情形的，如已領購專用發票，主管稅務機關應暫扣其結存的專用發票和IC卡。

(二)「營改增」后納稅人發票的使用

(1)「營改增」后，增值稅納稅人不得開具公路、內河貨物運輸業統一發票。

增值稅一般納稅人提供貨物運輸服務的，使用貨物運輸業增值稅專用發票和普通發票；提供貨物運輸服務之外其他增值稅應稅項目的，統一使用增值稅專用發票和增值稅普通發票。

小規模納稅人提供貨物運輸服務，服務接受方索取貨運專票的，可向主管稅務機關申請代開，填寫代開貨物運輸業增值稅專用發票繳納稅款申報單。代開貨運專票按照代開專用發票的有關規定執行。

(2) 提供港口碼頭服務、貨運客運場站服務、裝卸搬運服務、旅客運輸服務的一般納稅人，可以選擇使用等額普通發票。

(3) 從事國際貨物運輸代理業務的一般納稅人，應使用六聯專用發票或五聯增值稅普通發票，其中第四聯用作購付匯聯；從事國際貨物運輸代理業務的小規模納稅人，應使用普通發票，其中第四聯用作購付匯聯。

(4) 實行增值稅退（免）稅辦法的增值稅零稅率應稅服務不得開具增值稅專用發票。

四、專用發票的開具範圍

一般納稅人銷售貨物或者提供應稅勞務，應向購買方開具專用發票。

商業企業一般納稅人零售的菸、酒、食品、服裝、鞋帽（不包括勞保專用部分）、化妝品等消費品不得開具專用發票。增值稅小規模納稅人需要開具專用發票的，可向主管稅務機關申請代開。銷售免稅貨物不得開具專用發票，法律、法規及國家稅務總局另有規定的除外。

關於貨運專票的開具，一般納稅人提供應稅貨物運輸服務的，使用貨運專票；提供其他增值稅應稅項目、免稅項目或非增值稅應稅項目的，不得使用貨運專票。貨運專票中「承運人及納稅人識別號」欄填寫提供貨物運輸服務、開具貨運專票的一般納稅人信息；「實際受票方及納稅人識別號」欄填寫實際負擔運輸費用、抵扣進項稅額的一般納稅人信息；「費用項目及金額」欄填寫應稅貨物運輸服務明細項目及不含增值稅的銷售額；「合計金額」欄填寫應稅貨物運輸服務項目不含增值稅的銷售額合計；「稅率」欄填寫增值稅稅率；「稅額」欄填寫按照應稅貨物運輸服務項目不含增值稅的銷售額和使用稅率計算得出的增值稅稅額；「價稅合計」欄填寫不含增值稅的銷售額和增值稅稅額的合計；「機器編號」欄填寫貨運專票稅控系統

第五章　增值稅

控盤編號。

　　納稅人提供應稅服務，應當向索取增值稅專用發票的接收方開具增值稅專用發票，並在增值稅專用發票上分別註明銷售額和銷項稅額；向消費者個人提供應稅服務，若提供的是免徵增值稅規定的應稅服務，不得開具增值稅專用發票。

五、專用發票的開具要求

專用發票應按照下列要求開具：
（1）項目齊全，與實際交易相符；
（2）字跡清晰，不得壓線、錯格；
（3）發票聯和抵扣聯加蓋財務專用章或者發票專用章；
（4）按照增值稅納稅義務的發生時間開具。
對不符合上述要求的專用發票，購買方有權拒收。
　　一般納稅人銷售貨物或者提供應稅勞務可匯總開具專用發票。匯總開具專用發票的，同時使用防偽稅控系統開具銷售貨物或者提供應稅勞務清單，如表5-5所示，並加蓋財務專用章或者發票專用章。

表 5-5　　　　　　　　　　銷售貨物或提供應稅勞務清單

購買方名稱：
銷貨方名稱：
所屬增值稅專用發票代碼：　　　　　號碼：　　　　　　　　共　頁　第　頁

序號	貨物（勞務）名稱	規格型號	單位	數量	單價	金額	稅率	稅額
1								
2								
小計								
總計								
備註								

銷售方（章）：　　　　　　　　　　　　　　　　填開日期：　　年　月　日
註：本清單一式兩聯，第一聯由銷售方留存，第二聯由銷售方送交購買方。

六、開具專用發票後發生退貨或開票有誤的處理

（1）增值稅一般納稅人開具增值稅專用發票後，發生銷貨退回、銷售折讓以及開票有誤等情況需要開具紅字專用發票的，視不同情況分別按以下方法處理。
①因專用發票抵扣聯、發票聯均無法認證的，由購買方填報開具紅字增值稅專用發票申請單並在申請單上填寫具體原因以及相對應藍字專用發票的信息，主管稅

務機關審核后出具開具紅字增值稅專用發票通知單。購買方不做進項稅額轉出處理。

②購買方所購貨物不屬於增值稅扣稅項目範圍，取得的專用發票未經認證的，由購買方填報申請單，並在申請單上填寫具體原因以及相對應藍字專用發票的信息，主管稅務機關審核后出具通知單。購買方不做進項稅額轉出處理。

③因開票有誤購買方拒收專用發票的，銷售方須在專用發票認證期限內向主管稅務機關填報申請單，並在申請單上填寫具體原因以及相對應藍字專用發票的信息，同時提供由購買方出具的寫明拒收理由、具體錯誤項目以及正確內容的書面材料，主管稅務機關審核確認后出具通知單。銷售方憑通知單開具紅字專用發票。

④因開票有誤等原因尚未將專用發票交付購買方的，銷售方須在開具有誤專用發票的次月向主管稅務機關填報申請單，並在申請單上填寫具體原因以及相對應藍字專用發票的信息，同時提供由銷售方出具的寫明具體理由、具體錯誤項目以及正確內容的書面材料，主管稅務機關審核確認后出具通知單。銷售方憑通知單開具紅字專用發票。

⑤發生銷貨退回或者銷售折讓的，除按照通知的規定進行處理外，銷售方還應在開具紅字專用發票后將該筆業務的相應記帳憑證複印件報送主管稅務機關備案。

開具紅字增值稅專用發票信息表流程如圖5-2所示。

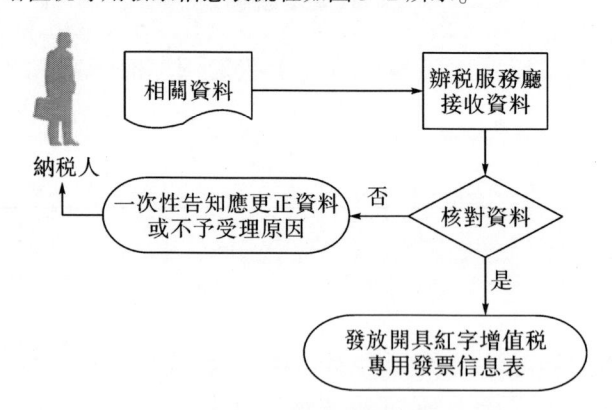

圖5-2 開具紅字增值稅專用發票信息表流程

（2）稅務機關為小規模納稅人代開專用發票需要開具紅字專用發票的，比照一般納稅人開具紅字專用發票的處理辦法，通知單第二聯交代開稅務機關。

（3）提供貨物運輸服務，開具貨運專票后，如發生應稅服務中止、折讓、開票有誤以及發票抵扣聯、發票聯均無法認證等情形，且不符合發票作廢條件，需要開具紅字貨運專票的實際受票方或承運人可向稅務主管機關填報開具紅字貨物運輸業增值稅專用發票通知單。實際受票方應暫依通知單所列增值稅稅額從當期進項稅額中轉出，未抵扣增值稅進項稅額的可列入當期進項稅額，待取得承運人開具的紅字貨運專票后，與留存的通知單一起作為記帳憑證。認證結果為「無法認證」「納稅人識別號認證不符」「發票代碼、號碼認證不符」以及所購服務不屬於增值稅扣稅

第五章 增值稅

項目範圍的，不列入進項稅額，不作進項稅額轉出。承運人可憑通知單在貨運專票稅控系統中以銷項負數開具紅字貨運專票。通知單暫不通過系統開具，但其他事項按照現行紅字專用發票有關規定執行。

七、加強增值稅專用發票的管理

稅法除了對納稅人領購、開具專用發票做了相關規定外，還做了多項其他規定。

（一）對被盜、丟失增值稅專用發票的處理

（1）納稅人必須嚴格按照《增值稅專用發票使用規定》保管使用專用發票，對違反規定發生被盜、丟失專用發票的納稅人，按《稅收徵管法》和《中華人民共和國發票管理辦法》的規定，處以1萬元以下的罰款，並根據具體情況對丟失專用發票的納稅人，在一定期限內（最長不超過半年）停止領購專用發票，對納稅人申報遺失的專用發票，如發現非法代開、虛開問題的，該納稅人應承擔偷稅、騙稅的連帶責任。

（2）納稅人丟失專用發票后，必須按規定程序向當地主管稅務機關、公安機關報失。各地稅務機關對丟失專用發票的納稅人在按規定進行處罰的同時，代收取掛失登報費，並將丟失專用發票的納稅人名稱、發票份數、字軌號碼、蓋章與否等情況，統一傳（寄）中國稅務報社刊登「遺失聲明」。

（二）對代開、虛開增值稅專用發票的處理

代開發票是指為與自己沒有發生直接購銷關係的他人開具發票的行為，虛開發票是指在沒有任何購銷事實的前提下，為他人、為自己或讓他人為自己或介紹他人開具發票的行為。代開、虛開發票的行為都是嚴重的違法行為，一律按票面所列貨物的適用稅率全額徵補稅款，並按《稅收徵管法》的規定按偷稅給予處罰。對納稅人取得代開、虛開的增值稅專用發票，不得作為增值稅合法抵扣憑證抵扣進項稅額。代開、虛開發票構成犯罪的，按相關制度處以刑罰。

（三）對納稅人善意取得虛開的增值稅專用發票管理

納稅人善意取得虛開的增值稅專用發票指購貨方與銷售方存在真實交易，且購貨方不知取得的增值稅專用發票是以非法手段獲得的。納稅人善意取得虛開的增值稅專用發票，如能重新取得合法、有效的專用發票，准許其抵扣進項稅款；如不能重新取得合法、有效的專用發票，不準其抵扣進項稅款或追繳其已抵扣的進項稅款。

增值稅綜合填報樣表如表5-6至表5-10所示，增值稅納稅申報表中數據根據后續表填報而成。

企業涉稅實務

表 5-6　　　　　　　　　　**增值稅納稅申報表**

（適用於增值稅一般納稅人）

根據《中華人民共和國增值稅暫行條例》第二十二條和第二十三條的規定制定本表。納稅人不論有無銷售額，均應按主管稅務機關核定的納稅期限按期填報本表，並於次月一日起十五日內，向當地稅務機關申報。

稅款所屬時間：自 2016 年 1 月 1 日至 2016 年 1 月 31 日　填表日期：2016 年 2 月 1 日

稅務登記證號：　　　　　　　　　　　　　　　　　　　金額單位：元（列至角分）

納稅人識別號								所屬行業		稅務機關確定的明細行業	
納稅人名稱	稅務登記證標註的名稱			法定代表人姓名	某某某	註冊地址	稅務登記證標註的地址		營業地址	實際生產經營地址	
開戶銀行及帳號	中國工商銀行××支行×××××××			企業登記註冊類型	按稅務登記證填寫		電話號碼		11111111		

	項目		欄次	一般貨物及勞務和應稅服務		即徵即退貨物及勞務和應稅服務	
				本月數	本年累計	本月數	本年累計
銷售額	（一）按適用稅率徵稅貨物及勞務銷售額		1	525,094.02	525,094.02		
	其中：應稅貨物銷售額		2	515,094.02	515,094.02		
	應稅勞務銷售額		3				
	納稅檢查調整的銷售額		4	10,000.00	10,000.00		
	（二）按簡易徵收辦法徵稅貨物銷售額		5				
	其中：納稅檢查調整的銷售額		6				
	（三）免、抵、退辦法出口貨物銷售額		7			—	—
	（四）免稅貨物及勞務銷售額		8	1,234.56	1,234.56	—	—
	其中：免稅貨物銷售額		9	1,234.56	1,234.56	—	—
	免稅勞務銷售額		10			—	—
稅款計算	銷項稅額		11	89,265.98	89,265.98		
	進項稅額		12	53,719.63	53,719.63		
	上期留抵稅額		13				
	進項稅額轉出		14	100.00	100.00		
	免、抵、退貨物應退稅額		15			—	—
	按適用稅率計算的納稅檢查應補繳稅額		16	1,700.00	1,700.00		
	應抵扣稅額合計		17 = 12 + 13 - 14 - 15 + 16	55,319.63			
	實際抵扣稅額		18（如 17 < 11，則為 17，否則為 11）	55,319.63	55,319.63		

第五章　增值稅

表5-6(續)

稅款計算	應納稅額	19＝11－18	33,946.35	33,946.35	
	期末留抵稅額	20＝17－18	—	—	—
	簡易徵收辦法計算的應納稅額	21			
	按簡易徵收辦法計算的納稅檢查應補繳稅額	22			
	應納稅額減徵額	23	505	505	
	應納稅額合計	24＝19＋21－23	33,441.35	33,441.35	
稅款繳納	期初未繳稅額（多繳為負數）	25	9,307.56	9,307.56	
	實收出口開具專用繳款書退稅額	26			—
	本期已繳稅額	27＝28＋29＋30＋31	9,307.56	9,307.56	
	①分次預繳稅額	28		—	
	②出口開具專用繳款書預繳稅額	29		—	
	③本期繳納上期應納稅額	30	9,307.56	9,307.56	
	④本期繳納欠繳稅額	31			
	期末未繳稅額（多繳為負數）	32＝24＋25＋26－27	33,441.35		
	其中：欠繳稅額（≥0）	33＝25＋26－27	—	—	—
	本期應補（退）稅額	34＝24－28－29	33,441.35		
	即徵即退實際退稅額	35	—	—	
	期初未繳查補稅額	36		—	—
	本期入庫查補稅額	37	1,700.00	—	—
	期末未繳查補稅額	38＝16＋22＋36－37			
授權聲明	如果你已委託代理人申報，請填寫下列資料： 　　為代理一切稅務事宜，現授權　　　（地址）為本納稅人的代理申報人，任何與本申報表有關的往來文件，都可寄予此人。 　　　　　　　　授權人簽字：		申報人聲明： 　　此納稅申報表是根據《中華人民共和國增值稅暫行條例》的規定填報的，我相信它是真實的、可靠的、完整的 　　　　　　　　聲明人簽字：某某某		
以下由稅務機關填寫：					
收到日期：		接收人：		主管稅務機關蓋章：	

企業涉稅實務

表5-7 增值稅納稅申報表附列資料（一）
（本期銷售情況明細）

稅款所屬時間：2016年1月1日至2016年1月31日

納稅人名稱：（公章） 稅務登記證件標註的名稱

金額單位：元（列至角分）

項目及欄次		開具稅控增值稅專用發票		開具其他發票		未開具發票		納稅檢查調整		合計		價稅合計	應稅服務扣除項目本期實際扣除金額	扣除後	
		銷售額	銷項（應納）稅額	銷售額	銷項（應納）稅額	銷售額	銷項（應納）稅額	銷售額	銷項（應納）稅額	銷售額 9=1+3+5+7	銷項（應納）稅額 10=2+4+6+8	含稅（免稅）銷售額 11=9+10		含稅（免稅）銷售額 13=11-12	銷項（應納）稅額 14=13÷(100%+稅率或徵收率)×稅率或徵收率
		1	2	3	4	5	6	7	8				12		
一般計稅方法計稅	全部徵稅項目	17%稅率的貨物及加工修理修配勞務	1	515,094.02	87,565.98							515,094.02	87,565.98	—	—	—	—
		17%稅率的有形動產租賃服務	2											—	—	—	—
		13%稅率	3											—	—	—	—
		11%稅率	4											—	—	—	—
		6%稅率	5											—	—	—	—
	其中：即徵即退項目	即徵即退貨物及加工修理修配勞務	6											—	—	—	—
		即徵即退應稅服務	7					10,000.00	1,700.00					—	—	—	—

102

第五章　增值稅

表5-7(續)

項目及欄次		開具稅控增值稅專用發票 銷售額 1	開具稅控增值稅專用發票 銷項(應納)稅額 2	開具其他發票 銷售額 3	開具其他發票 銷項(應納)稅額 4	未開具發票 銷售額 5	未開具發票 銷項(應納)稅額 6	納稅檢查調整 銷售額 7	納稅檢查調整 銷項(應納)稅額 8	合計 銷售額 9=1+3+5+7	合計 銷項(應納)稅額 10=2+4+6+8	價稅合計 11=9+10	應稅服務扣除項目本期實際扣除金額 12	扣除後 含稅(免稅)銷售額 13=11-12	扣除後 銷項(應納)稅額 14=13÷(100%+稅率或徵收率)×稅率或徵收率
6%徵收率	8														
5%徵收率	9														
4%徵收率	10														
3%徵收率的貨物及加工修理修配勞務	11														
3%徵收率的應稅服務	12			1,234.56											
其中:預徵率 %	13a	—	—	—	—	—	—	—	—	—	—	—	—	—	—
預徵率 %	13b	—	—	—	—	—	—	—	—	—	—	—	—	—	—
預徵率 %	13c	—	—	—	—	—	—	—	—	—	—	—	—	—	—
二、簡易計稅方法計稅 即徵即退貨物及加工修理修配勞務	14	—	—	—	—	—	—	—	—	—	—	—	—	—	—
即徵即退應稅服務	15	—	—	—	—	—	—	—	—	—	—	—	—	—	—
三、免抵退稅 貨物及加工修理修配勞務	16	—	—	—	—	—	—	—	—	—	—	—	—	—	—
應稅服務	17	—	—	—	—	—	—	—	—	—	—	—	—	—	—
四、免稅 貨物及加工修理修配勞務	18	—	—	—	—	—	—	—	—	—	—	—	—	—	—
應稅服務	19	—	—	—	—	—	—	—	—	—	—	—	—	—	—

103

企業涉稅實務

表 5-8　　　　　　　增值稅納稅申報表附列資料（表二）
（本期進項稅額明細）

稅款所屬時間：2016 年 1 月

納稅人名稱：（公章）稅務登記證標註的名稱　　　　　金額單位：元（列至角分）

一、申報抵扣的進項稅額				
項目	欄次	份數	金額	稅額
（一）認證相符的稅控增值稅專用發票	1＝2+3	5	315,997.82	53,719.63
其中：本期認證相符且本期申報抵扣	2	5	315,997.82	53,719.63
前期認證相符且本期申報抵扣	3			
（二）其他扣稅憑證	4＝5+6+7+8			
其中：海關進口增值稅專用繳款書	5			
農產品收購發票或者銷售發票	6			
代扣代繳稅收繳款憑證	7			—
運輸費用結算單據	8			
	9	—	—	—
	10	—	—	—
（三）外貿企業進項稅額抵扣證明	11			
當期申報抵扣進項稅額合計	12＝1+4+11	5	315,997.82	53,719.63
二、進項稅額轉出額				
項目	欄次	稅額		
本期進項稅轉出額	13＝14 至 23 之和	100		
其中：免稅項目用	14			
非應稅項目用、集體福利、個人消費	15			
非正常損失	16			
簡易計稅方法徵稅項目用	17			
免抵退稅辦法不得抵扣的進項稅額	18			
納稅檢查調減進項稅額	19			
紅字專用發票通知單註明的進項稅額	20	100（填稅務機關本月開具的《開具紅字增值稅專用發票通知單》中「需要做進項稅額轉出」的稅額）		
上期留抵稅額抵減欠稅	21			
上期留抵稅額退稅	22			
其他應作進項稅額轉出的情形	23			

第五章　增值稅

表5-8(續)

三、待抵扣進項稅額				
項目	欄次	份數	金額	稅額
(一) 認證相符的稅控增值稅專用發票	24	—	—	—
期初已認證相符但未申報抵扣	25			
本期認證相符且本期未申報抵扣	26			
期末已認證相符但未申報抵扣	27			
其中：按照稅法規定不允許抵扣	28			
(二) 其他扣稅憑證	29＝30至33之和			
其中：海關進口增值稅專用繳款書	30			
農產品收購發票或者銷售發票	31			
代扣代繳稅收繳款憑證	32		—	
運輸費用結算單據	33			
	34			
四、其他				
項目	欄次	份數	金額	稅額
本期認證相符的稅控增值稅專用發票	35	5	315,997.82	53,719.63
代扣代繳稅額	36	—	—	

表5-9　　　　固定資產進項稅額抵扣情況表（表三）

納稅人識別號：稅務登記證號

納稅人名稱（公章）：稅務登記證標註的名稱

填表日期：2016年2月1日　　　　　　　　　　金額單位：元（列至角分）

項目	當期申報抵扣的固定資產進項稅額	當期申報抵扣的固定資產進項稅額累計
增值稅專用發票	5,800	5,800
海關進口增值稅專用繳款書	0	0
合計	5,800	5,800

企業涉稅實務

表 5-10　　　　　　　　　　增值稅納稅申報表附列資料
　　　　　　　　　　　　　　　（稅額抵減情況表）

稅款所屬時間：2016 年 1 月 1 日至 2016 年 1 月 31 日

納稅人名稱：（公章）稅務登記證標註的名稱　　　　　　　　金額單位：元（列至角分）

序號	抵減項目	期初餘額	本期發生額	本期應抵減稅額	本期實際抵減稅額	期末餘額
		1	2	3 = 1+2	4≤3	5 = 3-4
1	增值稅稅控系統專用設備費及技術維護費	100	405	505	505	0
2	分支機構預徵繳納稅款					
3						
4						
5						
6						

本表第 1 行由發生增值稅稅控系統專用設備費用和技術維護費的納稅人填寫，反映納稅人增值稅稅控系統專用設備費用和技術維護費按規定抵減增值稅應納稅額的情況。本表第 2 行由營業稅改徵增值稅納稅人，應稅服務按規定匯總計算繳納增值稅的總機構填寫，反映其分支機構預徵繳納稅款抵減總機構應納增值稅稅額的情況。其他納稅人不填寫本表。

第六章　消費稅

第一節　消費稅概述

　　消費稅是指對特定消費品和特定的消費行為按消費流轉額徵收的一種商品稅，即對在中國境內從事生產、委托加工以及進口應稅消費品的單位和個人，就其銷售額或銷售數量徵收的一種稅，屬於流轉稅的範疇。消費稅主要對特定消費品或特定消費行為如奢侈品等徵稅，徵收具有較強的選擇性，是國家貫徹消費政策、引導消費結構從而引導產業結構的重要手段，因而在保證國家財政收入、體現國家經濟政策等方面具有十分重要的意義。

　　中國現行消費稅是 1994 年稅制改革中新設置的一個稅種。在對貨物普遍徵收增值稅的基礎上，對某些需要特殊調節的消費品或消費行為再徵收消費稅，主要是為了調節產品結構，引導消費方向，保證國家財政收入。中國現行的消費稅具有以下特點：①徵收範圍具有選擇性，根據產業政策與消費政策僅對特定消費品徵稅。②徵稅環節具有單一性，主要在生產和進口環節徵收。③實行差別稅率，稅率水平一般較高，稅負具有差異性。④徵稅方法具有靈活性，從價計徵與從量計徵並存。

一、納稅義務人

　　在中華人民共和國境內生產、委托加工和進口消費稅暫行條例規定的消費品的單位和個人，以及國務院確定的銷售消費稅暫行條例規定的消費品的其他單位和個人，為消費稅的納稅人，依照消費稅暫行條例繳納消費稅。

　　單位，指企業、行政單位、事業單位、軍事單位、社會團體及其他單位。

個人,指個體工商戶及其他個人。

境內,指生產、委托加工和進口屬於應當繳納消費稅的消費品的起運地或者所在地在境內。

二、徵稅範圍

消費稅是在對貨物普遍徵收增值稅的基礎上,選擇少數消費品再徵收的一個稅種,主要是為了調節產品結構,引導消費方向,保證國家財政收入。現行消費稅的徵收範圍主要包括菸、酒、鞭炮、焰火、化妝品、成品油、貴重首飾及珠寶玉石、高爾夫球及球具、高檔手錶、遊艇、木制一次性筷子、實木地板、摩托車、小汽車、電池、塗料等稅目。有的稅目還進一步劃分若干子目。

中國消費稅的徵收主要涉及四個類型。第一,過度消費會對人類健康、社會秩序、生態環境等造成危害的特殊消費品,如菸、酒、鞭炮等。第二,非生活必需品中的一些高檔、奢侈消費品,如珠寶玉石、貴重首飾等。第三,高能耗及高檔消費品,如小汽車、摩托車等。第四,不可再生和不可替代的稀缺資源消費品,如成品油。由以上各類型可以看出,消費稅具有調節和引導消費的作用,因此消費稅一般沒有減免規定。

目前,中國消費稅的徵稅範圍分佈於四個環節。

(一) 生產應稅消費品

生產應稅消費品是消費稅徵收的主要環節,因為一般情況下,消費稅具有單一環節徵稅的特點,對於大多數消費稅應稅商品而言,在生產銷售環節徵收以後,在流通環節不再繳納消費稅。納稅人生產應稅消費品,除了直接對外銷售應稅消費品外,如將生產的應稅消費品換取生產資料、消費資料、投資入股、償還債務,以及用於繼續生產應稅消費品以外的其他方面都應繳納消費稅。

(二) 委托加工應稅消費品

委托加工應稅消費品指委托方提供原料和主要材料,受託方只收取加工費和代墊部分輔助材料加工的應稅消費品。由受託方提供原材料或其他情形的一律不能視同加工應稅消費品。委托加工的應稅消費品收回後,再繼續用於生產應稅消費品且符合現行政策規定的,其加工環節繳納的消費稅款可以扣除。

(三) 進口應稅消費品

單位和個人進口屬於消費稅徵稅範圍的貨物,在進口環節要繳納消費稅。為了減少徵稅成本,進口環節繳納的消費稅由海關代徵。

(四) 零售應稅消費品

經國務院批准,自1995年1月1日起,金銀首飾的消費稅由生產銷售環節徵收改為零售環節徵收。

對既銷售金銀首飾,又銷售非金銀首飾的生產、經營單位,應將兩類商品劃分

第六章 消費稅

清楚,分別核算銷售額。

金銀首飾連同包裝物銷售的,無論包裝物是否單獨計價,也無論會計上如何核算,均應並入金銀首飾的銷售額,計徵消費稅。

來料加工的金銀首飾,應按受託方銷售同類金銀首飾的銷售價格確定計稅依據徵收消費稅。沒有同類金銀首飾銷售價格的,按照組成計稅價格計算納稅。

納稅人採用以舊換新(含翻新改制)方式銷售的金銀首飾,應按實際收取的不含增值稅的全部價款確定計稅依據徵收消費稅。

三、稅目與稅率

(一)稅目

消費稅的徵稅範圍比較狹窄,同時也會根據經濟發展、環境保護等國家大政方針進行修訂。按照《中華人民共和國消費稅暫行條例》(以下簡稱《消費稅暫行條例》)規定,目前中國消費稅確定徵收的有菸、酒、化妝品等15個稅目,有的稅目還進一步劃分若干子目。消費稅屬於價內稅,一般在應稅消費品的生產、委託加工和進口環節繳納。

1. 菸

凡是以菸葉為原料加工生產的產品,不論使用何種輔料,均屬於本稅目的徵收範圍。本稅目下設甲類卷菸、乙類卷菸、雪茄菸、菸絲四個子目。與其他消費稅應稅商品不同,卷菸在批發環節加徵一次,且自2015年5月10日起,在卷菸批發環節,消費稅的從價稅率從5%提高至11%,並按0.005元/支加徵從量稅。

卷菸分為甲類卷菸和乙類卷菸。甲類卷菸是指每標準條(200支,下同)調撥價格在70元(不含增值稅)以上(含70元)的卷菸,其從價稅率為56%;乙類卷菸是指每標準條(200支,下同)調撥價格在70元(不含增值稅)以下的卷菸,其從價稅率為36%。相關規定見《國家稅務總局關於調整菸產品消費稅政策的通知》(財稅〔2009〕84號)。

2. 酒

酒是酒精度在1度以上的各種酒類飲料,包括白酒、黃酒、啤酒、其他酒。

3. 高檔化妝品

根據《財政部國家稅務總局關於調整化妝品消費稅政策的通知》(財稅〔2016〕103號)的規定,取消對普通美容、修飾類化妝品徵收消費稅,將「化妝品」稅目名稱更名為「高檔化妝品」。徵收範圍包括高檔美容、修飾類化妝品、高檔護膚類化妝品和成套化妝品。稅率調整為15%。

4. 貴重首飾及珠寶玉石

徵收範圍包括:各種金銀珠寶首飾和經採掘、打磨、加工的各種珠寶玉石。

它包括:以金、銀、白金、寶石、珍珠、鑽石、翡翠、珊瑚、瑪瑙等高貴稀有

物質以及其他金屬、人造寶石等製作的各種純金銀首飾及鑲嵌首飾和經採掘、打磨、加工的各種珠寶玉石。對出國人員免稅商店銷售的金銀首飾徵收消費稅。

5. 鞭炮、焰火

徵收範圍包括各種鞭炮、焰火。體育上用的發令紙、鞭炮藥引線，不按本稅目徵收。

6. 成品油

它包括汽油、柴油、石腦油、溶劑油、航空煤油、潤滑油、燃料油7個子目，航空煤油暫緩徵收。

7. 小汽車

它指由動力裝置驅動，具有四個和四個以上車輪的非軌道無架線的，主要用於載送人員及其隨身物品的車輛。

徵收範圍包括含駕駛員在內最多不超過9個座位（含）的，在設計和技術特性上用於載運乘客和貨物的各類乘用車和含駕駛員座位在內的座位數在10~23座（含23座）的，在設計和技術特性上用於載運乘客和貨物的各類中輕型商用客車。

8. 摩托車

它包括輕便摩托車和摩托車兩種。

對最大設計車速不超過50千米/小時、發動機氣缸總工作容積不超過50毫升的三輪機動車不徵消費稅。對氣缸容量在250毫升（不含）以下的小排量摩托車不徵收消費稅。

9. 高爾夫球及球具

高爾夫球及球具是指從事高爾夫球運動所需的各種專用設備，包括高爾夫球、高爾夫球杆及高爾夫球包（袋）等。高爾夫球的杆頭、杆身和握把屬於本稅目的徵收範圍。

10. 高檔手錶

高檔手錶指銷售價格（不含增值稅）每只在10,000元（含）以上的各類手錶。

11. 遊艇

遊艇指長度大於8米小於90米，船體由玻璃鋼、鋼、鋁合金、塑料等多種材料製作，可以在水上移動的水上浮載體。按照動力劃分，遊艇分為無動力艇、帆艇和機動艇。

12. 木制一次性筷子

木制一次性筷子是以木材為原料經過鋸段、浸泡、旋切、刨切、烘干、篩選、打磨、倒角、包裝等環節加工而成的各類供一次性使用的筷子。

13. 實木地板

實木地板是指以木材為原料，經鋸割、干燥、刨光、截斷、開榫、涂漆等工序加工而成的塊狀或條狀的地面裝飾材料。

第六章 消費稅

14. 電池、塗料

為促進節能環保，經國務院批准，自 2015 年 2 月 1 日起對電池、塗料徵收消費稅。將電池、塗料列入消費稅徵收範圍，在生產、委托加工和進口環節徵收，適用稅率均為 4%。對無汞原電池、金屬氫化物鎳蓄電池（又稱「氫鎳蓄電池」或「鎳氫蓄電池」）、鋰原電池、鋰離子蓄電池、太陽能電池、燃料電池和全釩液流電池免徵消費稅。

2015 年 12 月 31 日前對鉛蓄電池緩徵消費稅；自 2016 年 1 月 1 日起，對鉛蓄電池按 4% 的稅率徵收消費稅。

對施工狀態下揮發性有機物（Volatile Organic Compounds，VOC）含量低於 420 克/升（含）的塗料免徵消費稅。

（二）稅率

消費稅採用比例稅率和定額稅率兩種形式，以適應不同應稅消費品的實際情況，根據不同的稅目或子目確定相應的稅率或單位稅額。具體稅率如表 6-1 所示。

表 6-1　　　　　　　　　　消費稅稅目稅率表

稅目	稅率
一、菸	
1. 卷菸	
（1）甲類卷菸（調撥價 70 元（不含增值稅）/條以上（含 70 元））	56% 加 0.003 元/支（生產環節）
（2）乙類卷菸（調撥價 70 元（不含增值稅）/條以下）	36% 加 0.003 元/支（生產環節）
（3）商業批發	11%（批發環節）
2. 雪茄菸	36%（生產環節）
3. 菸絲	30%（生產環節）
二、酒及酒精	
1. 白酒	20% 加 0.5 元/500 克（或者 500 毫升）
2. 黃酒	240 元/噸
3. 啤酒	
（1）甲類啤酒	250 元/噸
（2）乙類啤酒	220 元/噸
4. 其他酒	10%
三、高檔化妝品	15%
四、貴重首飾及珠寶玉石	
1. 金銀首飾、鉑金首飾和鑽石及鑽石飾品	5%

111

表6-1(續)

稅目	稅率
2. 其他貴重首飾和珠寶玉石	10%
五、鞭炮、焰火	15%
六、成品油	
1. 汽油	1.52 元/升
2. 柴油	1.20 元/升
3. 航空煤油	1.20 元/升
4. 石腦油	1.52 元/升
5. 溶劑油	1.52 元/升
6. 潤滑油	1.52 元/升
7. 燃料油	1.20 元/升
七、摩托車	
1. 氣缸容量（排氣量，下同）在 250 毫升（含 250 毫升）以下的	3%
2. 氣缸容量在 250 毫升以上的	10%
八、小汽車	
1. 乘用車	
（1）氣缸容量（排氣量，下同）在 1.0 升（含 1.0 升）以下的	1%
（2）氣缸容量在 1.0 升至 1.5 升（含 1.5 升）的	3%
（3）氣缸容量在 1.5 升至 2.0 升（含 2.0 升）的	5%
（4）氣缸容量在 2.0 升至 2.5 升（含 2.5 升）的	9%
（5）氣缸容量在 2.5 升至 3.0 升（含 3.0 升）的	12%
（6）氣缸容量在 3.0 升至 4.0 升（含 4.0 升）的	25%
（7）氣缸容量在 4.0 升以上的	40%
2. 中輕型商用客車	5%
九、高爾夫球及球具	10%
十、高檔手錶	20%
十一、遊艇	10%
十二、木制一次性筷子	5%
十三、實木地板	5%
十四、鉛蓄電池	4%（2016 年 1 月 1 日起實施）

第六章 消費稅

表6-1(續)

稅目	稅率
無汞原電池、金屬氫化物鎳蓄電池、鋰原電池、鋰離子蓄電池、太陽能電池、燃料電池和全釩液流電池	免徵
十五、塗料	4%
施工狀態下揮發性有機物（Volatile Organic Compounds，VOC）含量低於420克/升（含）	免徵

第二節　消費稅的計算

一、消費稅的計稅依據

根據現行《消費稅暫行條例》的規定，消費稅應納稅額的計算方法，主要有從價定率和從量定額兩種，白酒和卷菸實行複合計稅方法。按從價定率徵稅的應稅消費品，計稅依據為應稅消費品的銷售額；按從量定額徵稅的應稅消費品，計稅依據為應稅消費品的銷售數量。

（一）銷售額的確定

銷售額為納稅人銷售應稅消費品向購買方收取的全部價款和價外費用。在確定銷售額時，應注意以下幾點：

（1）銷售額不包括應向購買方收取的增值稅稅款。

（2）銷售額不包括同時符合以下條件的代墊運輸費用：

①承運部分的運輸費用發票開具給購買方的；

②納稅人將該項發票轉交給購買方的。

（3）實行從價定率辦法的應稅消費品連同包裝物銷售的，無論包裝物是否單獨計價，也不論在會計上如何核算，均應並入應稅消費品的銷售額中一起徵收消費稅。如果包裝物只是收取押金，此項押金則不應並入應稅消費品的銷售額中徵稅。但對逾期未收回的包裝物不再退還的或者已收取的時間超過12個月的押金，應並入應稅消費品的銷售額，按照應稅消費品的適用稅率繳納消費稅。

（4）納稅人銷售應稅消費品，以外匯計算銷售額的，應當按外匯市場價格折合成人民幣計算應納稅額。折合率可以選擇結算的當天或者當月1日的國家外匯牌價。納稅人應在事前確定採取何種折合率，確定后1年不得變更。

（二）銷售數量的確定

銷售數量是指納稅人生產、加工和進口應稅消費品的數量。具體規定為：

（1）銷售應稅消費品的，為應稅消費品的銷售數量；

(2) 自產自用應稅消費品的，為應稅消費品的移送使用數量；
(3) 委託加工應稅消費品的，為納稅人收回的應稅消費品數量；
(4) 進口的應稅消費品，為海關核定的應稅消費品進口徵稅數量。

二、應納稅額的基本計算

（一）生產銷售環節應納消費稅的計算

納稅人在生產銷售環節應繳納的消費稅，包括直接對外銷售應稅消費品應繳納的消費稅和自產自用應稅消費品應繳納的消費稅。

1. 直接對外銷售應納消費稅的計算

直接對外銷售應稅消費品涉及三種計算方法：

$$從價定率計算的應納稅額 = 應稅銷售額 \times 比例稅率$$

$$從量定額計算的應納稅額 = 應稅銷售數量 \times 比例稅率$$

$$從價定律和從量定額複合計算的應納稅額 = 應稅消費品的銷售數量 \times 定額稅率 + 應稅銷售額 \times 比例稅率$$

在現行消費稅的徵稅範圍中，只有卷菸、白酒採用複合計徵方法。生產銷售卷菸、白酒從量定額計稅依據為實際銷售數量。進口、委託加工、自產自用卷菸、白酒從量定額計稅依據分別為海關核定的進口徵稅數量、委託方收回數量、移送使用的數量。

【例6-1】某化妝品生產企業為增值稅一般納稅人。該企業於2016年7月向某大型商場銷售高檔化妝品一批，開具增值稅專用發票，取得不含增值稅銷售額30萬元，增值稅5.1萬元。10月該企業向某單位銷售高檔化妝品一批，開具普通發票，取得含稅銷售額8萬元。計算該化妝品生產企業上述業務應當繳納的消費稅稅額。

解析：

(1) 化妝品應稅銷售額 = 30 + 8 ÷（1 + 17%）= 36.84（萬元）

(2) 應納消費稅稅額 = 36.84 × 15% = 5.526（萬元）

【例6-2】某啤酒廠2016年10月銷售啤酒800噸，每噸出廠價為3,200元。計算該啤酒廠10月應當繳納的消費稅。

解析：

啤酒出廠價格為3,200元每噸，屬於甲類啤酒，稅率為250元/噸。

應納消費稅稅額 = 800 × 250 = 200,000（元）

【例6-3】某白酒生產企業為增值稅一般納稅人。該企業於2016年10月銷售糧食白酒80噸，取得不含稅銷售額200萬元。計算該白酒生產企業當月應當繳納的消費稅。

解析：

應納消費稅稅額 = 80 × 2,000 × 0.5 + 2,000,000 × 20%

第六章 消費稅

$= 80,000 + 400,000$

$= 480,000$（元）

2. 自產自用應稅消費品應納稅計算

納稅人自產自用的應稅消費品，用於連續生產應稅消費品的，不納稅。納稅人自產自用的應稅消費品，除用於連續生產應稅消費品外，凡用於其他方面，於移送使用時納稅。應稅消費品採用從價定率辦法計算應納稅額時，應按同類消費品的銷售價格計算納稅，沒有同類消費品銷售價格的按組成計稅價格納稅。組成計稅價格的計稅公式為：

自產自用消費品組成計稅價格＝（成本＋利潤）÷（1－消費稅稅率）

【例6-4】某菸花公司將一批自產的焰火菸花用作職工福利。此批焰火菸花的成本為20,000元，且無同類產品市場銷售價格，其消費稅稅率為15%，成本利潤率為5%。求該公司當月應當繳納的消費稅稅額。

解析：

組成計稅價格＝成本×（1＋成本利潤率）÷（1－消費稅稅率）

$\qquad = 20,000 \times (1+5\%) \div (1-15\%)$

$\qquad = 24,705.88$（元）

應納消費稅稅額＝24,705.88×15%＝3,705.88（元）

（二）委託加工應稅消費品應納消費稅的計算

委託加工，是由委託方提供原材料及主要材料，受託方只收取加工費、代墊輔助材料的業務。根據消費稅法規定，委託加工的應稅消費品的消費稅，由受託方在收回貨物時代收代繳，但受託方如為個體經營者，則應由委託方在委託方所在地申報納稅。委託方收回貨物後用於直接銷售的，不再徵稅。

委託加工應稅消費品，有同類產品銷售價格的，應納稅額計算公式為：

應納稅額＝同類消費品銷售單價×委託加工數量×適用稅率

沒有同類產品銷售價格的，應納稅額計算公式為：

委託加工消費品組成計稅價格（從價定率）＝（材料成本＋加工費）÷（1－消費稅比例稅率）

應納稅額＝組成計稅價格×比例稅率

委託加工消費品組成計稅價格（複合計稅）＝ $\dfrac{材料成本＋加工費＋委託加工數量×定額稅率}{1－消費稅比例稅率}$

應納稅額＝組成計稅價格×比例稅率＋委託加工數量×定額稅率

【例6-5】某鞭炮企業8月受託為某單位加工一批鞭炮，委託單位提供的原材料金額為30萬元，收取委託單位不含稅加工費4萬元。鞭炮企業當地無加工鞭炮的同類產品市場價格。求受託方代收代繳的消費稅稅額。

解析：

組成計稅價格＝（材料成本＋加工費）÷（1－消費稅稅率）

= （30+4）÷（1-15%）= 40（萬元）

受託方代收代繳的消費稅 = 40×15% = 6（萬元）

（三）進口應稅消費品應納消費稅的計算

進口的應稅消費品，於報關進口時繳納消費稅。進口應稅消費品的消費稅由海關代徵。進口的應稅消費品，由進口人或者其代理人向報關地海關申報納稅。納稅人進口應稅消費品，按照關稅徵收管理的相關規定，應當自海關填發海關進口消費稅專用繳款書之日起 15 日內繳納稅款。

納稅人進口應稅消費品，消費稅按組成計稅價格計算納稅。從價計稅的計算公式如下：

組成計稅價格 =（關稅完稅價格+關稅）÷（1-消費稅稅率）

應納稅額計算公式：

應納消費稅 =（組成計稅價格×進口數量）×適用稅率

實行複合計稅辦法計算納稅的組成計稅價格計算公式為：

組成計稅價格 =（關稅完稅價格+關稅+進口數量×消費稅定額稅率）÷（1-消費稅稅率）

式中，關稅完稅價格指海關核定的關稅計稅價格。

應當注意的是，由於進口卷菸比較特殊，其成本和價格低於中國，對國內市場有衝擊，因此，在計稅上採用了特殊的辦法，不同於國內生產的卷菸。

【例6-6】某商貿公司，2016 年 8 月從國外進口一批應稅消費品，已知該批應稅消費品的關稅完稅價格為 100 萬元，按規定繳納關稅 20 萬元。假定進口的應稅消費品的消費稅稅率為 10%。請計算該批消費品進口環節應當繳納的消費稅稅額。

解析：

（1）組成計稅價格 =（100+20）÷（1-10%）= 133.33（萬元）

（2）應當繳納的消費稅稅額 = 133.33×10% = 13.333（萬元）

三、已納消費稅扣除的計算

為了避免重複徵稅，現行消費稅法規定，將外購應稅消費品和委托加工收回的應稅消費品繼續生產應稅消費品銷售的，可以將外購應稅消費品和委托加工收回應稅消費品已繳納的消費稅給予扣除。

（一）外購應稅消費品已納稅款的扣除

1. 用外購應稅消費品連續生產應稅消費品

由於某些消費品是用外購已繳納消費稅的應稅消費品連續生產出來的，在對這些連續生產出來的應稅消費品計算徵稅時，稅法規定應按當期生產領用數量計算準予扣除外購的應稅消費品已納的消費稅稅款。扣除範圍包括：

（1）用外購的已稅菸絲生產的卷菸；

第六章 消費稅

（2）用外購的已稅化妝品生產的化妝品；

（3）用外購的已稅珠寶玉石生產的貴重首飾及珠寶玉石；

（4）用外購的已稅鞭炮、焰火生產的鞭炮、焰火；

（5）用外購的已稅杆頭、杆身和握把為原料生產的高爾夫球杆；

（6）用外購的已稅木制一次性筷子為原料生產的木制一次性筷子；

（7）用外購的已稅實木地板為原料生產的實木地板；

（8）用外購的汽油、柴油、石腦油、燃料油、潤滑油用於連續生產應稅成品油；

（9）用外購的已稅摩托車生產的摩托車。

上述當期準予扣除外購應稅消費品已納消費稅稅款的計算公式為：

當期準予扣除的外購應稅消費品已納稅款＝當期準予扣除的外購應稅消費品買價×外購應稅消費品適用稅率

當期準予扣除的外購應稅消費品買價＝期初庫存的外購應稅消費品的買價＋當期購進的應稅消費品的買價－期末庫存的外購應稅消費品的買價

外購已稅消費品的買價是指購貨發票上註明的銷售額（不包括增值稅稅款）。

【例6-7】某高爾夫球杆生產企業（增值稅一般納稅人）本月外購杆頭500,000元用於生產高爾夫球杆，月初庫存外購杆頭270,000元，月末庫存外購杆頭200,000元。當月銷售高爾夫球杆1,300,000元（不含稅），另收取隨同產品出售但單獨計價的包裝物價款40,000元。計算該企業當月應納消費稅。

解析：

當月生產使用杆頭＝270,000＋500,000－200,000＝570,000（元）

準予抵扣已納稅額＝570,000×10%＝57,000（元）

本月應納消費稅＝［1,300,000＋40,000÷（1＋17%）］×10%－57,000
　　　　　　　＝76,418.8（元）

2. 外購應稅消費品后再銷售

對自己不生產應稅消費品，而只是購進后再銷售應稅消費品的工業企業，其銷售的化妝品、鞭炮和焰火以及珠寶玉石，凡不能構成最終消費品直接進入消費市場的，而需進一步生產加工、包裝、貼標、組合的珠寶玉石、高檔化妝品、酒、鞭炮和焰火等，應當徵收消費稅，同時允許扣除上述外購應稅消費品的已納稅款。

（二）委托加工收回的應稅消費品已納稅款的扣除

委托加工的應稅消費品因為已由受托方代收代繳消費稅，因此，委托方收回貨物后用於連續生產應稅消費品的，其已納稅款準予按照規定從連續生產的應稅消費品應納消費稅稅額中抵扣。按照國家稅務總局的規定，扣除範圍包括：

（1）以委托加工收回的已稅菸絲生產的卷菸；

（2）以委托加工收回的已稅高檔化妝品生產的高檔化妝品；

（3）以委托加工收回的已稅珠寶玉石生產的貴重首飾及珠寶玉石；

(4) 以委托加工收回的已稅鞭炮、焰火生產的鞭炮、焰火；

(5) 以委托加工收回的已稅杆頭、杆身和握把為原料生產的高爾夫球杆；

(6) 以委托加工收回的已稅木制一次性筷子為原料生產的木制一次性筷子；

(7) 以委托加工收回的已稅實木地板為原料生產的實木地板；

(8) 以委托加工收回的汽油、柴油、石腦油、燃料油、潤滑油用於連續生產的應稅成品油；

(9) 以委托加工收回的已稅摩托車生產的摩托車。

上述當期準予扣除委托加工收回的應稅消費品已納消費稅稅款的計算公式如下：

當期準予扣除的委托加工應稅消費品已納稅款＝期初庫存的委托加工的應稅消費品已納稅款＋當期收回的委托加工應稅消費品已納稅款－期末庫存的委托加工應稅消費品已納稅款

需要說明的是，納稅人用委托加工收回的已稅珠寶玉石生產的在零售環節徵收消費稅的金銀首飾，在計稅時一律不得扣除委托加工收回的珠寶玉石的已納消費稅稅款。

四、消費稅出口退稅的計算

對納稅人出口應稅消費品，免徵消費稅，國務院另有規定的除外。

(一) 出口應稅消費品退（免）稅政策

1. 出口免稅並退稅

有出口經營權的外貿企業購進應稅消費品直接出口，以及外貿企業受其他外貿企業委托代理出口應稅消費品，可免稅或退稅。外貿企業只有受其他外貿企業委托，代理出口應稅消費品才可辦理退稅，外貿企業受其他企業（主要是非生產性的商貿企業）委托，代理出口應稅消費品是不予退（免）稅的。

屬於從價定率計徵消費稅的，為已徵且未在內銷應稅消費品應納稅額中抵扣的購進出口貨物金額；屬於從量定額計徵消費稅的，為已徵且未在內銷應稅消費品應納稅額中抵扣的購進出口貨物數量；屬於複合計徵消費稅的，按從價定率和從量定額的計稅依據分別確定。

消費稅應退稅額＝從價定率計徵消費稅的退稅計稅依據×比例稅率＋從量定額計徵消費稅的退稅計稅依據×定額稅率

2. 出口免稅但不退稅

有出口經營權的生產性企業自營出口或生產企業委托外貿企業代理出口自產的應稅消費品，依據其實際出口數量免徵消費稅，不予辦理退還消費稅。免徵消費稅是指對生產性企業按其實際出口數量免徵生產環節的消費稅。不予辦理退還消費稅是指，因已免徵生產環節的消費稅，該應稅消費品出口時，已不含有消費稅，所以無須再辦理退還消費稅。

第六章　消費稅

3. 出口不免稅也不退稅

除生產企業、外貿企業以外的其他企業，具體是指一般商貿企業，這類企業委託外貿企業代理出口應稅消費品一律不予退（免）稅。出口貨物的消費稅應退稅額的計稅依據，按購進出口貨物的消費稅專用繳款書和海關進口消費稅專用繳款書確定。

（二）出口應稅消費品退稅的計算

外貿企業從生產企業購進貨物直接出口或受其他外貿企業委托代理出口應稅消費品的應退消費稅稅款，分兩種情況處理。

（1）屬於從價定率計徵消費稅的應稅消費品，應依照外貿企業從工廠購進貨物時徵收消費稅的價格計算。計算公式為：

$$應退消費稅稅款 = 出口貨物的工廠銷售額 \times 稅率$$

式中，出口貨物的工廠銷售額應不包含增值稅。對含增值稅的價格應換算為不含增值稅的銷售額。

【例6-8】某外貿企業從焰火廠購進焰火400箱，直接報關離境出口，取得的增值稅專用發票註明的單價為每箱5,000元，支付從焰火廠到出境口岸的運費8萬元，裝卸費2萬元，保險費1萬元，離岸價每箱折合人民幣1,600萬元。焰火消費稅稅率為15%，計算應退消費稅稅額。

解析：應退消費稅稅額 = 5,000×400×15% = 30（萬元）

（2）屬於從量定額計徵消費稅的應稅消費品，應依照貨物購進和報關出口的數量計算。其公式為：

$$應退消費稅稅額 = 出口數量 \times 單位稅額$$

【例6-9】國內某酒業製造有限公司2016年6月委托某進出口公司向美國出口黃酒500噸，按規定實行先徵後退的辦法。計算該公司應退消費稅稅款（黃酒單位稅額為240元/噸）。

解析：應退稅額 = 500×240 = 120,000（元）

（三）出口應稅消費品辦理退（免）稅后的管理

出口的應稅消費品辦理退稅後，發生退關，或者國外退貨進口時予以免稅的，報關出口者必須及時向其機構所在地或者居住地稅務主管機關申報補繳已退的消費稅稅款。

納稅人直接出口的應稅消費品辦理免稅後，發生退關或者國外退貨，進口時已予以免稅的，經機構所在地或者居住地主管稅務機關批准，可暫不辦理補稅，待其轉為國內銷售時，再申報補繳消費稅。

五、消費稅的會計處理

（一）帳戶的設置

凡繳納消費稅的企業，應在「應交稅費」帳戶下設置「應交消費稅」明細帳進

企業涉稅實務

行核算。該帳戶借方登記實際繳納的消費稅或待抵扣的消費稅，貸方登記應繳納的消費稅，期末貸方餘額則表示多交或待抵扣的消費稅。該明細帳採用三欄式帳戶記帳。

除了設置「應交稅費——應交消費稅」帳戶外，還需要設置其他相關帳戶，如「稅金及附加」「其他業務成本」「委托加工物資」「應付職工薪酬」「銷售費用」「在建工程」「長期股權投資」「營業外支出」等。

（二）消費稅帳務處理方法

1. 直接銷售應稅消費品的會計處理

企業生產應稅消費品直接對外銷售時，應按照應納消費稅稅額借記「稅金及附加」科目，貸記「應交稅費——應交消費稅」科目，實際繳納消費稅時借記「應交稅費——應交消費稅」科目，貸記「銀行存款」科目。發生銷售退回及退稅時，做相反的會計分錄。企業出口應稅消費品如按規定不予免稅或者退稅的，應視同國內銷售進行會計處理。

【例6-10】某化妝品生產企業為增值稅一般納稅人，生產的高檔化妝品適用的消費稅稅率為15%，當月銷售化妝品不含稅價為10萬元，款已收，化妝品成本為5.5萬元。則該公司會計處理如下：

公司當月應納消費稅稅額 = 100,000×15% = 15,000（元）

(1) 銷售實現確認收入時：

借：銀行存款　　　　　　　　　　　　　　　　　　117,000
　　貸：主營業務收入　　　　　　　　　　　　　　　　100,000
　　　　應交稅費——應交增值稅（銷項稅額）　　　　 17,000

(2) 結轉已銷商品成本時：

借：主營業務成本　　　　　　　　　　　　　　　　 55,000
　　貸：庫存商品　　　　　　　　　　　　　　　　　 55,000

(3) 計提消費稅時：

借：稅金及附加　　　　　　　　　　　　　　　　　 15,000
　　貸：應交稅費——應交消費稅　　　　　　　　　　 15,000

(4) 繳納消費稅時：

借：應交稅費——應交消費稅　　　　　　　　　　　 15,000
　　貸：銀行存款　　　　　　　　　　　　　　　　　 15,000

2. 視同銷售業務的會計處理

視同銷售業務包括納稅人將生產的應稅消費品用於連續生產非應稅消費品、抵銷債務、發放股利、用於饋贈、廣告、樣品、職工福利、對外投資入股，換取生產資料和消費資料等。

納稅人用於換取生產資料和消費資料，用以投資入股、抵銷債務的應稅消費品，應按同類應稅消費品的最高銷售價格（而非加權平均價格）作為計稅依據計算應繳

第六章 消費稅

納的消費稅稅額,但計算應繳納的增值稅稅額時,以同類應稅消費品的加權平均價格作為計稅依據。

以上視同銷售可分別借記「生產成本」「應付帳款」「應付股利」「營業外支出」「銷售費用」「應付職工薪酬」「長期股權投資」「原材料」等科目,貸記「應交稅費——應交消費稅」科目。繳納稅金時借記「應交稅費——應交消費稅」科目,貸記「銀行存款」科目。

3. 委託加工應稅消費品的會計處理

(1) 委託方收回後直接用於銷售的應稅消費品的會計處理

如果委託方將委託加工應稅消費品收回後直接用於銷售,應將受託方代收代繳的消費稅和支付的加工費一併計入委託加工應稅消費品的成本,借記「委託加工物資」科目,貸記「應付帳款」「銀行存款」等科目。

(2) 委託方收回後用於連續生產應稅消費品的會計處理

根據暫行條例及其實施細則的規定,委託加工的應稅消費品收回後用於連續生產應稅消費品的,已繳納的稅款按規定準予抵扣。因此,委託方應將受託方代扣代繳的消費稅記入「應交稅費——應交消費稅」科目的借方,待最終應稅消費品繳納消費稅時予以抵扣,而不是計入委託加工應稅消費品的成本中。企業在向受託方提貨時,按應支付的加工費等,借記「委託加工材料」等科目,按受託方代扣代繳的消費稅,借記「應交稅費——應交消費稅」科目,按加工費與消費稅之和,貸記「應付帳款」「銀行存款」等科目。待加工成最終應稅消費品銷售時,按最終應稅消費品應繳納的消費稅,借記「產品銷售稅金及附加」(或「產品銷售稅金」)科目,貸記「應交稅費——應交消費稅」科目。「應交稅費——應交消費稅」科目中這兩筆借貸方發生額的差額即為實際應交的消費稅,於繳納時,借記「應交稅費——應交消費稅」科目,貸記「銀行存款」科目。

4. 進出口應稅消費品的會計處理

進口的應稅消費品,應在進口時,由進口者繳納消費稅,繳納的消費稅應計入進口應稅消費品的成本。在將消費稅計入進口應稅消費品成本時,直接貸記「銀行存款」等科目。在特殊情況下,如出現先提貨、後繳納消費稅的,也可以通過「應交稅費——應交消費稅」科目核算應交消費稅稅額。在進口時,應按應稅消費品的進口成本連同消費稅及不允許抵扣的增值稅,借記「固定資產」「庫存商品」「在途物資」等科目,按支付的允許抵扣的增值稅,借記「應交稅費——應交增值稅(進項稅額)」科目,按採購成本、繳納的增值稅、消費稅的合計數、貸記「銀行存款」等科目。

【例6-11】某自營出口外貿企業,出口一批應稅消費品,該項業務應繳納消費稅350,000元,則自營出口外貿企業報關出口應稅消費品後申請出口退稅時:

借:應收出口退稅　　　　　　　　　　　　　　350,000
　　貸:主營業務成本　　　　　　　　　　　　　　350,000

企業涉稅實務

自營出口外貿企業實際收到出口應稅消費品退回的稅金時：
借：銀行存款　　　　　　　　　　　　　　　　　350,000
　　貸：應收出口退稅　　　　　　　　　　　　　　　350,000
自營出口外貿企業出口應稅消費品發生退關或退貨而補繳已退的消費稅時：
借：應收出口退稅　　　　　　　　　　　　　　　350,000
　　貸：銀行存款　　　　　　　　　　　　　　　　　350,000

● 第三節　消費稅的納稅申報

一、消費稅的納稅義務發生時間

納稅人生產的應稅消費品於銷售時納稅，進口消費品應於應稅消費品報關進口環節納稅，但金銀首飾、鑽石及鑽石飾品在零售環節納稅。消費稅納稅義務發生的時間，以貨款結算方式或行為發生時間分別確定。

納稅人採取賒銷和分期收款結算方式的，為銷售合同規定的收款日期的當天；

納稅人採取預收貨款結算方式的，為發出應稅消費品的當天；

納稅人採取托收承付和委托銀行收款方式的，為發出應稅消費品並辦妥托收手續的當天；

納稅人採取其他結算方式的，為收訖銷售款或取得索款憑據的當天；

納稅人自產自用的應稅消費品，為移送使用的當天；

納稅人委托加工的應稅消費品，為納稅人提貨的當天；

納稅人進口的應稅消費品，為報關進口的當天。

二、消費稅的納稅期限

按照《消費稅暫行條例》規定，消費稅的納稅期限分為 1 日、3 日、5 日、10 日、15 日、1 個月或 1 個季度。納稅人的具體納稅期限，由主管稅務機關根據納稅人應納稅額核定；不能按照固定期限納稅的可以按次納稅。

納稅人以 1 個月或 1 個季度為一期納稅的，自期滿之日起 15 日內申報納稅；以 1 日、3 日、5 日、10 日、15 日為一期納稅的，自期滿之日起 5 日內預繳稅款，於次月 15 日內申報納稅並結清上月稅款；進口貨物，應當自海關填發稅款繳款書之日起 15 日內繳納稅款。

三、消費稅的納稅地點

納稅人銷售以及自產自用的應稅消費品，應當向納稅人核算地主管稅務機關申

第六章　消費稅

報納稅。

　　委托加工的應稅消費品，除受託方為個體經營者外，由受託方向所在地主管稅務機關申報納稅。

　　進口的應稅消費品，由進口人或代理人向報關地海關申報納稅。

　　納稅人到外縣（市）銷售或委托外縣（市）代銷的，回納稅人核算地或所在地申報納稅。

　　納稅人總、分支機構不在同一縣（市）的，應在生產應稅消費品的分支機構申報納稅，也可由總機構匯總納稅，但須經國家稅務總局或省級國家稅務局批准。

四、消費稅的納稅申報

　　消費稅納稅人應當按照有關規定及時辦理納稅申報，消費稅申報表按「菸類應稅消費品」「酒及酒精」「成品油」「小汽車」「其他應稅消費品」分別填列，納稅人應根據應稅消費品類別分別如實填寫申報表。其他應稅消費品消費稅納稅申報表如表6-2所示。

表6-2　　　　　　　其他應稅消費品消費稅納稅申報表

稅款所屬期：　年　月　日至　年　月　日
納稅人名稱（公章）：
納稅人識別號：
填表日期：　年　月　日　　　　　　　　　　　金額單位：元（列至角分）

項目 應稅消費品名稱	適用稅率	銷售數量	銷售額	應納稅額
合計	—	—	—	

	聲明
本期準予抵減稅額：	此納稅申報表是根據國家稅收法律的規定填報的，我確定它是真實的、可靠的、完整的。
本期減（免）稅額：	經辦人（簽章）： 財務負責人（簽章）：
期初未繳稅額：	聯繫電話：

表6-2(續)

項目 應稅消費品名稱	適用稅率	銷售數量	銷售額	應納稅額
本期繳納前期應納稅額：				
本期預繳稅額：	（如果你已委託代理人申報，請填寫） 授權聲明 為代理一切稅務事宜，現授權 （地址）　　　為 本納稅人的代理申報人，任何與本申報表有關的 往來文件，都可寄予此人。 授權人簽章：			
本期應補（退）稅額：				
期末未繳稅額：				

以下由稅務機關填寫

受理人（簽章）：　　　　　受理日期：　　　年　月　日　　　受理稅務機關（章）：

填表說明

1. 本表限高檔化妝品、貴重首飾及珠寶玉石、鞭炮和焰火、摩托車、高爾夫球及球具、高檔手錶、遊艇、木制一次性筷子、實木地板等消費稅納稅人使用。

2. 本表「應稅消費品名稱」和「適用稅率」按照以下內容填寫：

高檔化妝品，15%；貴重首飾及珠寶玉石，10%；金銀首飾（鉑金首飾、鑽石及鑽石飾品），5%；鞭炮和焰火，15%；摩托車（排量>250毫升），10%；摩托車（排量≤250毫升），3%；高爾夫球及球具，10%；高檔手錶，20%；遊艇，10%；木制一次性筷子，5%；實木地板，5%。

3. 本表「銷售數量」為《中華人民共和國消費稅暫行條例》《中華人民共和國消費稅暫行條例實施細則》及其他法規、規章規定的當期應申報繳納消費稅的應稅消費品銷售（不含出口免稅）數量。計量單位是：摩托車為輛；高檔手錶為只；遊艇為艘；實木地板為平方米；木制一次性筷子為萬雙；化妝品、貴重首飾及珠寶玉石（含金銀首飾、鉑金首飾、鑽石及鑽石飾品）、鞭炮和焰火、高爾夫球及球具按照納稅人實際使用的計量單位填寫並在本欄中註明。

4. 本表「銷售額」為《中華人民共和國消費稅暫行條例》《中華人民共和國消費稅暫行條例實施細則》及其他法規、規章規定的當期應申報繳納消費稅的應稅消費品銷售（不含出口免稅）收入。

5. 根據《中華人民共和國消費稅暫行條例》的規定，本表「應納稅額」計算公式如下：

應納稅額＝銷售額×適用稅率

6. 本表「本期準予扣除稅額」按本表附件一的本期準予扣除稅款合計金額填寫。

7. 本表「本期減（免）稅額」不含出口退（免）稅額。

8. 本表「期初未繳稅額」填寫本期期初累計應繳未繳的消費稅稅額，多繳為負數。其數值等於上期「期末未繳稅額」。

9. 本表「本期繳納前期應納稅額」填寫本期實際繳納入庫的前期消費稅稅額。

10. 本表「本期預繳稅額」填寫納稅申報前已預先繳納入庫的本期消費稅稅額。

11. 本表「本期應補（退）稅額」計算公式如下，多繳為負數：

本期應補（退）稅額＝應納稅額（合計欄金額）－本期準予扣除稅額－本期減（免）稅額－本期預繳稅額

第六章 消費稅

12. 本表「期末未繳稅額」計算公式如下，多繳為負數：

期末未繳稅額＝期初未繳稅額＋本期應補（退）稅額－本期繳納前期應納稅額

13. 本表為 A4 豎式，所有數字小數點後保留兩位。一式二份，一份納稅人留存，一份稅務機關留存。

酒類應稅消費品消費稅納稅申報表如表 6-3 所示。

表 6-3　　　　　　　酒類應稅消費品消費稅納稅申報表

稅款所屬期：　　年　月　日至　　年　月　日

納稅人名稱（公章）：

納稅人識別號：☐☐☐☐☐☐☐☐☐☐☐☐☐☐☐

填表日期：　　年　月　日　　　　　　　　　　金額單位：元（列至角分）

應稅消費品名稱 \ 項目	適用稅率 定額稅率	適用稅率 比例稅率	銷售數量	銷售額	應納稅額
糧食白酒	1元/千克	20%			
薯類白酒	1元/千克	20%			
啤酒	250元/噸	—			
啤酒	220元/噸	—			
黃酒	240元/噸				
其他酒	—	10%			
合計	—	—	—		

本期準予抵減稅額：	聲明
本期減（免）稅額：	此納稅申報表是根據國家稅收法律的規定填報的，我確定它是真實的、可靠的、完整的。
期初未繳稅額：	經辦人（簽章）： 財務負責人（簽章）： 聯繫電話：
本期繳納前期應納稅額：	（如果你已委託代理人申報，請填寫） 授權聲明
本期預繳稅額：	
本期應補（退）稅額：	為代理一切稅務事宜，現授權_____ （地址）為本納稅人的代理申報人，任何與本申報表有關的往來文件，都可寄予此人。
期末未繳稅額：	授權人簽章：
以下由稅務機關填寫	
受理人（簽章）：　　　受理日期：　年　月　日　　受理稅務機關（章）	

填表說明

1. 本表僅限酒類應稅消費品消費稅納稅人使用。

125

2. 本表「稅款所屬期」是指納稅人申報的消費稅應納稅額的所屬時間，應填寫具體的起止年、月、日。

3. 本表「納稅人識別號」欄，填寫納稅人的稅務登記證號碼。

4. 本表「納稅人名稱」欄，填寫納稅人單位名稱全稱。

5. 本表「銷售數量」為《中華人民共和國消費稅暫行條例》《中華人民共和國消費稅暫行條例實施細則》及其他法規、規章規定的當期應申報繳納消費稅的酒類應稅消費品銷售（不含出口免稅）數量。計量單位：糧食白酒和薯類白酒為千克（如果實際銷售商品按照體積標註計量單位，應按 1,000 毫升為 1 千克換算），啤酒、黃酒和其他酒為噸。

6. 本表「銷售額」為《中華人民共和國消費稅暫行條例》《中華人民共和國消費稅暫行條例實施細則》及其他法規、規章規定的當期應申報繳納消費稅的酒類應稅消費品銷售（不含出口免稅）收入。

7. 根據《中華人民共和國消費稅暫行條例》和《財政部 國家稅務總局關於調整酒類產品消費稅政策的通知》（財稅〔2001〕84 號）的規定，本表「應納稅額」計算公式如下：

（1）糧食白酒、薯類白酒

$$應納稅額＝銷售數量×定額稅率＋銷售額×比例稅率$$

（2）啤酒、黃酒

$$應納稅額＝銷售數量×定額稅率$$

（3）其他酒

$$應納稅額＝銷售額×比例稅率$$

8. 本表「本期準予抵減稅額」填寫按稅收法規規定的本期準予抵減的消費稅應納稅額。其準予抵減的消費稅應納稅額情況，需填報本表附 1 本期準予抵減稅額計算表予以反映。

「本期準予抵減稅額」欄數值與本表附 1 本期準予抵減稅額計算表「本期準予抵減稅款合計」欄數值一致。

9. 本表「本期減（免）稅額」不含出口退（免）稅額。

10. 本表「期初未繳稅額」欄，填寫本期期初累計應繳未繳的消費稅稅額，多繳為負數。其數值等於上期申報表「期末未繳稅額」欄數值。

11. 本表「本期繳納前期應納稅額」填寫本期實際繳納入庫的前期應繳未繳消費稅稅額。

12. 本表「本期預繳稅額」填寫納稅申報前納稅人已預先繳納入庫的本期消費稅稅額。

13. 本表「本期應補（退）稅額」填寫納稅人本期應納稅額中應補繳或應退回的數額。計算公式如下，多繳為負數：

本期應補（退）稅額＝應納稅額（合計欄金額）－本期準予抵減稅額－本期減（免）稅額－本期預繳稅額

14. 本表「期末未繳稅額」填寫納稅人本期期末應繳未繳的消費稅稅額。計算公式如下，多繳為負數：

期末未繳稅額＝期初未繳稅額＋本期應補（退）稅額－本期繳納前期應納稅額

15. 本表為 A4 豎式，所有數字小數點后保留兩位。一式二份，一份納稅人留存，一份稅務機關留存。

成品油消費稅納稅申報表如表 6-4 所示。

第六章 消費稅

表 6-4　　　　　　　　　　成品油消費稅納稅申報表

稅款所屬期：　　年　月　日至　　年　月　日

納稅人名稱（公章）：

納稅人識別號：☐☐☐☐☐☐☐☐☐☐☐☐☐☐☐

填表日期：　年　月　日　　　　　　　　　金額單位：元（列至角分）

項目 應稅消費品名稱	適用稅率	銷售數量	應納稅額
汽油	1.52 元/升		
柴油	1.20 元/升		
航空煤油	1.20 元/升		
石腦油	1.52 元/升		
溶劑油	1.52 元/升		
潤滑油	1.52 元/升		
燃料油	1.20 元/升		
合計	—	—	
本期減（免）稅額：			
期初留抵稅額：		聲明 　此納稅申報表是根據國家稅收法律、法規規定填報的，我確定它是真實的、可靠的、完整的。 　聲明人簽字：	
本期準予扣除稅額：			
本期應抵扣稅額：			
期初未繳稅額：			
期末留抵稅額：			
本期實際抵扣稅額：			
本期繳納前期應納稅額：			
本期預繳稅額：		（如果你已委托代理人申報，請填寫） 授權聲明 　為代理一切稅務事宜，現授權＿＿＿＿（地址）為本納稅人的代理申報人，任何與本申報表有關的往來文件，都可寄予此人。 　授權人簽字：	
本期應補（退）稅額：			
期末未繳稅額：			
以下由稅務機關填寫：			
受理人（簽字）：　　　受理日期：　年　月　日　　受理稅務機關（公章）：			

填表說明

1. 本表僅限成品油消費稅納稅人使用。

2. 本表「稅款所屬期」是指納稅人申報的消費稅應納稅額的所屬時間，應填寫具體的起止

企業涉稅實務

年、月、日。

3. 本表「納稅人識別號」欄，填寫納稅人的稅務登記證號碼。

4. 本表「納稅人名稱」欄，填寫納稅人單位名稱全稱。

5. 本表「銷售數量」欄，填寫按照稅收法規規定本期應當申報繳納消費稅的成品油應稅消費品銷售（不含出口免稅）數量。

6. 本表「應納稅額」欄，填寫本期按適用稅率計算繳納的消費稅應納稅額。計算公式為：

$$應納稅額＝銷售數量×適用稅率$$

「應納稅額」合計欄等於汽油、柴油、石腦油、溶劑油、潤滑油、燃料油「應納稅額」的合計數。

7. 本表「本期減（免）稅額」欄，填寫本期按照稅收法規規定減免的消費稅應納稅額，不包括暫緩徵收的項目。其減免的消費稅應納稅額情況，需填報本表附 2 本期減（免）稅額計算表予以反映。

本欄數值與本表附 2 本期減（免）稅額計算表「本期減（免）稅額」合計欄數值一致。

8. 本表「期初留抵稅額」欄按上期申報表「期末留抵稅額」欄數值填寫。

9. 本表「本期準予扣除稅額」欄，填寫按稅收法規規定，外購、進口或委托加工收回汽油、柴油、石腦油、潤滑油、燃料油后連續生產應稅消費品準予扣除汽油、柴油、石腦油、潤滑油、燃料油的消費稅已納稅款。其準予扣除的已納稅額情況，需填報本表附 1 本期準予扣除稅額計算表予以反映。

本欄數值與本表附 1 本期準予扣除稅額計算表「本期準予扣除稅款」合計欄數值一致。

10. 本表「本期應抵扣稅額」欄，填寫納稅人本期應抵扣的消費稅稅額。計算公式為：

$$本期應抵扣稅額＝期初留抵稅額＋本期準予抵扣稅額$$

11. 本表「期初未繳稅額」欄，填寫本期期初累計應繳未繳的消費稅稅額，多繳為負數。其數值等於上期申報表「期末未繳稅額」欄數值。

12. 本表「期末留抵稅額」欄，計算公式如下，其值大於零時按實際數值填寫，小於等於零時填寫零：

$$期末留抵稅額＝本期應抵扣稅額－應納稅額（合計欄金額）＋本期減（免）稅額$$

13. 本表「本期實際抵扣稅額」欄，填寫納稅人本期實際抵扣的消費稅稅額。計算公式為：

$$本期實際抵扣稅額＝本期應抵扣稅額－期末留抵稅額$$

14. 本表「本期繳納前期應納稅額」欄，填寫納稅人本期實際繳納入庫的前期應繳未繳消費稅稅額。

15. 本表「本期預繳稅額」欄，填寫納稅申報前納稅人已預先繳納入庫的本期消費稅稅額。

16. 本表「本期應補（退）稅額」欄，填寫納稅人本期應納稅額中應補繳或應退回的數額，計算公式如下，多繳為負數：

本期應補（退）稅額＝應納稅額（合計欄金額）－本期減（免）稅額－本期實際抵扣稅額－本期預繳稅額

17. 本表「期末未繳稅額」欄，填寫納稅人本期期末應繳未繳的消費稅稅額，計算公式如下，多繳為負數：

$$期末未繳稅額＝期初未繳稅額＋本期應補（退）稅額－本期繳納前期應納稅額$$

18. 本表為 A4 豎式，所有數字小數點后保留兩位。一式二份，一份納稅人留存，一份稅務機關留存。

第六章 消費稅

小汽車消費稅納稅申報表如表 6-5 所示。

表 6-5　　　　　　　　　　小汽車消費稅納稅申報表

稅款所屬期：　　年　月　日至　　年　月　日

納稅人名稱（公章）：

納稅人識別號：☐☐☐☐☐☐☐☐☐☐☐☐☐☐☐

填表日期：　年　月　日　　　　　　　　　　　　　單位：元（列至角分）

應稅消費品名稱	項目	適用稅率	銷售數量	銷售額	應納稅額
乘用車	氣缸容量≤1.0 升	1%			
	1.0 升<氣缸容量≤1.5 升	3%			
	1.5 升<氣缸容量≤2.0 升	5%			
	2.0 升<氣缸容量≤2.5 升	9%			
	2.5 升<氣缸容量≤3.0 升	12%			
	3.0 升<氣缸容量≤4.0 升	25%			
	氣缸容量>4.0 升	40%			
中輕型商用客車		5%			
合計		—	—	—	

本期準予扣除稅額：	聲明 　　此納稅申報表是根據國家稅收法律的規定填報的，我確定它是真實的、可靠的、完整的。
本期減（免）稅額：	
期初未繳稅額：	經辦人（簽章）： 財務負責人（簽章）： 聯繫電話：
本期繳納前期應納稅額：	（如果你已委托代理人申報，請填寫） 　　　　　　授權聲明
本期預繳稅額：	為代理一切稅務事宜，現授權_____（地址）為本納稅人的代理申報人，任何與本申報表有關的往來文件，都可寄予此人。
本期應補（退）稅額：	
期末未繳稅額：	授權人簽章：
以下由稅務機關填寫：	
受理人（簽章）：	受理日期：　年　月　日　　受理稅務機關（章）：

129

企業涉稅實務

填表說明

1. 本表僅限小汽車消費稅納稅人使用。

2. 納稅人生產的改裝、改制車輛，應按照《財政部 國家稅務總局關於調整和完善消費稅政策的通知》（財稅〔2006〕33號）中規定的適用稅目、稅率填寫本表。

3. 本表「銷售數量」為《中華人民共和國消費稅暫行條例》《中華人民共和國消費稅暫行條例實施細則》及其他法規、規章規定的當期應申報繳納消費稅的小汽車類應稅消費品銷售（不含出口免稅）數量。

4. 本表「銷售額」為《中華人民共和國消費稅暫行條例》《中華人民共和國消費稅暫行條例實施細則》及其他法規、規章規定的當期應申報繳納消費稅的小汽車類應稅消費品銷售（不含出口免稅）收入。

5. 根據《中華人民共和國消費稅暫行條例》的規定，本表「應納稅額」的計算公式如下：

應納稅額＝銷售額×比例稅率

6. 本表「本期減（免）稅額」不含出口退（免）稅額。

7. 本表「期初未繳稅額」填寫本期期初累計應繳未繳的消費稅稅額，多繳為負數。其數值等於上期「期末未繳稅額」。

8. 本表「本期繳納前期應納稅額」填寫本期實際繳納入庫的前期消費稅稅額。

9. 本表「本期預繳稅額」填寫納稅申報前已預先繳納入庫的本期消費稅稅額。

10. 本表「本期應補（退）稅額」計算公式如下，多繳為負數：

本期應補（退）稅額＝應納稅額（合計欄金額）－本期減（免）稅額－本期預繳稅額

11. 本表「期末未繳稅額」計算公式如下，多繳為負數：

期末未繳稅額＝期初未繳稅額＋本期應補（退）稅額－本期繳納前期應納稅額

12. 本表為A4豎式，所有數字小數點后保留兩位。一式二份，一份納稅人留存，一份稅務機關留存。

電池消費稅納稅申報表如表6-6所示。

表6-6　　　　　　　　　　電池消費稅納稅申報表

稅款所屬期：　　年　月　日至　　年　月　日

納稅人名稱（公章）：

納稅人識別號：☐☐☐☐☐☐☐☐☐☐☐☐☐☐☐

填表日期：　　年　月　日　　　　　　　　　金額單位：元（列至角分）

項目 應稅消費品名稱	適用稅率	銷售數量	銷售額	應納稅額
電池（不含鉛蓄電池）	4%			
鉛蓄電池	4%			—
合計	—			

第六章 消費稅

表6-6(續)

本期準予扣除稅額：	聲明 此納稅申報表是根據國家稅收法律規定填報的，我確定它是真實的、可靠的、完整的。
本期減（免）稅額：	
期初未繳稅額：	經辦人（簽章）： 財務負責人（簽章）： 聯繫電話：
本期繳納前期應納稅額：	（如果你已委托代理人申報，請填寫） 授權聲明
本期預繳稅額：	為代理一切稅務事宜，現授權 ＿＿＿＿＿＿＿＿＿＿（地址）為本納稅人的代理申報人，任何與本申報表有關的往來文件，都可寄予此人。 授權人簽章：
本期應補（退）稅額：	
期末未繳稅額：	
以下由稅務機關填寫：	
受理人（簽章）：　　　受理日期：　　年　月　日　　受理稅務機關（章）：	

填表說明

1. 本表限電池消費稅納稅人使用。

2. 本表「稅款所屬期」是指納稅人申報的消費稅應納稅額的所屬時間，應填寫具體的起止年、月、日。

3. 本表「納稅人識別號」欄，填寫納稅人的稅務登記證號碼。

4. 本表「納稅人名稱」欄，填寫納稅人單位名稱全稱。

5. 本表「銷售數量」欄，填寫按照稅收法規規定本期應當申報繳納消費稅的電池應稅消費品銷售（不含出口免稅）數量。

6. 本表「銷售額」欄，填寫按照稅收法規規定的本期應當申報繳納消費稅的電池應稅消費品銷售（不含出口免稅）收入。

7. 本表「應納稅額」欄，填寫本期按 4% 適用稅率計算繳納的消費稅應納稅額。計算公式為：

$$應納稅額 = 銷售額 \times 4\%$$

暫緩徵收的鉛蓄電池不計算應納稅額。

8. 本表「本期準予扣除稅額」填寫按稅收法規規定委托加工收回電池並以高於受託方的計稅價格出售電池應稅消費品，準予扣除的電池消費稅已納稅款。

「本期準予扣除稅額」欄數值與電池、塗料稅款抵扣臺帳第 12 欄「本月抵扣領用合計」已納稅款數值一致。

9. 本表「本期減（免）稅額」欄，填寫本期按照稅收法規規定減免的電池消費稅應納稅額，不含出口退（免）稅額。其減免的電池消費稅應納稅額情況，需填報本表附 1 本期減（免）稅額計算表予以反映。

「本期減（免）稅額」欄數值與本表附 1 本期減（免）稅額計算表「本期減（免）稅額」合

企業涉稅實務

計欄數值一致。

10.「期初未繳稅額」欄，填寫本期期初累計應繳未繳的消費稅稅額，多繳為負數。其數值等於上期申報表「期末未繳稅額」欄數值。

11. 本表「本期繳納前期應納稅額」欄，填寫納稅人本期實際繳納入庫的前期應繳未繳消費稅稅額。

12. 本表「本期預繳稅額」欄，填寫納稅申報前納稅人已預先繳納入庫的本期消費稅稅額。

13. 本表「本期應補（退）稅額」欄，填寫納稅人本期應納稅額中應補繳或應退回的數額，計算公式如下，多繳為負數：

本期應補（退）稅額＝應納稅額－本期減（免）稅額－本期準予扣除稅額－本期預繳稅額

14. 本表「期末未繳稅額」欄，填寫納稅人本期期末應繳未繳的消費稅稅額。計算公式如下，多繳為負數：

期末未繳稅額＝期初未繳稅額＋本期應補（退）稅額－本期繳納前期應納稅額

15. 本表為 A4 豎式，所有數字小數點后保留兩位。一式二份，一份納稅人留存，一份稅務機關留存。

酒及酒精消費稅納稅申報表如表 6-7 所示。

表 6-7　　　　　酒及酒精消費稅納稅申報表（填報樣本）

稅款所屬期：2016 年 1 月 1 日至 2016 年 1 月 31 日

稅務登記證號：

納稅人名稱（公章）：稅務登記證標註的名稱

納稅人識別號：☐☐☐☐☐☐☐☐☐☐☐☐☐☐☐

填表日期：2016 年 2 月 1 日　　　　　　　　　　　金額單位：元（列至角分）

項目 應稅消費品名稱	適用稅率 定額稅率	適用稅率 比例稅率	銷售數量	銷售額	應納稅額
糧食白酒	1 元/千克	20%	75,000	5,625,000.00	1,162,500.00
薯類白酒	1 元/千克	20%			
啤酒	250 元/噸	—	25,000		6,250,000.00
啤酒	220 元/噸	—	10,000		2,200,000.00
黃酒	240 元/噸				
其他酒	—	10%			
酒精		5%			
合計	—	—	—	—	9,612,500.00

第六章　消費稅

表6-7(續)

本期準予抵減稅額：7,500,000.00	聲明 　　此納稅申報表是根據國家稅收法律的規定填報的，我確定它是真實的、可靠的、完整的。
本期減（免）稅額：0	經辦人（簽章）：某某某 財務負責人（簽章）：某某某
期初未繳稅額：2,535,000.00	聯繫電話：111111
本期繳納前期應納稅額：2,535,000.00	（如果你已委託代理人申報，請填寫） 　　　　　　授權聲明
本期預繳稅額：	為代理一切稅務事宜，現授權
本期應補（退）稅額：2,112,500.00	＿＿＿＿＿＿＿＿＿＿＿（地址）為本納稅人的代理申報人，任何與本申報表有關的往來文件，都可寄予此人。
期末未繳稅額：2,112,500.00	授權人簽章：

受理人（簽章）：　　　受理日期：　　年　月　日　　受理稅務機關（章）：

第七章 關稅

第一節 關稅概述

一、關稅的概念及特點

（一）關稅的概念

關稅是指一國海關根據該國法律規定，對通過其關境的進出口貨物課徵的一種流轉稅。「境」指關境，又稱「海關境域」或「關稅領域」，是《中華人民共和國海關法》全面實施的領域。通常情況下，一國關境與國境是一致的，包括國家全部的領土、領海、領空。但當某一國家在國境內設立了自由港、自由貿易區等，這些區域就進出口關稅而言處在關境之外，這時，該國家的關境小於國境。關稅一般屬於國家最高行政單位指定稅率的高級稅種，對於對外貿易發達的國家而言，關稅往往是國家財政的主要收入。

關稅是國家稅收的一種，組織財政收入是關稅的基本職能之一，所以關稅的作用之一就是提供乃至增加財政收入。另外，它在調節經濟、促進改革開放方面，在保護民族企業、防止國外經濟侵襲、爭取關稅互惠、促進對外貿易發展等方面都具有重要作用。

（二）關稅的分類

依據不同的標準，關稅可以劃分為不同的類型。

1. 按照徵收的對象或商品流向分類，可分為進口關稅、出口關稅、過境稅

（1）進口關稅（Import Duty），是指海關在外國貨物進口時課徵的關稅。進口關稅通常在外國貨物進入關境或國境時徵收，或在外國貨物從保稅倉庫提出運往國

第七章　關稅

內市場時徵收。現今世界各國的關稅，主要是徵收進口關稅。

（2）出口關稅（Export Duty）是指海關在本國貨物出口時課徵的關稅。為降低出口貨物的成本，增加本國貨物在國外市場上的競爭力，世界各國一般少徵或不徵出口關稅。但為限制本國某些產品、自然資源的輸出，或出於保護本國生產、本國市場供應和增加財政收入等某些特定的需要，有些國家也徵收出口關稅。

（3）過境稅（Transit Duties）又稱「通過稅」，是指對過境貨物所徵收的關稅。過境貨物一般指該貨物運輸的起點和終點均在運輸所經的國家之外的情況，即當外國貨物運進一個國家的關境后又原樣運出該關境。徵收過境稅的主要目的是增加國家的財政收入。商品過境時，被過境的國家可獲得運輸、保險、倉儲、管理等方面的收入。

2. 按照徵稅的目的分類，可分為財政關稅、保護關稅

（1）財政關稅，亦稱收入關稅。它是以增加國家財政收入為主要目的而徵收的關稅，稅率較保護關稅低。隨著世界經濟的發展，財政關稅的作用逐漸減弱，為保護關稅所代替。

（2）保護關稅，是以保護本國經濟發展為主要目的而課徵的關稅，保護關稅主要是進口關稅，稅率較高。

3. 按照徵稅的一般方法或徵稅標準分類，可分為從量稅、從價稅、複合稅和滑準稅

其中，從量稅、從價稅是關稅的基本計算方法。從量稅、從價稅、複合稅的含義與消費稅相同。

4. 按照差別待遇和特定的實施情況分類，可分為進口附加稅（反補貼稅、反傾銷稅）、差價稅、特惠稅、普遍優惠稅

略。

5. 按約束程度可分為自主關稅、非自主關稅和協定關稅

略。

（三）關稅的特點

各類關稅除了具有各自的特點之外，還具有以下共同特點。

1. 納稅上的統一性和一次性

按照全國統一的進出口關稅條例和稅則徵收關稅，在徵收一次性關稅以後，貨物就可以在整個關境內流通，不再另行徵收關稅。

2. 徵收上的過「關」性

是否徵收關稅是以貨物是否通過關境為標準。凡是進出關境的貨物都要徵收關稅，凡未出入關境的貨物則不徵收關稅。

3. 稅率上的復式性

關稅的稅則是關稅課稅範圍及其稅率的法則。復式稅則又稱多欄稅則，是指一個稅目設有兩個或兩個以上的稅率，根據進口貨物原產國的不同，分別適用高低不

同的稅率。復式稅則是一個國家對外貿易政策的體現。目前，在國際上除極個別國家外，各國關稅普遍實行復式稅則。

4. 徵管上的權威性

海關是設在關境上的國家行政機構，負責徵收關稅、查禁走私貨物、臨時保管通關貨物和統計進出口商品等。關稅是由海關代表國家向納稅人徵收的，具有權威性。

5. 對進出口貿易的調節性

許多國家通過制定和調整關稅稅率來調節進出口貿易。在出口方面，通過低稅、免稅和退稅來鼓勵本國商品出口；在進口方面，通過稅率的調整、減免來調節商品的進口。

二、關稅的基本要素

（一）關稅的納稅人

進口貨物的收貨人、出口貨物的發貨人、進出境物品的所有人，是關稅的納稅義務人。進出口貨物的收、發貨人是依法取得對外貿易經營權，並進口或者出口貨物的法人或者其他社會團體。進出境物品的所有人包括該物品的所有人和推定為所有人的人。一般情況下，對於攜帶進境的物品，推定其攜帶人為所有人；對分離運輸的行李，推定相應的進出境旅客為所有人；對以郵遞方式進境的物品，推定其收件人為所有人；以郵遞或其他方式出境的物品，推定其寄件人或托運人為所有人。

（二）關稅的徵收對象

關稅的徵稅對象是准許進、出境的貨物和物品。貨物是貿易性商品；物品指入境旅客隨身攜帶的行李物品，個人郵遞物品，各種運輸工具上的服務人員攜帶進口的自用物品、饋贈物品以及其他方式進境的個人物品。

（三）關稅稅則

關稅稅則也稱進出口稅則，是一國政府根據國家關稅政策及經濟政策，通過一定的立法程序制定公布實施的進出口貨物和物品應稅的關稅規章和稅率一覽表。關稅稅則以稅率表為主體，通常包括實施稅則的法令、使用稅則的有關說明和附錄等。

《中華人民共和國海關進出口稅則》是中國海關憑以徵收關稅的法律依據，也是中國關稅政策的具體體現。中國現行稅則包括《中華人民共和國進出口關稅條例》《稅率適用說明》《中華人民共和國海關進口稅則》及《進口商品從量稅、複合稅、滑準稅稅目稅率表》《進口商品關稅配額稅目稅率表》《進口商品稅則暫定稅率表》《出口商品稅則暫定稅率表》《非全稅目信息技術產品稅率表》等。

（四）關稅稅率

所謂關稅稅率，是指海關稅則規定的對課徵對象徵稅時計算稅額的比例。

第七章 關稅

1. 進口關稅稅率

進口關稅設普通稅率和優惠稅率。對原產於中華人民共和國未訂有關稅互惠協議的國家或者地區的進口貨物，按照普通稅率徵稅；對原產於中華人民共和國訂有關稅互惠協議的國家或者地區的進口貨物，按照優惠稅率徵稅。

根據新的《中華人民共和國進出口關稅條例》（以下簡稱《進出口關稅條例》）的規定，中國進口關稅的法定稅率包括最惠國稅率、協定稅率、特惠稅率、普通稅率、關稅配額稅率等。最惠國稅率適用原產於中國共同適用最惠國待遇條款的世界貿易組織成員國或地區的進口貨物，或原產於中國簽訂有相互給予最惠國待遇條款的雙邊貿易協定的國家或地區的進口貨物，以及原產於中華人民共和國境內的進口貨物。協定稅率適用原產於中國訂有含關稅優惠條款的區域性貿易協定的有關締約方的進口貨物。特惠稅率適用原產於中國簽訂有特殊優惠關稅協定的國家或地區的進口貨物。2013年之前，中國對原產於孟加拉國的18個稅目的進口商品實行曼谷協定特惠稅率。普通稅率適用原產於上述國家或地區以外的國家和地區的進口貨物，或者原產地不明的國家或者地區的進口貨物。

中國用以確定進口貨物原產地的標準主要有兩種。第一，全部產地生產標準，即進口貨物完全在一個國家內生產或製造，包括在該國的領土內開採的礦產品、植物產品，飼養的活動物，捕獵、捕撈產品以及在該國船只上卸下的、加工的產品等，與國際上的全部產地生產標準完全相同。第二，實質性加工標準，指經過幾個國家加工、製造的貨物，以最后一個對貨物進行經濟上可以視為實質性加工的國家作為該貨物的原產地。

2. 出口稅率

中國出口稅則為一欄稅率，即出口稅率。國家僅對少數資源性產品及易於競相殺價、盲目進口、需要規範出口秩序的半製成品徵收出口關稅。

三、減免稅

關稅減免是貫徹國家關稅政策的一項重要措施，分為法定減免稅、特定減免稅和臨時減免稅。根據《中華人民共和國海關法》（以下簡稱《海關法》）的規定，除法定減免的其他減免稅均由國務院決定。減徵關稅在中國加入世界貿易組織之前以稅則規定稅率為基準，在中國加入世界貿易組織之后以最惠國稅率或者普通稅率為基準。

（一）法定減免稅

法定減免稅是稅法中明確列出的減稅或免稅。符合稅法規定可予以減免稅的進出口貨物，納稅義務人無須提出申請，海關可按規定直接予以減免稅。海關對法定減免稅貨物一般不進行后續管理。

中國《海關法》和《進出口關稅條例》明確規定，對12項貨物、物品予以減

免關稅，如關稅稅額在人民幣 50 元以下的一票貨物，無商業價值的廣告和貨樣，外國政府、國際組織無償贈送的物資，進出境運輸工具裝載途中必需的燃料、物料和飲食用品等。

(二) 特定減免稅

特定減免稅也稱政策性減免稅。即在法定減免稅之外，國家按照國際通行規則和中國實際情況，制定發布的有關進出口貨物減免關稅的政策。特定減免稅貨物一般有地區、企業和用途的限制，海關需要進行后續管理，也需要進行減免統計。中國目前對科教用品、殘疾人專用品，扶貧、慈善性捐贈物資等採用特定減免稅。

(三) 臨時減免稅

臨時減免稅指以上法定和特定減免稅以外的其他減免稅，即由國務院根據《海關法》對某個單位、某類商品、某個項目或某批進出口貨物的特殊情況，給予特別照顧，一案一批，專文下達的減免稅。一般有單位、品種、期限、金額或數量等限制，不能比照執行。

中國已經加入世界貿易組織，為遵循統一、規範、公平、公開的原則，有利於統一稅法、公平稅負、平等競爭，國家嚴格控製減免稅，一般不辦理個案臨時性減免稅，對特定減免稅也在逐步規範、清理，對不符合國際慣例的優惠政策將逐步予以廢止。

第二節　關稅的計算

一、關稅完稅價格

《海關法》規定，進出口貨物的完稅價格，由海關以該貨物的成交價格為基礎審查確定。

(一) 一般進口貨物的完稅價格

進口貨物以海關審定的以成交價格為基礎的到岸價格為完稅價格。實際成交價格是一般貿易項目下進口或者出口貨物的買方為購買該貨物向賣方實付或應付價格。到岸價格是指貨物在採購地的正常批發價格，加上國外已徵的出口稅和運抵中國輸入地點起卸前的包裝費、運費、保險費、手續費等一切費用。用公式表示為：

進口貨物關稅完稅價格＝貨價＋採購費用（包括貨物運抵中國關境內輸入地起卸前的運輸費、保險費和其他勞務費等費用）

實付或應付價格調整規定如下：

(1) 下列費用或價值未包括在進口貨物的實付或者應付價格中，應當計入完稅價格：

①由買方負擔的除購貨佣金以外的佣金和經紀費。購貨佣金指買方為購買進口

第七章　關稅

貨物向自己的採購代理人支付的勞務費用，經紀費指買方為購買進口貨物向代表買賣雙方利益的經紀人支付的勞務費用。

②由買方負擔的與該貨物視為一體的容器費用。

③由買方負擔的包裝材料費用和包裝勞務費用。

④可以按適當比例分攤的，由買方直接或間接免費提供或以低於成本價方式銷售給賣方或有關方的貨物或服務的價值。

⑤與該貨物有關並作為賣方向中國銷售該貨物的一項條件，應當由買方直接或間接支付的特許權使用費。

⑥賣方直接或者間接從買方獲得的在該貨物進口後轉售、處置或者使用所得中獲得的收益。

（2）下列費用，如能與該貨物實付或者應付價格區分，不能計入完稅價格：

①廠房、機械、設備等貨物進口後進行建設、安裝、裝配、維修和技術服務的費用；

②貨物運抵境內輸入地點起卸後的運輸費用；

③進口關稅及其他國內稅。

（3）進口貨物的價格不符合成交價格條件或者成交價格不能確定的，海關應當以下列順序估定完稅價格：

①相同貨物的成交價格；

②類似貨物的成交價格；

③倒扣價格；

④計算價格；

⑤以合理方法估定的價格。

（二）出口貨物的完稅價格

1. 以成交價格為基礎的完稅價格

出口貨物的完稅價格由海關以該貨物向境外銷售的成交價格為基礎審查確定，並應包括該貨物運至中國境內輸出地點裝載前的運輸及其相關費用、保險費，但其中包含的出口關稅稅額應當扣除。

出口貨物的成交價格，是指該貨物出口時賣方出口該貨物應當向買方直接收取和間接收取的價款總額。出口貨物的成交價格中含有支付給境外的佣金的，如果單獨列明，應當扣除。

2. 以出口貨物海關估價法確定的完稅價格

根據《進出口關稅條例》的規定，出口貨物的成交價格不能確定的，海關經瞭解有關情況，並與納稅義務人進行價格磋商後，依次以下列價格估定該貨物的完稅價格：

（1）同時或者大約同時向同一國家或者同一地區出口相同貨物的成交價格；

（2）同時或者大約同時向同一國家或者同一地區出口類似貨物的成交價格；

(3) 根據境內生產相同或者類似貨物的料件成本、加工費用、通常的利潤和一般費用、境內發生的運輸及相關費用、保險費計算所得的價格；

(4) 以合理方法估定的價格。

(三) 進出口貨物完稅價格中的運輸及其相關費用、保險費的計算

(1) 進口貨物的運輸及其相關費用、保險費應當按照下列方法計算：

①海運進口貨物，計算至該貨物運抵境內的卸貨口岸，如果該貨物的口岸是內河口岸，則應當計算至內河口岸；

②陸運進口貨物計算至該貨物運抵境內的第一口岸，如果運輸及相關費用、保險費支付至目的地口岸，則應當計算至目的地口岸。

③空運進口貨物計算至該貨物運抵境內的第一口岸，如果運輸及相關費用、保險費支付至目的地口岸，則應當計算至目的地口岸。

(2) 陸運、空運和海運進口貨物的運費，應當按照實際支付的費用計算。如果進口貨物的保險費無法確定或者未實際發生，海關應當按照該貨物運輸行業公布的運費率計算。

(3) 陸運、空運和海運進口貨物的保險費，應當按照實際支付的費用計算。如果進口貨物的保險費無法確定或者未實際發生，海關應當按照貨價加運費兩者總額的3‰計算保險費。

(4) 郵運的進口貨物，應當以郵費作為運輸及其相關費用、保險費。

(5) 以境外口岸價格條件成交的鐵路或公路運輸進口貨物，海關應當按照貨價的1%計算運輸及其相關費用、保險費。

(6) 作為進口貨物的自駕進口的運輸工具，海關在審定完稅價格時，可以不另計入運費。

(7) 進口貨物的銷售價格如果包括離境口岸至境外口岸之間的運費、保險費的，該運費、保險費應當扣除。

二、關稅應納稅額的計算

關稅基本計算公式為：

$$應納關稅稅額 = 關稅完稅價格 \times 關稅稅率$$

由於關稅分從價、從量、複合和滑準四種計稅方法，因此，關稅的計算具體分為以下幾種方法。

(一) 從價稅的計算

從價稅是以進口商品的價格為標準計徵的關稅。從價稅具有稅負公平、明確、易於實施，計徵簡便等優點。大多數進出口商品採用從價稅。貨物的價格不是指商品的成交價格，而是指進出口商品的完稅價格。其計算公式為：

$$應納關稅稅額 = 應稅進出口貨物數量 \times 單位完稅價格 \times 適用稅率$$

第七章 關稅

（二）從量稅的計算

從量稅是以商品的重量、數量、容量、長度和面積等計量單位為標準計徵的稅收，一般是以每一計量單位應納的關稅金額作為稅率來計繳的關稅。其特點是不因商品價格的漲落而改變應納稅額，手續簡便，但稅負不合理，難以普遍採用。中國目前僅對啤酒、膠卷等少數商品計徵從量關稅。其計算公式為：

應納關稅稅額＝應稅進口貨物數量×關稅單位稅額

（三）複合稅的計算

複合稅亦稱混合稅。它是對進口商品既徵從量稅又徵從價稅的一種辦法，一般以從量稅為主，再加徵從價稅。實務中，貨物的從量稅稅額與從價稅稅額難以同時確定，且手續繁雜，難以普遍採用。其計算公式為：

應納關稅稅額＝應稅進口貨物數量×關稅單位稅額＋應稅進口貨物數量×單位完稅價格×適用稅率

（四）滑準稅的計算

滑準稅亦稱滑動稅、伸縮稅，是對進口稅則中的同一種商品按其市場價格標準分別制訂不同價格檔次的稅率而徵收的一種進口關稅。徵收這種關稅的目的是使該種進口商品，不管其進口價格如何變化，其稅後價格保持在一個預定的價格標準上，以穩定進口國國內該種商品的市場價格，盡可能減少國際市場價格波動的影響。

關稅稅額＝應稅進（出）口貨物數量×單位完稅價格×滑準稅稅率

【例 7-1】國內某進出口公司從美國進口一批貨物，貨物以離岸價格成交，成交價折合人民幣 1,620 萬元（包括單獨計價並經海關審查屬實的向境外採購代理人支付的買方佣金 20 萬元，但不包括因使用該貨物而向境外支付的軟件費 60 萬元、向賣方支付的佣金 15 萬元），另支付貨物抵達中國境內港的運費、保險費等 40 萬元。假定該貨物適用關稅稅率 20%、增值稅稅率 17%、消費稅稅率 10%。請分別計算該公司應該繳納的關稅、增值稅和消費稅。

解析：

（1）該公司應當繳納的關稅：

關稅完稅價格＝1,620+60+15-20+40＝1,715（萬元）

關稅＝1,715×20%＝343（萬元）

（2）應當繳納的增值稅和消費稅：

組成計稅價格＝（1,715+343）÷（1-10%）＝2,286.67（萬元）

應納增值稅＝2,286.67×17%＝388.73（萬元）

應納消費稅＝2,286.67×10%＝228.67（萬元）

【例 7-2】某進出口公司出口商品一批，離岸價格為 2,000 萬元，出口稅率為 30%，要求計算應納出口關稅稅額。

解析：該公司應繳納的出口關稅＝2,000×30%＝600（萬元）

● 第三節　關稅的申報、繳納及帳務處理

一、關稅的申報

（一）納稅地點

海關徵收關稅時，根據納稅人的申請及進出口貨品的具體情況，可以在關境地徵收，也可以在主管地徵收。

1. 關境地徵收

關境地徵收即口岸納稅。不管納稅人的住址在哪裡，進口貨品在哪裡通關，納稅人就在哪裡繳納關稅，這是一種常見的方法。

2. 主管地納稅

它亦稱集中納稅。納稅人繳納關稅時，經海關辦理有關手續，進出口貨品即可由納稅人住址所在地海關（主管地海關）監管其通關，關稅也在納稅人住址所在地（主管地）繳納。這種方式只適用於集裝箱運載貨物時使用。

（二）申報時間及納稅期限

1. 申報時間

（1）進口貨物自運輸工具申報進境之日起 14 日內；

（2）出口貨物在運抵海關監督區后裝貨的 24 小時以前。

2. 納稅期限

進口貨物的收發貨人或其代理人，應當在海關填發稅款繳納憑證之日起 15 日內（遇法定公休日順延）向指定銀行繳納稅款。逾期未繳納的，除依法追繳外，由海關自到期次日至繳清稅款日止，按次加收欠繳稅款總額 1‰ 的滯納金。

（三）一般進出口貨物的報關

一般進出口貨物的收貨人，或者他們委托的代理人，都必須在貨物進出口時填寫進出口報關單，向海關申報，同時提供批准貨物進出口的證件和有關的貨運、商業單據，以便海關依據這些單據、證件審查貨物的進出口是否合法，確定關稅的徵、減、免事宜並編制海關統計表。其中，向海關遞交進口報關單一式四份，出口貨物報關單一式五份，但轉口、轉關輸出的貨物應填寫六份出口貨物報關單，如表 7-1、表 7-2 所示。

納稅人繳納關稅時，需填海關（進出口關稅）專用繳款書，並攜帶有關單證。繳款書一式六聯，依次是收據聯（此聯是國庫收到稅款簽單后退還納稅人作為憑證的法律文書，是關稅核算的原始憑證）、付款憑證聯、收款憑證聯、回執聯、報查聯、存根聯，如表 7-3 所示。

第七章　關稅

表 7-1　　　　　中華人民共和國海關進口貨物報關單（填寫樣本）

預錄入編號：海關編號：531620160420××××××

收發貨人 18 位統一社會信用代碼 深圳市××××貿易有限公司	進口口岸 5316 大鵬海關	進口日期 20160830	申報日期 20160901
消費使用單位 18 位統一社會信用代碼 ××市××××生物科技有限公司	運輸方式 水路運輸	運輸工具名稱	提運單號 ××××-0222-10
申報單位 91110113670×××××× 北京××貨運代理有限公司深圳分公司	監管方式 0110 一般貿易	徵免性質 101 一般徵稅	備案號
貿易國（地區）110 中國香港	啓運國（地區）304 德國	裝貨港 2110 漢堡	境內目的地 45039 桂林其他
許可證號	成交方式 FOB	運費 350EUR	保費 75EUR	雜費
合同協議號 2016×××1Y	件數 3	包裝種類 托盤	毛重（千克） 980	淨重（千克） 912
集裝箱號 MRKU2589635＊1（2）	隨附單證 入境貨物通關單，原產地證明				
標記及備註　　隨附單證號：					

商品編號、商品名稱、規格型號和數量及單位原產國（地區）單價總價幣制徵免

1. 3×××09000　洗潔精 1,060 件　德國 1.212,72 歐元　照章徵稅　620 千克
用途：洗滌用　　是否零售包裝：是　成分：有機表面活性劑、香精　品牌：×××　型號：無

2. 3×××209000　鍋具清潔劑 180 件　德國 1.527,0 歐元　照章徵稅 52 千克
用途：洗滌用　　是否零售包裝：是　成分：有機表面活性劑、香精　品牌：×××　型號：無

3. 3×××209000　潔廁靈 190 件　德國 0.815,2 歐元　照章徵稅　152 千克
用途：清潔用　　是否零售包裝：是　成分：有機表面活性劑、香精　品牌：×××　型號：無

4. 3×××209000　洗衣液　150 件德國 2,300 歐元照章徵稅　88 千克
用途：洗滌用　　是否零售包裝：是　成分：有機表面活性劑、香精　品牌：×××　型號：無

5.

特殊關係確認：是　　價格影響確認：否　　支付特許權使用費確認：是

錄入員　錄入單位	兹申明對以上內容承擔如實申報、依法納稅之法律責任	海關批註及簽章

報關人員申報單位（簽章）

北京××××貨運代理有限公司深圳分公司

注意事項：

1. 請認真核對信息，我司將嚴格按照此確認件申報，申報后無法更改（除非退單重報）。
2. 涉及品牌、型號的貨物一定申報準確，否則造成扣貨、退單以及所產生的費用由貨主承擔。

3. 無紙化通關一定確認好是否已在相應關區備案，如沒有備案導致退單及費用由貨主承擔。

4. 報關單請務必於到貨前填制完整並確認好，否則很可能延誤清關導致倉儲費等額外費用。

5. 一定注意申報金額，要和實際成交價格一致並且要合理，如果存在低報被海關退單、補稅等一切費用皆由貨主承擔。

6. 請務必提前確認買賣雙方是否存在特殊關係、是否影響價格。

7. 還要確認貨物是否有品牌、是否需要品牌授權或者可能存在侵權的問題。

8. 以上紅色字體部分為新版報關單與舊版報關單不一樣的地方，敬請留意。

表7-2　　　　　中華人民共和國出口貨物報關單（填報樣表）

預錄入編號：　　　　　　　　　　　　　　　海關編號：

出口口岸 鹽田、赤灣、蛇口海關		備案號	出口日期	申報日期 20160615
經營單位 深圳×××科技有限公司		運輸方式 江海運輸	運輸工具名稱	提運單號
發貨單位 深圳×××科技有限公司		貿易方式（0110） 一般貿易	徵免性質（101） 一般徵稅	結匯方式 T/T
許可證號	抵運國（地區） 馬來西亞		指運港 KLANG	境內貨源地 深圳其他
批准文號 可以不填	成交方式 FOB	運費	保費	雜費
合同協議號 ××××	件數 2,000	包裝種類 紙箱	毛重（千克） 52,000	淨重（千克） 49,000
集裝箱號	隨附單據 A	生產廠家		
標記嘜碼和備註： N/M				
項號　商品編號　商品名稱、規格型號　數量及單位　最終目的國（地區）　單價　總價　幣制 徵免				
1.　　　××××　00000　　CALCIUM CHLORIDE　　49 MT　　馬來西亞　　$ 170　　$ 7,060　美元 照章　　　　　　　FLAKES 74% MIN				
稅費徵收情況				

第七章 關稅

表7-2(續)

錄入員　　錄入單位	茲聲明以上申報無訛並承擔法律責任	海關審單批註及放行日期（簽章）
報關員	申報單位（簽章）	徵稅　　審價
單位地址 郵編　　電話　　　填制日期		查驗　　放行

表7-3　　　　　　　海關進（出）口關稅專用繳款書

收入系統：海關係統　　　填發日期：　　年　月　日

收款單位	收入機關		中央金庫		繳款單位（人）	名稱	
						帳號	
	科目		預算級次			開戶銀行	
	收款國庫						
稅號	貨物名稱	數量		單位	完稅價格（¥）	稅率（%）	稅款金額（¥）
金額人民幣（大寫）　　萬仟佰拾元角分						合計（¥）	
註	申請單位編號			報關單編號		填制單位	收款國庫（銀行） 業務公章
	合同（批文）號			運輸工具（號）			
	繳款期限			提/裝貨號		製單人	
	一般徵稅 國際代碼					復核人 單證專用章	

從填發繳款書之日起限15日內繳納（期末遇法定節假日順延），逾期按日徵收稅款總額千分之一的滯納金。

二、關稅的補徵與退還

（一）關稅的補徵

進出口貨物完稅后，如發現少徵或者漏徵稅款，海關應當自繳納稅款或者貨物

145

放行之日起 1 年內，向收發貨人或其代理人補徵。因收發貨人或其代理人違反規定而造成少徵或者漏徵的，海關在 3 年內可以追徵，因特殊情況，追徵期可延至 10 年。騙取退稅的，無限期追徵。

（二）關稅的退還

有下列情況之一的，進出口貨物的收發貨人或其代理人，可以自繳納稅款之日起 1 年內，書面聲明理由，連同納稅收據向海關申請退稅，逾期不予受理。

（1）因海關誤徵，多納稅款的；

（2）海關核准免驗進口的貨物，在完稅後發現有短缺情況並經海關審查認可的；

（3）已徵出口關稅的貨物，因故未裝運出口，申報退關，經海關查驗屬實的。

按規定，上述退稅事項，海關應當自受理退稅申請之日起 3 日內做出書面答覆並通知退稅申請人。

三、納稅爭議

在納稅義務人同海關發生納稅爭議時，可以向海關申請復議，但同時應當在規定期限內按海關核定的稅額繳納關稅，逾期則構成滯納，海關有權按規定採取強制執行措施。納稅義務人自海關填發稅款繳款書之日起 60 日內，向原徵稅海關的上一級海關書面申請復議。納稅義務人對海關復議決定仍然不服的，可以自收到復議決定書之日起 15 日內，向人民法院提起訴訟。

四、關稅的帳務處理

（一）關稅會計科目的設置

為了全面反映企業關稅的繳納、結餘情況及進出口關稅的計算，應在「應交稅費」科目下分別設置「應交進口關稅」「應交出口關稅」明細科目。「應交稅費——應交進口關稅」的貸方發生額反映應繳的進口關稅，借方發生額反映實際繳納的進口關稅，貸方餘額表示欠繳的進口關稅，借方餘額表示多繳的進口關稅；「應交稅費——應交出口關稅」的貸方發生額反映應繳的出口關稅，借方發生額反映實際繳納的出口關稅，貸方餘額表示欠繳的出口關稅，借方餘額表示多繳的出口關稅。當企業計算出應繳的進口關稅時，借記有關科目，貸記「應交稅費——應交進出口關稅」科目，實際繳納時，借記「應交稅費——應交進口關稅」科目，貸記「銀行存款」等科目。當企業計算出應繳的出口關稅時，借記有關科目，貸記「應交稅費——應交出口關稅」科目，實際繳納時，借記「應交稅費——應交出口關稅」科目，貸記「銀行存款」科目等。

第七章 關稅

(二) 基本會計處理

1. 自營進口

根據現行會計制度的規定，企業自營進口商品應以 CIF 價格作為完稅價格計繳關稅，借記「材料採購」等科目，貸記「應交稅費——應交進口關稅」科目。實際繳納時，借記「應交稅費——應交進口關稅」科目，貸記「銀行存款」科目。企業也可不通過「應交稅費——應交進口關稅」科目核算，待實際繳納關稅時，直接借記「材料採購」等科目，貸記「銀行存款」科目。

【例7-3】某工業企業從中國香港進口原產地為韓國的某型號設備2臺，該設備成交價格 CFR 天津港 HKD120,000，保險費率為0.3%，關稅稅率為6%，代徵增值稅稅率為17%，外匯牌價為 HKD100＝CNY90。計算相關稅費並做會計分錄。

解析：

完稅價格＝120,000÷（1−0.3%）＝120,361（元）

完稅價格折合人民幣＝120,361×0.9＝108,324.9（元）

進口關稅稅額＝108,324.9×6%＝6,499.49（元）

增值稅稅額＝（108,324.9+6,499.49）×17%＝19,520.15（元）

有關會計分錄如下：

(1) 應付價款時：

借：在建工程　　　　　　　　　　　　　　　108,324.9
　　貸：應付帳款——××供應商　　　　　　　　　108,324.9

(2) 實際繳納關稅、增值稅時：

借：在建工程　　　　　　　　　　　　　　　26,019.64
　　貸：銀行存款　　　　　　　　　　　　　　　26,019.64

2. 自營出口

企業自營出口商品，借記「稅金及附加」科目，貸記「應交稅費——應交出口關稅」科目；實際繳納時，借記「應交稅費——應交出口關稅」科目，貸記「銀行存款」科目。

3. 代理進出口業務關稅的會計處理

代理進出口業務，對受託方來說，一般不墊付貨款，多以成交額（價格）的一定比例收取勞務費作為其收入。因進出口商品而計繳的關稅均應由委託單位負擔，受託單位即使向海關繳納了關稅，也只是代墊或代付，日後仍要與委託方結算。

代理進出口業務所計繳的關稅，在會計處理上也是通過設置「應交稅費」科目來反映的，其對應科目是「應付帳款」「應收帳款」「銀行存款」等。

第八章 企業所得稅

第一節 企業所得稅概述

企業所得稅是對中國境內的企業和其他取得收入的組織，就其來源於境內及境外的所得徵收的一種稅，是國家參與企業利潤分配的重要手段。中國現行企業所得稅的基本規範，是於2007年3月十屆全國人大五次會議通過的《中華人民共和國企業所得稅法》（以下簡稱《企業所得稅法》）和2007年11月國務院頒布、自2008年1月1日起施行的《中華人民共和國企業所得稅法實施條例》。

當前，中國的企業所得稅具有如下幾個特點：第一，計稅依據是應納稅所得額。它是收入總額扣除允許扣除的項目金額后的餘額，與企業的本年利潤是不同的。第二，應納稅所得額的計算較複雜。稅法在規定納稅人收入總額的前提下，對允許和不允許扣除的項目、允許扣除項目的扣除標準做了較詳細的規定，所以導致計算較為複雜。第三，量能負擔。企業所得稅以納稅人的應稅所得和適用稅率計算得出，所得多的多納稅，所得少的少納稅，體現了稅收的縱向公平。第四，實行按年徵收、分期預繳的徵收管理方法。企業的經營業績通常按年衡量，會計核算也按年進行，所以企業所得稅實行按年度計徵，有利於稅款的徵收管理。

一、納稅義務人

依法在中國境內成立的企業為企業所得稅的納稅人，按照《企業所得稅法》的規定繳納企業所得稅。

第八章　企業所得稅

1. 依法在中國境內成立的企業，不包括個人獨資企業和合夥企業

這裡所稱個人獨資企業、合夥企業，是指依照中國法律、行政法規成立的個人獨資企業、合夥企業。

2. 依照外國（地區）法律成立但實際管理機構在中國境內的企業

企業依據登記註冊地標準與實際管理機構地標準相結合的方法來判定企業的居民身分。企業所得稅的納稅人按照納稅義務的不同，分為居民企業和非居民企業。

居民企業是指，在中國境內依照中國法律、行政法規，或者外國（地區）法律成立，但實際管理機構在中國境內的企業。居民企業負有全面納稅義務，應就其來源於中國境內、境外的所得，按規定稅率繳納企業所得稅。

非居民企業是指，依照外國（地區）法律成立且實際管理機構不在中國境內，但在中國境內設立機構、場所的，或者在中國境內雖未設立機構、場所，但有來源於中國境內所得的企業。

上述機構、場所，是指在中國境內從事生產經營活動的機構、場所，包括：
（1）管理機構、營業機構、辦事機構；
（2）工廠、農場、開採自然資源的場所；
（3）提供勞務的場所；
（4）從事建築、安裝、裝配、修理、勘探等工程作業的場所；
（5）其他從事生產經營活動的機構、場所。

非居民企業委託營業代理人在中國境內從事生產經營活動的，包括委託單位和個人經常代其簽訂合同，或者儲存、交付貨物等，該營業代理人視為非居民企業在中國境內設立的機構、場所。

上述所稱實際管理機構是指，對企業的生產經營、人員、財務、財產等實施實質性全面管理和控制的機構。

二、徵稅對象

企業所得稅的徵稅對象是企業的生產經營所得和其他所得。所得，包括銷售貨物所得、提供勞務所得、轉讓財產所得、股息紅利等權益性投資所得、利息所得、租金所得、特許權使用費所得、接受捐贈所得和其他所得。

居民企業應將來源於中國境內、境外的所得作為徵稅對象。

非居民企業在境內設機構、場所的，就來源於境內的所得及發生在境外但與境內機構、場所有實際聯繫的所得，按規定稅率繳納企業所得稅。

非居民企業在境內未設立機構、場所的，或者雖設有機構、場所，但取得的所得與所設機構、場所沒有實際聯繫的，就來源於中國境內的所得，按20%的稅率（優惠后為10%），繳納企業所得稅。

實際聯繫是指，非居民企業在中國境內設立的機構、場所擁有的據以取得所得

的股權、債權，以及擁有、管理、控製據以取得所得的財產。

　　來源於中國境內所得，是指在中國境內銷售貨物和提供勞務取得的所得，轉讓中國境內財產取得的所得，從中國境內企業分取的股息、紅利等權益性投資收益，在中國境內支付或負擔的利息、租金和特許權使用費，其他所得。

三、稅率

　　企業所得稅稅率是體現國家與企業分配關係的核心要素。稅率設計的原則是兼顧國家、企業、職工個人三者利益，既要保證財政收入的穩定增長，又要使企業在發展生產、經營方面有一定的財力保證；既要考慮到企業的實際情況和負擔能力，又要維護稅率的統一性。

　　企業所得稅實行比例稅率，簡便易行，透明度高，有利於促進效率的提高。

　　（一）基本稅率 25%

　　該稅率適用於居民企業和在中國境內有機構、場所且所得與機構場所有關聯的非居民企業。

　　（二）低稅率 20%

　　該稅率適用於在中國境內不設機構場所的非居民企業，或設立機構場所但所得與境內機構場所沒有實際聯繫的，只就來源於中國境內的所得繳納企業所得稅。符合條件的小型微利企業，減按 20% 的稅率徵收企業所得稅。

　　符合條件的小型微利企業，指從事國家非限制和禁止行業，並符合以下條件：工業企業年度應納稅所得額不超過 30 萬元，從業人數不超過 100 人，資產總額不超過 3,000 萬元；其他企業年度應納稅額不超過 30 萬元，從業人數不超過 80 人，資產總額不超過 1,000 萬元。

　　企業所得稅稅率表如表 8-1 所示。

表 8-1　　　　　　　　　　企業所得稅稅率表

納稅人		徵稅對象		稅率
居民企業		境內、境外所得		25%
非居民企業	設立機構、場所	所得與機構、場所有實際聯繫	境內所得、境外有實際聯繫的所得	25%
非居民企業	設立機構、場所	所得與機構、場所沒有實際聯繫	境內所得	20%（10%）
非居民企業	沒有設立機構、場所	境內所得		20%（10%）

第八章 企業所得稅

第二節 應納稅所得額的計算

企業所得稅的計稅依據是應納稅所得額。應納稅所得額是指企業在每一納稅年度的收入總額，減去準予扣除項目金額后的餘額，其以權責發生制為原則。其計算公式為：

應納稅所得額＝收入總額－不徵稅收入－免稅收入－各項扣除－允許彌補的以前年度虧損

企業應納稅所得額的計算以權責發生制為原則，屬於當期的收入和費用，不論款項是否收付，均作為當期的收入和費用；不屬於當期的收入和費用，即使款項已經在當期收付，均不作為當期的收入和費用。應納稅所得額的正確計算直接關係到國家財政收入和企業稅收負擔，並且同成本、費用核算關係密切。因此，企業所得稅法對應納稅所得額計算做了明確規定，主要內容包括收入總額、扣除範圍及標準、資產的稅務處理、虧損彌補、企業清算等。

一、收入總額

企業的收入總額是指，企業在經營活動中以及通過其他行為取得的各項收入的總和，包括以貨幣形式和非貨幣形式從各種來源取得的收入。貨幣形式，包括現金、存款、應收帳款、應收票據、準備持有至到期的債券投資以及債務的豁免等。非貨幣形式，包括固定資產、生物資產、無形資產、股權投資、存貨、不準備持有至到期的債券投資、勞務以及有關權益等。企業以非貨幣形式取得的收入，應該按照公允價值確定收入額。

（一）收入形式

（1）銷售貨物收入。企業銷售商品、產品、原材料、包裝物、低值易耗品以及其他存貨取得的收入。

（2）提供勞務收入。企業從事建築安裝、修理修配、交通運輸、倉儲租賃、金融保險、郵電通信、諮詢經紀、文化體育、科學研究、技術服務、教育培訓、餐飲住宿、仲介代理、衛生保健、社區服務、旅遊、娛樂、加工以及其他勞務服務活動取得的收入。

（3）轉讓財產收入。企業轉讓固定資產、生物資產、無形資產、股權、債權等財產取得的收入。

（4）股息、紅利等權益性投資收益。企業因權益性投資從被投資方取得的收入。

（5）利息收入。企業將資金提供給他人使用但不構成權益性投資，或者因他人占用本企業資金取得的收入。

(6) 租金收入。企業提供固定資產、包裝物或者其他有形資產的使用權取得的收入。

(7) 特許權使用費收入。企業提供專利權、非專利技術、商標權、著作權，以及其他特許權的使用權取得的收入。

(8) 接受捐贈收入。企業接受的來自其他企業、組織或者個人無償給予的貨幣性資產、非貨幣性資產。

(9) 其他收入。企業取得的除以上收入外的其他收入，包括企業資產溢餘收入、逾期未退還包裝物押金收入、確實無法償付的應付款項、已做壞帳損失處理後又收回的應收款項、債務重組收入、補貼收入、違約金收入、匯兌收益等。

企業發生非貨幣性資產交換，以及將貨物、財產、勞務用於捐贈、贊助、集資、廣告、樣品、職工福利和利潤分配，應當視同銷售貨物、轉讓財產和提供勞務，國務院財政、稅務主管部門另有規定的除外。

(二) 收入的確認

(1) 企業以非貨幣形式取得的收入，應當按公允價值確定收入額。公允價值，是指按市場價格確定的價值。

(2) 股息、紅利等權益性投資收益，除國務院財政、稅務主管部門另有規定外，按照被投資方做出利潤分配決定時間確認收入的實現。

(3) 企業持有到期的長期債券或發放長期貸款取得的利息收入，應當按照實際利率法確認收入的實現。

(4) 租金收入，應當按照合同約定的承租人應付租金的日期確認收入的實現。

(5) 特許權使用費收入，應當按照合同約定的特許權使用人應付特許權使用費的日期確認收入的實現。

(6) 捐贈收入，按照實際收到捐贈資產的日期確認收入的實現。

(7) 企業收到的稅收返還款，應當在實際收到款項時確認收入實現。

(8) 企業已作壞帳損失處理後又收回的應收帳款，應當在收回時確認收入實現。

(9) 企業下列經營業務可以分期確認收入的實現：

①以分期收款方式銷售貨物的，按照合同約定的收款日期確認收入的實現。

②企業委托加工製造大型機械設備、船舶、飛機等，以及從事建築、安裝、裝配工程業務或者提供勞務等，持續時間超過12個月的，按照納稅年度內完工進度或者完成的工作量確認收入的實現。

(10) 採取產品分成方式取得收入的，按照企業分得產品的時間確認收入的實現，其收入額按照產品的公允價值確定。

(11) 除稅收法律、行政法規另有規定的外，企業發生非貨幣性資產交換，將自產的貨物、勞務用於捐贈、贊助、集資、廣告、樣品、職工福利以及利潤分配，應當視同銷售貨物、轉讓財產，按照公允價值確定收入。

第八章　企業所得稅

（三）不徵稅收入

（1）財政撥款，指各級人民政府對納入預算管理的事業單位、社會團體等組織撥付的財政資金，但國務院和國務院財政、稅務管理部門另有規定的除外。

（2）依法收取並納入財政管理的行政事業性收費、政府性基金，對企業依照法律、法規及國務院有關規定收取並上繳財政的政府性基金和行政事業性收費，準予作為不徵稅收入，於上繳財政的當年在計算應納稅所得額時從收入總額中減除；未上繳財政的部分，不得從收入總額中減除。

（3）國務院規定的其他不徵稅收入，指企業依照法律、行政法規等有關規定，代政府收取的具有專項用途的財政資金。

（四）免稅收入

（1）國債利息收入。為鼓勵企業積極購買國債、支援國家建設，稅法規定，企業因購買國債所得的利息收入，免徵企業所得稅。

（2）符合條件的居民企業之間的股息、紅利等權益性收益。居民企業直接投資於其他居民企業取得的投資收益，免徵企業所得稅。

（3）在中國境內設立機構、場所的非居民企業從居民企業取得與該機構、場所有實際聯繫的股息、紅利等權益性投資收益，免徵企業所得稅。該收益不包括連續持有居民企業公開發行並上市流通的股票不足12個月取得的投資收益。

（4）符合條件的非營利組織從事非營利活動取得的收入，免徵企業所得稅。

二、扣除範圍及標準

（一）扣除項目應遵循的原則

企業申報的扣除項目和金額要真實、合法。除稅法另有規定的外，稅前扣除一般遵循以下原則：

（1）權責發生制原則，指企業費用應在發生的所屬期扣除，而不是在實際支付時確認扣除。

（2）配比原則，指企業發生的費用應當與收入配比扣除。除特殊規定外，企業發生的費用不得提前或滯后申報扣除。

（3）相關性原則，指企業可扣除的費用從性質到根源上必須與取得應稅收入直接相關。

（4）確定性原則，指企業可扣除的費用不論何時支付，其金額必須是確定的。

（5）合理性原則，指符合生產經營活動常規，應當計入當期損益或者有關資產成本的必要和正常的支出。

（二）扣除項目的範圍

在計算應稅所得額時準予從收入額中扣除的項目，是指納稅人每一個納稅年度發生的與取得應納稅收入有關的所有必要和正常的成本、費用、稅金及損失。除稅

法、行政法規另有規定的外，企業實際發生的成本、費用、稅金、損失和其他支出，不得重複扣除。

（1）成本，是指企業在生產經營活動中發生的銷售成本、銷貨成本、業務支出以及其他耗費。

（2）費用，是指企業在生產經營活動中發生的銷售費用、管理費用和財務費用，已經計入成本的有關費用除外。

（3）稅金，是納稅人按規定繳納的消費稅、資源稅、關稅、城市維護建設稅、土地增值稅、教育費附加、房產稅、車船稅、城鎮土地使用稅、印花稅等。

（4）損失，是指企業在生產經營活動中發生的固定資產和存貨的盤虧、毀損、報廢損失、轉讓財產損失、呆帳損失、壞帳損失、自然災害等不可抗力因素造成的損失以及其他損失。企業發生的損失，減除責任人賠償和保險賠款後的餘額，依照國務院財政、稅務主管部門的規定扣除。企業已經作為損失處理的資產，在以後納稅年度又全部收回或者部分收回時，應當計入當期收入。

（5）其他支出，是指除成本、費用、稅金、損失外，企業在生產經營活動中發生的與生產經營活動有關的、合理的支出，以及符合財政部、國家稅務總局規定的其他支出。

（三）部分扣除項目的具體範圍和標準

在計算應納稅所得額時，下列項目可按照實際發生額或規定的標準扣除。

（1）工資、薪金支出。企業發生的合理的工資、薪金支出準予據實扣除，包括基本工資、獎金、津貼、補貼、年終加薪、加班工資，以及與任職或者與受雇有關的其他支出。

（2）職工福利費、工會經費、職工教育經費。《企業所得稅法》規定，上述三項經費分別按照工資、薪金總額的14%、2%、2.5%計算扣除。企業發生的職工福利費、工會經費、職工教育經費按標準扣除，未超過標準的按實際數扣除，超過標準的只能按標準扣除。

（3）社會保險費。企業依照國務院有關主管部門或者省級人民政府規定的範圍和標準為職工繳納的五險一金，準予扣除。企業為投資者或者職工支付的補充養老保險費、補充醫療保險費，在國務院財政、稅務主管部門規定的範圍和標準被準予扣除。企業參加財產保險，按照規定繳納的保險費準予扣除，為投資者或職工支付的商業保險，不得扣除。

（4）利息費用。非金融企業向金融企業借款的利息支出、金融企業的各項存款利息支出和同業拆借利息支出、企業經批准發行債券的利息支出可據實扣除；非金融企業向非金融企業借款的利息支出，不超過按照金融企業同期同類貸款利息計算的數額部分可據實扣除，超過部分不允許扣除。

（5）業務招待費。企業發生的與生產經營活動有關的業務招待費支出，按照發生額的60%扣除，最高不得超過當年銷售（營業）收入的0.5%。

第八章 企業所得稅

（6）廣告費和業務宣傳費。企業發生的符合條件的廣告費和業務宣傳費支出，除國務院財政、稅務主管部門另有規定的外，不超過當年銷售（營業）收入15%的部分，準予扣除；超過部分，準予結轉以後納稅年度扣除。

（7）公益性捐贈支出。公益性捐贈支出是指企業通過公益性社會團體或者縣級以上人民政府及其部門，用於《中華人民共和國公益事業捐贈法》規定的公益事業的捐贈。企業發生的公益性捐贈支出，不超過年度利潤總額12%的部分，準予扣除。年度利潤總額是指企業依照國家統一會計制度的規定計算的年度會計利潤。

（8）保險費。企業參加財產保險，按照規定繳納的保險費，準予扣除。

（9）租賃費。以經營租賃方式租入固定資產發生的租賃費支出，按照租賃期限均勻扣除；以融資租賃方式租入固定資產發生的租賃費用支出，按照規定，構成融資租入固定資產價值的部分應當提取折舊費用，分期扣除。

（10）有關資產的費用。企業轉讓各類固定資產發生的費用，允許扣除。企業按規定計算的固定資產折舊費、無形資產和遞延資產的攤銷費，準予扣除。

（11）資產損失。企業當期發生的固定資產和流動資產盤虧、毀損淨損失，由其提供清查盤存資料，經主管稅務機關審核后，準予扣除；企業因存貨盤虧、毀損、報廢等原因不得從銷項稅額中抵扣的進項稅額，應視同企業財產，準予與存貨損失一起在所得稅前按規定扣除。

（12）依照有關法律、行政法規和國家有關稅法規定準予扣除的其他項目，如會員費、合理的會議費、差旅費、違約金、訴訟費等。

（四）不予扣除項目

在計算應納稅所得額時，下列支出不得扣除：

（1）向投資者支付的股息、紅利等權益性投資收益款項。

（2）企業所得稅稅款。

（3）稅收滯納金，是指納稅人違反稅收法規，被稅務機關處以的滯納金。

（4）罰金、罰款和被沒收財物的損失，是指納稅人違反國家法律、法規規定，被有關部門處以的罰款，以及被司法機關處以的罰金和被沒收的財物。

（5）超過規定標準的捐贈支出。

（6）贊助支出，是指企業發生的與生產經營活動無關的各種非廣告性質支出。

（7）未經核定的準備金支出，是指不符合國務院財政、稅務主管部門規定的各項資產減值準備、風險準備等準備金支出。

（8）與取得收入無關的其他支出，指除稅法和條例規定的法定支出之外的，財政部、國家稅務總局規定的與企業取得收入無關的各項支出。

三、資產的稅務處理

企業的各項資產，包括固定資產、生物資產、無形資產、長期待攤費用、投資

資產、存貨等，以歷史成本為計稅依據。歷史成本指企業取得該項資產時實際發生的支出。

企業持有各項資產期間產生資產增值或者減值，除國務院財政、稅務主管部門規定可以確認損益外，不得調整該資產的計稅基礎。

（一）固定資產的稅務處理

固定資產，是企業為了生產產品、提供勞務、出租或者經營管理而持有的、使用時間超過12個月的非貨幣性資產，包括房屋、建築物、機器、機械、運輸工具以及其他與生產經營活動有關的設備、器具、工具等。在計算應納稅所得額時，企業按照規定計算的固定資產折舊，準予扣除。

1. 固定資產的計稅基礎

固定資產按照以下方法確定計稅基礎：

（1）外購的固定資產，以購買價款和支付的相關稅費為計稅基礎；

（2）自行建造的固定資產，以竣工結算前發生的支出為計稅基礎；

（3）融資租入的固定資產，以租賃合同約定的付款總額和承租人在簽訂租賃合同過程中發生的相關費用為計稅基礎，租賃合同未約定付款總額的，以該資產的公允價值和承租人在簽訂租賃合同過程中發生的相關費用為計稅基礎；

（4）盤盈的固定資產，以同類固定資產的重置完全價值為計稅基礎；

（5）通過捐贈、投資、非貨幣性資產交換、債務重組等方式取得的固定資產，以該資產的公允價值和支付的相關稅費為計稅基礎；

（6）改建的固定資產，除《企業所得稅法》規定的企業已足額提取折舊的固定資產的改建支出、租入固定資產的改建支出作為長期待攤費用外，以改建過程中發生的改建支出作為計稅基礎。

2. 不得計提折舊的固定資產

（1）房屋、建築物以外未投入使用的固定資產；

（2）以經營租賃方式租入的固定資產；

（3）以融資租賃方式租出的固定資產；

（4）已足額提取折舊仍繼續使用的固定資產；

（5）與經營活動無關的固定資產；

（6）單獨估價作為固定資產入帳的土地；

（7）其他不得計算折舊扣除的固定資產。

3. 固定資產的折舊方法

固定資產按照直線法計算的折舊，準予扣除。企業應當從固定資產使用年份的次月起計算折舊；停止使用的固定資產，應當從停止使用月份的次月起停止計算折舊。

企業應當根據固定資產的性質和使用情況，合理確定固定資產的預計淨殘值。固定資產的預計淨殘值一經確定，不得變更。

第八章　企業所得稅

4. 固定資產的折舊年限

除國務院財政、稅務主管部門另有規定的外，固定資產計算折舊的最低年限如下：

（1）房屋、建築物，為20年；

（2）飛機、火車、輪船、機器、機械、其他生產設備，為10年；

（3）與生產經營活動有關的器具、工具、家具等，為5年；

（4）飛機、火車、輪船以外的運輸工具，為4年；

（5）電子設備，為3年。

5. 固定資產的改建支出與大修理支出

固定資產的改建支出是指企業改變房屋、建築物結構、延長使用年限等發生的支出。固定資產的改建支出，除稅法規定以外，應當增加該固定資產原值，其中延長固定資產使用年限的，還應當適當延長折舊年限，並相應調整計算折舊。

固定資產的大修理支出，須符合以下條件：

（1）發生的支出達到取得固定資產的計稅基礎50%以上；

（2）發生修理后固定資產的使用壽命延長2年以上；

（3）發生修理后的固定資產生產的產品性能得到實質性改進或市場售價明顯提高、生產成本顯著降低；

（4）其他情況表明發生修理后的固定資產性能得到實質性改進，能夠為企業帶來經濟利益的增加。

固定資產的大修理支出，應當作為長期待攤費用，從費用發生的次月起，分期攤銷，攤銷期限不得少於3年。

6. 固定資產加速折舊

企業的固定資產由於技術進步等原因，確需加速折舊的，可以縮短折舊年限或者採取加速折舊的方法，但有條件限制：

（1）由於技術進步，產品更新換代較快的固定資產；

（2）常年處於強震動、高腐蝕狀態的固定資產。

採取縮短折舊年限方法的，最低折舊年限不得低於稅法規定折舊年限的60%；採取加速折舊方法的，可以採取雙倍餘額遞減法或者年數總和法。

（二）無形資產的稅務處理

無形資產，指企業為生產產品、提供勞務、出租或者經營管理而持有的，沒有實物形態的非貨幣性長期資產，包括專利權、商標權、著作權、土地使用權、非專利技術、商譽等。在計算應納稅所得額時，企業按照規定計算的無形資產攤銷費用，準予扣除。

1. 無形資產的計稅基礎

無形資產按照以下方法確定計稅基礎：

（1）外購的無形資產，以購買價款、支付的相關稅費以及直接歸屬於使該資產

達到預定用途發生的其他支出為計稅基礎；

(2) 自行開發的無形資產，以開發過程中符合資本化條件後至達到預定用途前發生的支出為計稅基礎；

(3) 通過捐贈、投資、非貨幣性資產交換、債務重組等方式取得的無形資產，以該資產的公允價值和支付的相關稅費為計稅基礎。

2. 無形資產的攤銷

無形資產按照直線法計算的攤銷費用，準予扣除。

無形資產的攤銷年限不得低於 10 年。

作為投資或者受讓的無形資產，有關法律規定或者合同約定了使用年限的，可以按照規定或者約定的使用年限分期攤銷。

外購商譽的支出，在企業整體轉讓或者清算時，準予扣除。

3. 不得計算攤銷費用扣除的無形資產

(1) 自行開發的支出已在計算應納稅所得額時扣除的無形資產；

(2) 自創商譽；

(3) 與經營活動無關的無形資產；

(4) 其他不得計算攤銷費用扣除的無形資產。

(三) 長期待攤費用

長期待攤費用是指已經發生但應由本期和以後各期負擔的分攤期限在 1 年以上的各項費用。長期待攤費用，自支出發生月份的次月起，分期攤銷，攤銷年限不得低於 3 年。

在計算應納稅所得額時，企業發生的下列支出作為長期待攤費用，按照規定攤銷的，準予扣除：

(1) 已足額提取折舊的固定資產的改建支出；

(2) 租入固定資產的改建支出；

(3) 固定資產的大修理支出；

(4) 其他應當作為長期待攤費用的支出。

(四) 存貨

存貨是指企業持有以備出售的產品或者商品、處在生產過程中的在產品、在生產或者提供勞務過程中耗用的材料和物料等。

存貨按照以下方法確定成本：

(1) 通過支付現金方式取得的存貨，以購買價款和支付的相關稅費為成本；

(2) 通過支付現金以外的方式取得的存貨，以該存貨的公允價值和支付的相關稅費為成本；

(3) 通過生產性生物資產收穫的農產品，以產出或者採收過程中發生的材料費、人工費和分攤的間接費用等必要支出為成本。

企業使用或者銷售的存貨的成本計算辦法，可以在先進先出法、加權平均法、

第八章　企業所得稅

個別計價法中選用一種。計價方法一經選用，不得隨意更改。

（五）投資資產

投資資產是指企業對外進行權益性投資和債權性投資形成的資產。企業在轉讓或者處置投資資產時，投資資產的成本，準予扣除。

投資資產按照如下方法確定成本：

（1）通過支付現金方式取得的投資資產，以購買價款為成本；

（2）通過支付現金以外的方式取得的投資資產，以該資產的公允價值和支付的相關稅費為成本。

（六）生產性生物資產

生產性生物資產，為生產農產品、提供勞動或者出租等目的持有的生物資產，包括經濟林、薪炭林、產畜和役畜等。

生產性生物資產按照以下方法確定計稅基礎：

（1）外購生產性生物資產，以購買價款和支付的相關稅費為計稅基礎；

（2）通過捐贈、投資、非貨幣性資產交換、債務重組等方式取得的生產性生物資產，以該資產的公允價值和支付的相關稅費為計稅基礎。

生產性生物資產按照直線法計算的折舊，準予扣除。

生產性生物資產計算折舊的最低年限如下：林木類生產性生物資產為 10 年，畜類生產性生物資產為 3 年。

四、虧損彌補

虧損，是指企業依照《企業所得稅法》及其暫行條例的規定，將每一納稅年度的收入總額減除不徵稅收入、免稅收入和各項扣除后小於零的數額。稅法規定，企業每一納稅年度發生的虧損可以用下一年度的所得彌補，下一年的所得不足以彌補的，可以逐年延續彌補，但最長不得超過 5 年。而且，企業在匯總計算繳納企業所得稅時，其境外營業機構的虧損不得抵減境內營業機構的盈利。

企業籌辦期間不計算為虧損年度，企業自開始生產經營的年度，為開始計算企業損益的年度。企業從事生產經營之前進行籌辦活動期間發生的籌辦費支出，不得計算為當期的虧損，企業可以在開始經營之日的當年一次性扣除，也可以按照新稅法有關長期待攤費用的規定處理，但一經選定，不得改變。

稅務機關對企業以前年度納稅情況進行檢查時調增的應納稅所得額，凡企業以前年度發生虧損，且該虧損屬於企業所得稅法規定允許彌補的，應允許調增的應納稅所得額彌補該虧損。彌補該虧損后仍有餘額的，按照企業所得稅法規定計算繳納企業所得稅。

對企業發現以前年度實際發生的、按照稅收規定應在企業所得稅前扣除而未扣除或者少扣除的支出，企業做出專項申報及說明后，準予追補至該項目發生年度計

企業涉稅實務

算扣除，但追補確認期限不得超過5年。

企業由於上述原因多繳的企業所得稅，可以在追補確認年度企業所得稅應納稅款中抵扣，不足以抵扣的，可以向以後年度遞延抵扣或申請退稅。虧損企業追補確認以前年度未在企業所得稅前扣除的支出，或盈利企業經過追補確認后出現虧損的，應首先調整該項支出所屬的虧損額，然后再按照彌補虧損的原則計算以後年度多繳的企業所得稅款，並按前款規定處理。

【例8-1】某企業2011年至2016年的企業所得稅納稅申報表的主表「納稅調整后所得」如表8-1所示。

表8-1　　　　　　　　　　「納稅調整后所得」表

年度	2011	2012	2013	2014	2015	2016
所得額（萬元）	-500	-50	200	-180	-200	500

請分析2016年企業所得稅繳納情況並填寫2011年至2016年的稅前彌補虧損明細。

解析：2013年200萬元所得用以彌補2011年的-500萬元后，還剩下-300萬元未彌補。2016年正好是虧損后的第五年，因此可以用來彌補2011年的-300萬元，剩餘200萬元。2012年、2014年和2015年共虧損430萬元，彌補虧損后還虧損230萬元，因此2016年不用繳納企業所得稅。

2011年至2016年稅前彌補虧損明細的填寫如下：

1. 2011年填表（表8-2）

表8-2　　　　　　　企業所得稅彌補虧損明細表

填報時間：　年　月　日　　金額單位：元（列至角分）

行次	項目	年度	盈利額或虧損額	合併分立企業轉入可彌補虧損額	當年可彌補的所得額	以前年度虧損彌補額					本年度實際彌補的以前年度虧損額	可結轉以後年度彌補的虧損額
						前四年度	前三年度	前二年度	前一年度	合計		
		1	2	3	4	5	6	7	8	9	10	11
1	第一年											—
2	第二年					—						
3	第三年					—	—					
4	第四年					—	—	—				
5	第五年					—	—	—	—			
6	本年	2011	-500		-500							500
7	可結轉以後年度彌補的虧損額合計											500

第八章 企業所得稅

2. 2012 年填表（表 8-3）

表 8-3　　　　　　　　　企業所得稅彌補虧損明細表

填報時間：　　年　月　日　　金額單位：元（列至角分）

行次	項目	年度	盈利額或虧損額	合併分立企業轉入可彌補虧損額	當年可彌補的所得額	以前年度虧損彌補額					本年度實際彌補的以前年度虧損額	可結轉以後年度彌補的虧損額
						前四年度	前三年度	前二年度	前一年度	合計		
			1	2	3	4	5	6	7	8	9	10	11
1	第一年											—
2	第二年				—							
3	第三年				—	—						
4	第四年				—	—	—					
5	第五年	2011	-500		-500							
6	本年	2012	-50		-50	—	—	—	—			500
7	可結轉以後年度彌補的虧損額合計												550

經辦人（簽章）：　　　　　　　　　　　　　　　　法定代表人（簽章）：

3. 2013 年填表（表 8-4）

表 8-4　　　　　　　　　企業所得稅彌補虧損明細表

填報時間：　　年　月　日　　金額單位：元（列至角分）

行次	項目	年度	盈利額或虧損額	合併分立企業轉入可彌補虧損額	當年可彌補的所得額	以前年度虧損彌補額					本年度實際彌補的以前年度虧損額	可結轉以後年度彌補的虧損額
						前四年度	前三年度	前二年度	前一年度	合計		
			1	2	3	4	5	6	7	8	9	10	11
1	第一年											—
2	第二年				—							
3	第三年				—	—						
4	第四年	2011	-500		-500	—	—	0	0	200	300
5	第五年	2012	-50		-50							50
6	本年	2013	200		200						200	
7	可結轉以後年度彌補的虧損額合計												350

企業涉稅實務

4. 2014 年填表（表 8-5）

表 8-5　　　　　　　　　企業所得稅彌補虧損明細表

　　　　　　　　填報時間：　　年　月　日　　金額單位：元（列至角分）

行次	項目	年度	盈利額或虧損額	合併分立企業轉入可彌補虧損額	當年可彌補的所得額	以前年度虧損彌補額					本年度實際彌補的以前年度虧損額	可結轉以後年度彌補的虧損額
						前四年度	前三年度	前二年度	前一年度	合計		
			1	2	3	4	5	6	7	8	9	10	11
1	第一年											—
2	第二年											
3	第三年	2011	-500		-500			200	200	0	300
4	第四年	2012	-50		-50			0	0	0	50
5	第五年	2013	200		200			—	—	0	
6	本年		—	-180		-180			—	—	0	180
7	可結轉以後年度彌補的虧損額合計											530

5. 2015 年填表（表 8-6）

表 8-6　　　　　　　　　企業所得稅彌補虧損明細表

　　　　　　　　填報時間：　　年　月　日　　金額單位：元（列至角分）

行次	項目	年度	盈利額或虧損額	合併分立企業轉入可彌補虧損額	當年可彌補的所得額	以前年度虧損彌補額					本年度實際彌補的以前年度虧損額	可結轉以後年度彌補的虧損額
						前四年度	前三年度	前二年度	前一年度	合計		
			1	2	3	4	5	6	7	8	9	10	11
1	第一年											—
2	第二年	2011	-500		-500		200	0	200	0	300
3	第三年	2012	-50		-50		0	0	0	0	50
4	第四年	2013	200		200						
5	第五年	2014	-180		-180					0	180
6	本年	2015	-200		-200					0	200
7	可結轉以後年度彌補的虧損額合計											730

第八章 企業所得稅

6. 2016 年填表（表 8-7）

表 8-7 　　　　　　　　企業所得稅彌補虧損明細表

填報時間：　　年　月　日　　金額單位：元（列至角分）

行次	項目	年度	盈利額或虧損額	合併分立企業轉入可彌補虧損額	當年可彌補的所得額	以前年度虧損彌補額					本年度實際彌補的以前年度虧損額	可結轉以後年度彌補的虧損額
						前四年度	前三年度	前二年度	前一年度	合計		
			1	2	3	4	5	6	7	8	9	10	11
1	第一年	2011	−500		−500	200	0	0	0	200	300	—
2	第二年	2012	−50		−50	—	0	0	0	0	50	0
3	第三年	2013	200		200	—	—					
4	第四年	2014	−180		−180	—	—	—	0	0	150	30
5	第五年	2015	−200		−200	—	—	—	—			200
6	本年	2016	500		500	—	—	—	—		500	
7	可結轉以後年度彌補的虧損額合計											230

五、企業清算

企業清算，指企業按章程規定解散以及由於破產或其他原因宣布終止經營后，對企業的財產、債權、債務進行全面清查，並進行收取債權、清償債務和分配剩餘財產的經濟活動。依照法律法規、章程協議終止經營或重組中取消獨立納稅人資格的企業，應按照國家有關規定進行清算，並就清算所得計算繳納企業所得稅。

清算所得，指企業的全部資產可變現價值或者交易價格減除資產淨值、清算費用、相關稅費等后的餘額。

投資方企業從被清算企業分得的剩餘資產，其中相當於從被清算企業累計未分配利潤和累計盈餘公積中應當分得的部分，應當確認為股息所得；剩餘資產扣除上述股息所得后的餘額，超過或者低於投資成本的部分，應當確認為投資轉讓所得或者損失。

六、企業應納稅額的計算

（一）居民企業應納稅額的計算

居民企業應繳納所得稅額等於應納稅所得額乘以適用稅率，基本計算公式為：

應納稅額＝應納稅所得額×適用稅率−減免稅額−抵免稅額

【例 8-2】某企業為居民企業，2015 年經營業務如下：

（1）取得銷售收入 2,500 萬元；

企業涉稅實務

（2）銷售成本為 1,100 萬元；

（3）發生銷售費用 670 萬元（其中廣告費 450 萬元），管理費用 480 萬元（其中業務招待費 15 萬元），財務費用 60 萬元；

（4）銷售稅金為 160 萬元（含增值稅 120 萬元）；

（5）營業外收入為 70 萬元，營業外支出為 50 萬元（含通過公益性社會團體向貧困山區捐贈的 30 萬元，支付稅收滯納金 6 萬元）；

（6）計入成本、費用中的實發工資為 150 萬元，撥繳職工工會經費 3 萬元，支出職工福利費和職工教育經費 29 萬元。

要求：計算該企業 2015 年度實際應繳納的企業所得稅。

解析：

（1）會計利潤總額 = 2,500+70-1,100-670-480-60-40-50 = 170（萬元）

（2）準予扣除的廣告費和業務宣傳費 = 2,500×15% = 375（萬元）

應調增應納稅所得額 = 450-375 = 75（萬元）

（3）準予扣除的業務招待費 = 15×60% = 9（萬元）

應調增應納稅所得額 = 15-9 = 6（萬元）

（4）準予扣除的捐贈支出 = 170×12% = 20.4（萬元）

應調增應納稅所得額 = 30-20.4 = 9.6（萬元）

（5）稅收滯納金不允許扣除，應調增應納稅所得額 6 萬元。

（6）準予扣除的三項經費 = 150×（2%+14%+2.5%）= 27.75（萬元）

應調增應納稅所得額 = 3+29-27.75 = 4.25（萬元）

（7）應納稅所得額 = 170+75+6+9.6+6+4.25 = 270.85（萬元）

（8）該企業 2008 年應繳納的企業所得稅 = 270.85×25% = 67.71（萬元）

（二）境外所得稅抵扣稅額的計算

企業取得的下列所得已在境外繳納的所得稅稅額，可以從其當期應納稅額中抵免，抵免限額為該項所得依照本法規定計算的應納稅額；超過抵免限額的部分，可以在以後五個年度內，用每年度抵免限額抵免當年應抵稅額后的餘額進行抵補。

（1）居民企業來源於中國境外的應稅所得；

（2）非居民企業在中國境內設立機構、場所，取得發生在中國境外但與該機構、場所有實際聯繫的應稅所得。

【例 8-3】某居民企業境內應稅所得為 100 萬元，境外應稅所得為 30 萬元。境內稅率為 25%，境外稅率為 20%，求該企業當年應該繳納的企業所得稅。

解析：

應納所得稅 =（100+30）×25%-可抵免稅額

可抵免稅額的計算：

抵免限額 = 30×25% = 7.5（萬元）

境外實納稅額 = 30×20% = 6（萬元）

第八章 企業所得稅

因為境外實納稅額<抵免限額，所以可抵免稅額為境外實納稅額。
應納所得稅＝（100+30）×25%－6＝32.5－6＝26.5（萬元）
如果上例中境外所得稅稅率為30%，則：
應納所得稅＝（100+30）×25%－可抵免稅額
可抵免稅額的計算：
抵免限額＝30×25%＝7.5（萬元）
境外實納稅額＝30×30%＝9（萬元）
因為境外實納稅額大於抵免限額，所以可抵免稅額為抵免限額。
應納所得稅 ＝（100+30）×25% － 7.5＝32.5－7.5＝25（萬元）
當境外實納稅額小於抵免限額（即按中國的稅率計算的應納稅額）時，以上公式中的可抵免稅額為實納稅額；而當境外實納稅額大於抵免限額（即按中國的稅率計算的應納稅額）時，以上公式中的可抵免稅額為抵免限額。

(三) 非居民企業應納稅額的計算

對於在中國境內未設立機構、場所的，或者雖設立機構、場所但取得的所得與其機構、場所沒有實際聯繫的非居民企業的所得，按照下列方法計算其應納稅所得額：

股息、紅利等權益性投資收益和利息、租金、特許權使用費所得，以收入全額為應納稅所得額；

轉讓財產所得，以收入全額減除財產淨值后的餘額為應納稅所得額；

其他所得，參照前兩項規定的方法計算應納稅所得額。

第三節　稅收優惠

稅收優惠，是國家對某一部分特定企業和課稅對象給予減輕或免除稅收負擔的一種措施。稅法規定的企業所得稅的稅收優惠方式包含免稅、減稅、加計扣除、加速折舊、減計收入、稅額抵免等。

一、免徵與減徵優惠

企業的下列所得，可以免徵、減徵企業所得稅。企業如果從事國家限制或禁止發展的項目，不得享受企業所得稅優惠。

(一) 從事農、林、牧、漁業項目所得

1. 免徵部分

(1) 蔬菜、穀物、薯類、油料、豆類、棉花、麻類、水果、堅果的種植；

(2) 農作物新品種選育；

(3) 中藥材種植；
(4) 林木的培育和種植；
(5) 牲畜、家禽飼養；
(6) 林產品採集；
(7) 灌溉、農產品加工、獸醫、農技推廣、農機作業與維修等農業服務項目；
(8) 遠洋捕撈。

2. 減半徵收部分
(1) 花卉、茶及飲料作物、香料作物的種植；
(2) 海水養殖、內陸養殖。

(二) 從事國家重點扶持的公共基礎設施項目投資經營所得

企業所得稅法所稱國家重點扶持的公共基礎設施項目，是指《公共基礎設施項目企業所得稅優惠目錄》規定的港口碼頭、機場、鐵路、公路、電力、水利等項目。

企業從事國家重點扶持的公共基礎設施項目的投資經營的所得，自項目取得第一筆生產經營收入所屬納稅年度起，第一年至第三年免徵企業所得稅，第四年至第六年減半徵收企業所得稅。

企業承包經營、承包建設和內部自建自用本條規定的項目，不得享受本條規定的企業所得稅優惠。

(三) 從事符合條件的環境保護、節能節水項目的所得

符合條件的環境保護、節能節水項目，包括公共污水處理、公共垃圾處理、沼氣綜合開發利用、節能減排技術改造、海水淡化等。

環境保護、節能節水項目的所得，自項目取得第一筆生產經營收入所屬納稅年度起，第一年至第三年免徵企業所得稅，第四年至第六年減半徵收企業所得稅。

在減免期限內轉讓的，受讓方自受讓之日起，可以在剩餘期限內享受規定的減免稅優惠；減免稅期限屆滿后轉讓的，受讓方不得就該項目重複享受減免稅優惠。

(四) 符合條件的技術轉讓所得

一個納稅年度內，居民企業轉讓技術所有權所得不超過 500 萬元的部分，免徵企業所得稅；超過 500 萬元的部分，減半徵收企業所得稅。

二、高新技術企業優惠

國家重點扶持的高新技術企業按 15% 的稅率徵收企業所得稅。

國家需要重點扶持的高新技術企業，是指擁有核心自主知識產權，並同時符合下列條件的企業：產品（服務）屬於《國家重點支持的高新技術領域》規定的範圍，研究開發費用占銷售收入的比例不低於規定比例，高新技術產品（服務）收入占企業總收入的比例不低於規定比例（60%），科技人員占企業職工總數的比例不

第八章　企業所得稅

低於規定比例，高新技術企業認定管理辦法規定的其他條件。

研究開發費用占銷售收入的比例不低於規定比例，且近3個會計年度的研究開發費用占銷售收入總額的比例符合如下要求：最近一年銷售收入小於5,000萬元的企業，比例不低於6%；最近一年銷售收入在5,000萬元至20,000萬元的企業，比例不低於4%；最近一年銷售收入在20,000萬元以上的企業，比例不低於3%。其中，企業在中國境內發生的研究開發費用總額占全部研究開發費用總額的比例不低於60%。企業註冊成立時間不足3年的，按實際經營年限計算。

科技人員占企業職工總數的比例不低於規定比例，是指具有大學專科以上學歷的科技人員占企業當年職工總數的30%以上，其中研發人員占企業當年職工總數的10%以上。

三、小型微利企業優惠

小型微利企業按20%所得稅稅率徵收企業所得稅。小型微利企業的條件如下：

（1）工業企業，年度應納稅所得額不超過30萬元，從業人數不超過100人，資產總額不超過3,000萬元。

（2）其他企業，年度應納稅所得額不超過30萬元，從業人數不超過80人，資產總額不超過1,000萬元。

僅就來源於中國所得負有中國納稅義務的非居民企業不適用上述規定。

四、加計扣除優惠

企業為開發新技術、新產品、新工藝發生的研究開發費用，未形成無形資產計入當期損益的，在據實扣除的基礎上，再按研發費用的50%加計扣除；形成無形資產的，按照無形資產的150%攤銷。

企業安置殘疾人員的，在按照支付給殘疾職工工資據實扣除的基礎上，再按照支付殘疾職工工資的100%加計扣除。

五、創投企業優惠

創投企業從事國家需要重點扶持和鼓勵的創業投資的，可以按投資額的一定比例抵扣應納稅所得額。

創業投資企業採取股權投資方式投資於未上市的中小高新技術企業2年以上的，可以按照其投資額的70%在股權持有滿2年的當年，抵扣該創業投資企業的應納稅所得額；當年不足以抵扣的，可以在以后納稅年度結轉抵扣。

例如，某企業2013年1月1日向另一企業（未上市的中小高新技術企業）投資100萬元，股權持有至2014年12月31日，則甲企業2014年可抵扣應納稅所得額為70萬元。

六、加速折舊優惠

企業的固定資產由於技術進步等原因，確需加速折舊的，可以縮短折舊年限，或者採取加速折舊的方法。可採用以上折舊方法的固定資產是指：由於技術進步，產品更新換代較快的固定資產，常年處於強震動、高腐蝕狀態的固定資產。

採取縮短折舊年限方法的，最低折舊年限不得低於規定折舊年限的60%。

採取加速折舊方法的，可以採用雙倍餘額遞減法或者年數總和法。

七、減計收入優惠

企業綜合利用資源，生產符合國家產業政策規定的產品所取得的收入，按規定稅額的90%計入收入總額。

綜合利用資源，是指企業以《資源綜合利用企業所得稅優惠目錄》規定的資源作為主要原材料，生產國家非限制和禁止並符合國家和行業相關標準的產品。

八、稅額抵免優惠

企業購置並實際使用相關規定的環境保護、節能節水、安全生產等專用設備的，該專用設備的投資額的10%可從企業當年的應納稅額中抵免；當年不足以抵免的，可以在以後5個納稅年度結轉抵免。

享受該優惠的企業，應當實際購置並自身實際投入使用規定的專用設備。

企業購置上述設備在5年內轉讓、出租的，應當停止享受企業所得稅優惠，並補繳已經抵免的企業所得稅稅款。轉讓的受讓方可以按照該專用設備的投資額的10%抵免當年企業所得稅應納稅額；當年應納稅額不足以抵免的，可以在以後5個納稅年度結轉抵免。

企業同時從事不同企業所得稅待遇的項目的，其優惠項目應單獨計算所得，並合理分攤企業的期間費用；沒有單獨計算的，不得享受企業所得稅優惠。

九、民族自治地方的優惠

民族自治地方的自治機關，對本民族自治地方的企業應繳納的企業所得稅中屬於地方分享的部分，可以決定減徵或免徵。自治州、自治縣決定減徵或者免徵的，須報省、自治區、直轄市人民政府批准。

對民族自治地方內從事國家限制和禁止行為的行業，不得減徵或者免徵企業所得稅。

十、非居民企業優惠

非居民企業按10%的所得稅稅率徵收企業所得稅。這裡的非居民企業，是指在

第八章 企業所得稅

中國境內未設立機構、場所，或者雖設立機構、場所但所得與其機構、場所無實際聯繫的企業。

該類非居民企業取得的下列所得免徵企業所得稅：外國政府向中國政府提供貸款取得的利息所得，國際金融組織向中國政府和居民企業提供優惠貸款取得的利息所得，經國務院批准的其他所得。

除以上優惠外，還有關於軟件產業、證券投資產業、基金產業等的相關優惠政策，以及其他優惠政策，不一一贅述。

第四節 企業所得稅納稅申報

一、納稅地點

（一）居民企業的納稅地點

除稅收法律、行政法規另有規定的外，居民企業以企業登記註冊地為納稅地點；但登記註冊地在境外的，以實際管理機構所在地為納稅地點。

居民企業在中國境內設立不具有法人資格的營業機構的，應當匯總計算並繳納企業所得稅。企業匯總計算並繳納企業所得稅時，應當統一核算應納稅所得額，具體辦法由國務院財政、稅務主管部門另行制定。

（二）非居民企業的納稅地點

非居民企業在中國境內設立機構、場所的，以機構、場所所在地為納稅地點。非居民企業在中國境內設立兩個或者兩個以上機構、場所的，經稅務機關審核批准，可以選擇由其主要機構、場所匯總繳納企業所得稅。

在中國境內未設立機構、場所的，或者雖設立機構、場所，但取得的所得與其所設機構、場所沒有實際聯繫的非居民企業，以扣繳義務人所在地為納稅地點。

除國務院另有規定的外，企業之間不得合併繳納企業所得稅。

二、納稅期限

企業所得稅按年計徵，分月或者分季預繳，年終匯算清繳，多退少補。

企業所得稅的納稅年度，自公曆 1 月 1 日起至 12 月 31 日止。企業在一個納稅年度的中間開業，或者由於合併、關閉等原因終止經營活動，使該納稅年度的實際經營期不足 12 個月的，應當以其實際經營期為一個納稅年度。企業清算時，應當以清算期間作為一個納稅年度。

自年度終了之日起 5 個月內，企業應向稅務機關報送年度企業所得稅納稅申請表，並匯算清繳，結清應繳應退稅款。

企業在年度中間終止經營活動的，應當自實際經營終止之日起 60 日內，向稅務

機關辦理當期企業所得稅匯算清繳。

三、納稅申報

按月或按季預繳的，企業應當自月份或者季度終了之日起 15 日內，向稅務機關報送預繳企業所得稅納稅申報表，預繳稅款。

企業在報送企業所得稅納稅申報表時，應當按照規定附送財務會計報告和其他有關資料。納稅人在規定的申報期申報確有困難的，可報經主管稅務機關批准，延期申報。

（一）企業所得稅納稅申報的基本構成

（1）企業所得稅年度納稅申請表（A類）及其附表，該表為查帳徵收的企業所得稅納稅人匯算清繳時填報。

（2）企業所得稅預繳申請表（A類），為查帳徵收的企業所得稅納稅人預繳企業所得稅時填報。

（3）企業所得稅月（季）度預繳納稅申請表（B類），為核定徵收的企業所得稅納稅人繳納企業所得稅時填報。

（4）中華人民共和國企業所得稅扣繳報告表，為企業所得稅扣繳義務人代扣代繳所得稅時填報。

（二）企業所得稅申報的準備事項

（1）做好年終盤點工作，對企業的資產及債權進行盤點核對，對清理出來需報批的財產損失，連同年度內發生的財產損失，及時準備報批材料向主管稅務機關報批。它主要包括：

①自然災害、戰爭、政治事件等不可抗力或者人為管理責任，導致庫存現金、銀行存款、存貨、交易性金融資產、固定資產的損失；

②應收、預付帳款發生的壞帳損失；

③存貨、固定資產、無形資產、長期投資因發生永久或實質性損害而確認的財產損失（注意各項目永久或實質性損害的情形，要充分利用）；

④因被投資方解散、清算等發生的投資損失（不包括轉讓損失）；

⑤按規定可以稅前扣除的各項資產評估損失；

⑥因政府規劃搬遷、徵用等發生的財產損失；

⑦國家規定允許從事信貸業務之外的企業間的直接借款損失。

（2）檢查有無應計未計、應提未提費用，在 12 月份及時做出補提補計，做到應提均提、應計均計。

①檢查固定資產折舊計提情況，無形資產、長期待攤費用攤銷情況，對漏計折舊、漏計攤銷的予以補提補計。

②檢查福利費和職工教育經費計提情況，這兩項費用是法定的可以按計稅工資

第八章　企業所得稅

比例進行稅前扣除的費用，是企業的一項權益，應計提。工會經費不繳納的不用計提。

（3）查閱以前年度的所得稅納稅申報資料（最好建立納稅調整臺帳），查找與本期納稅申報有關係的事項。它主要包括：

①未彌補虧損；

②納稅調整事項，如未攤銷完的開辦費、廣告費等。

（4）對年度帳務進行梳理，整理本年度發生的納稅調整事項，做到心中有數。能通過帳務處理的，最好在年度結帳前進行處理。

（5）注意其他稅種的「匯算清繳」。企業所得稅納稅申報是對帳務進行的一次詳細的梳理過程，其間發現的其他涉稅問題也應一併處理。如視同銷售漏交的增值稅，未按查補繳納的增值稅計繳的城市維護建設稅、教育費附加，未及時申報的印花稅等。稅務機關在對企業所得稅匯算清繳時也會對相關涉稅問題一併檢查並做出處理。

（6）年度中做預繳申報時，在不造成多繳所得稅的情況下，需做納稅調整的盡量做納稅調整。雖然不做納稅調整不構成偷稅，但這樣做的好處一是能及時記錄反映納稅調整事項，二是能及時反映調整后的應納稅所得額。

（7）對於預繳申報時不能及時做納稅調整的事項，應養成及時記錄的習慣。

（8）對於與企業所得稅相關的主要稅務法規，結合最新的此類稅法，每年至少要細讀一遍。

（9）在某些事項的處理上當與主管稅務機關理解不一致或與稅務機關內部人員理解不一致時，宜採用穩妥、保險的處理方法。

（三）納稅申報填寫方法

2014 年國家稅務總局發布的《中華人民共和國企業所得稅年度納稅申請表（A類，2014 年版）》（見表 8-8）第 63 號公告修訂了企業所得稅年度納稅申請表。實施時間為自 2015 年 1 月 1 日起，適用於查帳徵收的企業所得稅納稅人，即實行查帳徵收的企業所得稅納稅人，從 2014 年度企業所得稅匯算清繳開始，適用該申請表。

修訂后的申報表共 41 張，包含 1 張基礎信息表、1 張主表、6 張收入費用明細表、15 張納稅調整表、1 張虧損彌補表、11 張稅收優惠表、4 張境外所得抵免表、2 張匯總納稅表。

表8-8　　中華人民共和國企業所得稅年度納稅申請表（A類）

金額單位：元（列至角分）

行次	類別	項目	金額
1	利潤總額計算	一、營業收入（填寫 A101010\ 101020\ 103000）	
2		減：營業成本（填寫 A102010\ 102020\ 103000）	
3		稅金及附加	
4		銷售費用（填寫 A104000）	
5		管理費用（填寫 A104000）	
6		財務費用（填寫 A104000）	
7		資產減值損失	
8		加：公允價值變動收益	
9		投資收益	
10		二、營業利潤（1-2-3-4-5-6-7+8+9）	
11		加：營業外收入（填寫 A101010\ 101020\ 103000）	
12		減：營業外支出（填寫 A102010\ 102020\ 103000）	
13		三、利潤總額（10+11-12）	
14	應納稅所得額計算	減：境外所得（填寫 A108010）	
15		加：納稅調整增加額（填寫 A105000）	
16		減：納稅調整減少額（填寫 A105000）	
17		減：免稅、減計收入及加計扣除（填寫 A107010）	
18		加：境外應稅所得抵減境內虧損（填寫 A108000）	
19		四、納稅調整后所得（13-14+15-16-17+18）	
20		減：所得減免（填寫 A107020）	
21		減：抵扣應納稅所得額（填寫 A107030）	
22		減：彌補以前年度虧損（填寫 A106000）	
23		五、應納稅所得額（19-20-21-22）	

第八章　企業所得稅

表8-8(續)

行次	類別	項目	金額
24	應納稅額計算	稅率（25%）	
25		六、應納稅所得額（23×24）	
26		減：減免所得稅稅額（填寫 A107040）	
27		減：抵免所得稅稅額（填寫 A107050）	
28		七、應納稅額（25-26-27）	
29		加：境外所得應納所得稅稅額（填寫 A108000）	
30		減：境外所得抵免所得稅稅額（填寫 A108000）	
31		八、實際應納所得稅稅額（28+29-30）	
32		減：本年累計實際已預繳的所得稅稅額	
33		九、本年應補（退）所得稅稅額（31-32）	
34		其中：總機構分攤本年應補（退）所得稅稅額（填寫 A109000）	
35		財政集中分配本年應補（退）所得稅稅額（填寫 A109000）	
36		總機構主體生產經營部門分攤本年應補（退）所得稅稅額（填寫 A109000）	
37	附列資料	以前年度多繳的所得稅稅額在本年抵減額	
38		以前年度應繳未繳在本年入庫的所得稅稅額	

申報基本流程如圖 8-1 所示。

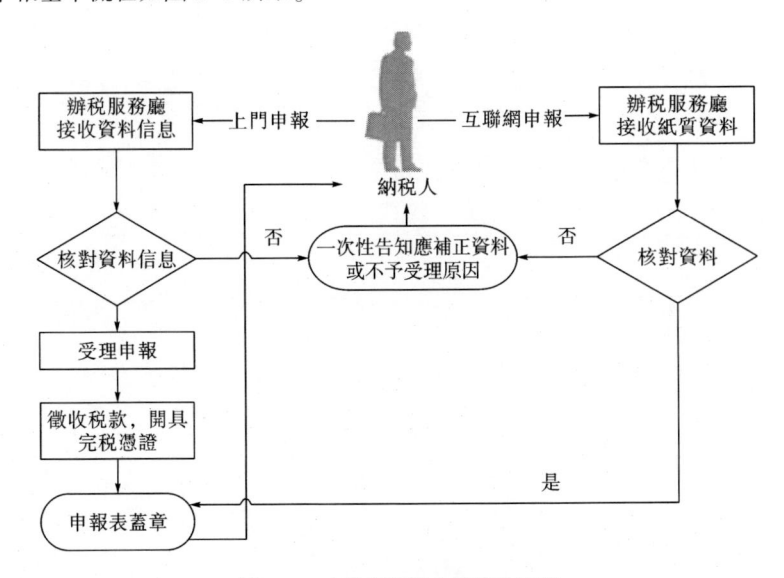

圖 8-1　企業所得稅申報繳納流程

企業涉稅實務

基本規範：

（1）辦稅服務廳接收納稅人申報資料信息，核對資料信息是否齊全，是否符合法定形式，填寫內容是否完整，是否與稅收優惠備案審批信息一致，符合的即時辦結；不符合的當場一次性告知應補正資料或不予受理原因。

（2）為納稅人提供申報納稅辦理指引，輔導納稅人申報納稅，提示納稅人填寫稅收優惠欄目。

（3）對在稅務機關做出特別納稅調整決定前預繳稅款的企業，在收到調整補稅通知書補繳稅款時，按照應補繳稅款所屬年度的先后順序確定已預繳稅款的所屬年度，以預繳入庫日為截止日，分別計算應加收的利息。

（4）納稅人可通過財稅庫銀電子繳稅系統或銀行卡（POS機）等方式繳納稅款，辦稅服務廳應按規定開具完稅憑證。

（5）辦稅服務廳人員在相應申報表上簽名並加蓋業務專用章，一份返還納稅人，一份作為資料歸檔，一份作為稅收會計核算的原始憑證。

（6）在辦稅服務廳或商業密集區提供自助辦稅設備。

第九章　個人所得稅

● 第一節　個人所得稅概述

　　個人所得稅是以自然人取得的各類應稅所得為徵收對象而徵收的一種所得稅，是政府利用稅收對個人收入進行調節的一種手段。個人所得稅的徵稅對象不僅包括個人，還包括具有自然人性質的企業。

　　從世界範圍看，個人所得稅的稅制模式有三種，即分類徵收制、綜合徵收制與混合徵收制。分類徵收制，就是對納稅人不同來源、性質的所得項目，分別按照不同的稅率徵收；綜合徵收制，是對納稅人全年的各項所得加以匯總，就其總額進行徵稅；混合徵收制，是對納稅人不同來源、性質的所得先分別按照不同的稅率徵稅，然后將全年的各項所得進行匯總徵稅。三種不同的徵收模式各有其優缺點。目前，中國個人所得稅的徵收採用的是分類徵收制。個人所得稅在組織財政收入、提高公民納稅意識，尤其在調節個人收入分配差距方面具有重要作用。

一、個人所得稅的納稅義務人

　　個人所得稅的納稅義務人，包括中國公民、個體工商業戶、個人獨資企業、合夥企業投資者、在中國有所得的外籍人員（包括無國籍人員）和中國香港、澳門、臺灣同胞。個人所得稅的納稅義務人依據居所和時間兩個標準可分為居民納稅義務人和非居民納稅義務人。

　　（一）居民納稅人

　　居民納稅人負有無限納稅義務。其所取得的應納稅所得，不管是來源於中國境

內,還是中國境外,都要在中國繳納個人所得稅。根據《中華人民共和國個人所得稅法》(以下簡稱《個人所得稅法》)的規定,居民納稅人是指在中國境內有住所,或者無住所而在中國境內居住滿1年的個人。

居民納稅人包括兩類:

(1) 在中國境內有住所的人。

(2) 無住所而在境內居住滿一年的人。居住滿一年是指在一個納稅年度中在中國境內居住365日,臨時離境的,不扣減日數。臨時離境,是指在一個納稅年度中一次不超過30日或者多次累計不超過90日的離境。

(二) 非居民納稅人

非居民納稅人,指在中國境內無住所又不居住或者在境內居住不滿一年的個人。也就是說,習慣性居住地不在中國境內,而且不在中國居住,或者在一個納稅年度內,在中國境內居住不滿一年的個人。在實踐中,主要是指外籍人員、華僑或中國港、澳、臺同胞。

非居民納稅人只就其來源於中國境內的所得繳納個人所得稅,履行有限納稅義務。

二、個人所得稅的徵稅對象

個人所得稅的徵稅對象是個人取得的應稅所得。《個人所得稅法》列舉的徵稅範圍共有11項,具體包括:工資、薪金所得,個體工商戶的生產、經營所得,對企、事業單位的承包、承租經營所得,勞務報酬所得,稿酬所得,特許權使用費所得,利息、股息、紅利所得,財產租賃所得,財產轉讓所得,偶然所得,經國務院財政部門確定徵稅的其他所得。個人所得稅形式包括現金、實物、有價證券和其他形式的經濟利益。

(一) 工資、薪金所得

(1) 應徵稅的項目:除工資、薪金外,獎金、年終加薪、勞動分紅、津貼、補貼也按工資、薪金繳納個人所得稅。

(2) 不予徵稅或免稅的項目:獨生子女補貼,執行公務員工資制度未納入基本工資總額的補貼、津貼差額和家屬成員的副食補貼,托兒補助費,差旅費津貼、誤餐補助。

3. 特殊規定

(1) 實行內部退養的個人在辦理內部退養手續后至法定離退休年齡之間從原任職單位取得的工資、薪金,按「工資、薪金所得」計徵個人所得稅。辦理內退手續后從原單位取得的一次性收入應按辦理內退手續后至法定離退休年齡之間的所屬月份進行平均,並與領取當月的「工資、薪金」所得合併后減除當月費用扣除標準,以餘額為基數確定適用稅率,再將當月工資、薪金加上取得的一次性收入,減去費

第九章　個人所得稅

用扣除標準，按適用稅率計徵個人所得稅；辦理內退手續后至法定離退休年齡之間重新就業取得的「工資、薪金」所得，應與其從原單位取得的同一月份的「工資、薪金」所得合併，並依法自行向主管稅務機關申報個人所得稅。

（2）退休人員再任職取得的收入，在減除按稅法規定的扣除標準后，按「工資、薪金所得」應稅項目繳納個人所得稅。

（3）公司職工取得的用於購買國有股權的勞動分紅按「工資、薪金」計徵個人所得稅。

（4）以單車承包或承租方式營運，出租車駕駛員從事客貨營運取得的收入按「工資、薪金」計徵個人所得稅。

（5）企業和單位對營銷業績突出的雇員以培訓班、研討會、工作考察等名義組織旅遊活動，通過免收差旅費、旅遊費對個人實行的營銷業績獎勵（包括實物、有價證券等），全額並入營銷人員當期的工資、薪金，按「工資、薪金」計徵個人所得稅。

（二）個體工商戶的生產、經營所得

（1）個體工商戶從事工業、手工業、建築業、交通運輸業、商業、飲食業、服務業、修理業以及其他行業生產、經營取得的所得。

（2）個人經政府有關部門批准，取得執照，從事辦學、醫療、諮詢以及其他有償服務活動取得的所得。

（3）上述個體工商戶及個人取得的與生產經營有關的各項應稅所得。

（4）其他個人從事個體工商業生產、經營取得的所得。

個體工商戶和從事生產經營的個人，取得與生產經營活動無關的其他各項應稅所得應分別按照有關規定，計算徵收個人所得稅。取得銀行存款的利息所得、對外投資取得的股息所得，應按「利息、股息、紅利所得」項目的規定單獨計徵個人所得稅。

（三）對企事業單位的承包、承租經營所得

（1）個人對企事業單位承包、承租經營后，工商登記改變為個體工商戶的，應按個體工商戶的生產、經營所得項目徵收個人所得稅。

（2）個人對企事業單位承包、承租經營后，工商登記仍為企業的，不論分配方式如何，均應先按照企業所得稅的有關規定繳納企業所得稅，然后再根據有關規定繳納個人所得稅。

（四）勞務報酬所得

勞務報酬所得是指個人從事設計、裝潢、安裝、制圖、化驗、測試、醫療、法律、會計、諮詢、講學、新聞、廣播、翻譯、審稿、書畫、雕刻、影視、演出、表演、廣告、展覽、技術服務、介紹服務、經紀服務、代辦服務以及其他勞務取得的所得。

區分勞務報酬所得和工資、薪金所得的重要標準是：是否存在雇傭與被雇傭

關係。

（五）稿酬所得

稿酬所得是指個人因其作品以圖書、報刊形式出版、發表而取得的所得。這裡所說的作品，包括文學作品、書畫作品、攝影作品以及其他作品。作者去世後，財產繼承人取得的遺作稿酬，亦應徵收個人所得稅。

特殊規定：

（1）任職、受雇於報刊等單位的記者、編輯等專業人員，在本單位的報刊上發表作品取得的所得，應與其當月工資收入合併按工資薪金項目徵稅；其他人員在本單位的報刊上發表作品取得的所得，應按稿酬項目徵收個人所得稅。

（2）出版社的專業作者的作品，由本社以圖書形式出版取得的稿費收入按稿酬項目徵收個人所得稅。

（六）特許權使用費所得

特許權使用費所得是指個人提供專利權、商標權、著作權、非專利技術及其他特許權的使用權取得的所得。特許權主要包括以下四種權利：專利權、商標權、著作權、非專利技術。

提供著作權的使用權取得的所得，不包括稿酬的所得，對於作者將自己的文字作品手稿原件或複印件公開拍賣（競價）取得的所得，屬於提供著作權的使用所得，故應按特許權使用費所得項目徵收個人所得稅。

個人取得特許權的經濟賠償收入，應按「特許權使用費所得」應稅項目繳納個人所得稅，稅款由支付賠款的單位或個人代扣代繳。

（七）利息、股息、紅利所得

利息、股息、紅利所得指個人擁有債權、股權而取得的利息、股息、紅利所得。有關規定如下：

（1）個人從銀行及其他儲蓄機構開設的用於支付電話、水、電、煤氣等有關費用，或者用於購買股票等方面的投資、生產經營業務往來結算以及其他用途，取得的利息收入，應依法繳納個人所得稅。稅款由結付利息的儲蓄機構代扣代繳。

（2）個人取得量化資產：對職工個人以股份形式取得的僅作為分紅依據，不擁有所有權的企業量化資產，不徵收個人所得稅；對職工個人以股份形式取得的企業量化資產參與企業分配而獲得的股息、紅利，按「利息、股息、紅利」項目徵收個人所得稅。

（八）財產租賃所得

財產租賃所得指個人出租建築物、土地使用權、機器設備、車船以及其他財產取得的所得。個人取得的財產轉租收入，屬於「財產租賃所得」的徵稅範圍。

房地產開發企業與商店購買者個人簽訂協議，以優惠價格出售其開發的商店給購買者個人，購買者個人在一定期限內必須將購買的商店無償提供給房地產企業對外出租使用。購買者個人少支付的購房價款，按「財產租賃所得」徵稅。

第九章　個人所得稅

（九）財產轉讓所得

財產轉讓所得指個人轉讓有價證券、股權、建築物、土地使用權、機器設備、車船以及其他財產取得的所得。有關具體規定如下：

（1）對股票轉讓所得暫不徵收個人所得稅。

（2）量化資產股份轉讓：集體所有制企業在改制為股份合作制企業時，對職工個人以股份形式取得的擁有所有權的企業量化資產，暫緩徵收個人所得稅；待個人將股份轉讓時，就其轉讓收入額，減除個人取得該股份時實際支付的費用支出和合理轉讓費用后的餘額，按「財產轉讓所得」項目計徵個人所得稅。

（3）個人出售自有住房：

①個人出售自有住房取得的收入應按「財產轉讓所得」項目徵收個人所得稅。

②個人出售已購公有住房，其應納稅所得額為個人出售已購公有住房的銷售價，減除住房面積標準的經濟適用房價款、原支付超過住房面積標準的房價款、向財政或原產權單位繳納的所得收益以及稅法規定的合理費用后的餘額。

③對個人轉讓自用5年以上並且是家庭唯一生活用房取得的所得，繼續免徵個人所得稅。

（十）偶然所得

偶然所得是指個人得獎、中獎以及其他偶然性質的所得。

個人因參加企業的有獎銷售活動而取得的贈品所得，應按「偶然所得」計徵個人所得稅。

（十一）其他所得

根據財政部、國家稅務總局的規定，對超過國家利率支付給儲戶的攬儲獎金，按「其他所得」徵稅。

三、個人所得稅的稅率

個人所得稅本著「稅負從輕、區別對待、分類調節」的原則，規定了超額累進稅率和比例稅率兩種形式，分別從不同個人所得確定了三種適用稅率。

（一）工資、薪金所得

工資、薪金所得適用3%～45%的七級超額累進稅率，如表9-1所示。

表9-1　　　　　　　　工資、薪金所得個人所得稅稅率表

級數	含稅級距	不含稅級距	稅率（%）	速算扣除數
1	不超過1,500元的	不超1,455元的	3	0
2	超過1,500元至4,500元的部分	超過1,455元至4,155元的部分	10	105
3	超過4,500元至9,000元的部分	超過4,155元至7,755元的部分	20	555

表9-1(續)

級數	含稅級距	不含稅級距	稅率(%)	速算扣除數
4	超過9,000元至35,000元的部分	超過7,755元至27,255元的部分	25	1,005
5	超過35,000元至55,000元的部分	超過27,255元至41,255元的部分	30	2,755
6	超過55,000元至80,000元的部分	超過41,255元至57,505元的部分	35	5,505
7	超過80,000元的部分	超過57,505元的部分	45	13,505

註：表中所列含稅級距與不含稅級距，均為按照稅法規定繳納有關費用後的所得額。

（二）個體工商戶的生產經營所得和對企事業單位的承包經營、承租經營所得

個體工商戶的生產經營所得和對企事業單位的承包經營、承租經營所得適用5%~35%的五級超額累進稅率，如表9-2所示。

表9-2　　　　　　　　個體工商戶的生產、經營所得和
對企事業單位的承包經營、承租經營所得個人所得稅稅率表

級數	全年含稅應納稅所得額	全年不含稅應納稅所得額	稅率(%)	速算扣除數
1	不超過15,000元的	不超過14,250元的	5	0
2	超過15,000元至30,000元的部分	超過14,250元至27,750元的部分	10	750
3	超過30,000元至60,000元的部分	超過27,750元至51,750元的部分	20	3,750
4	超過60,000元至100,000元的部分	超過51,750元至79,750元的部分	30	9,750
5	超過100,000元的部分	超過79,750元的部分	35	14,750

註：表中所列含稅級距與不含稅級距，均為按照稅法規定繳納有關費用後的所得額。含稅級距適用於個體工商戶的生產、經營所得和由納稅人負擔稅款的承包經營、承租經營所得；不含稅級距適用於由他人（單位）代付稅款的承包經營、承租經營所得。

（三）其他所得

勞務報酬所得，稿酬所得，特許權使用費所得，財產租賃所得，財產轉讓所得，利息、股息、紅利所得，偶然所得和其他所得，適用20%的比例稅率。

1. 減徵規定

稿酬所得，適用20%的比例稅率，並按應納稅額減徵30%，體現了對稿酬這種知識性勤勞所得的特殊政策。

對個人出租住房取得的所得按10%的稅率徵收個人所得稅。

2. 加成徵稅規定

對勞務報酬所得一次收入畸高的，規定在適用20%稅率徵稅的基礎上，實行加成徵稅辦法。即對個人一次取得勞務報酬，其應納稅所得額超過20,000元以上的部分，按照20%~50%的三級超額累進稅率加成徵收，如表9-3所示。

第九章 個人所得稅

表 9-3　　　　　　　勞務報酬所得個人所得稅稅率表

級距	勞務報酬所得	稅率（%）	稅款加徵
1	不超過 20,000 元部分	20	一成
2	超過 20,000 至 50,000 元部分	30	五成
3	超過 50,000 元部分	40	十成

四、所得來源地的確定

下列所得，不論支付地點是否在中國境內，均為來源於中國境內的所得：

（1）因任職、受雇、履約等而在中國境內提供勞務取得的所得；

（2）將財產出租給承租人在中國境內使用而取得的所得；

（3）轉讓中國境內的建築物、土地使用權等財產或者在中國境內轉讓其他財產取得的所得；

（4）許可各種特許權在中國境內使用而取得的所得；

（5）從中國境內的公司、企業以及其他經濟組織或者個人取得的利息、股息、紅利所得。

五、公益性捐贈與資助的扣除

個人以其所得向教育事業和其他公益事業提供的捐贈（指個人將其所得通過中國境內的社會團體、國家機關向教育和其他社會公益事業以及遭受嚴重自然災害地區、貧困地區提供的捐贈），未超過納稅人申報的應納稅所得額 30% 的部分，可以從其應納稅所得額中扣除。

為鼓勵社會力量資助科研機構、高等院校的研究開發活動，個人以其個人所得（不含偶然所得、經國務院財政部門確定徵稅的其他所得），通過中國境內非營利性的社會團體、國家機關對非關聯的科研機構和高等院校研究開發新產品、新技術、新工藝所發生的研究開發經費的資助，在繳納個人所得稅時，經主管稅務機關審核確定，其資助支出可以全額在下月（工資、薪金所得）或下次（按次計徵的所得）或當年（按年計徵的所得）應納稅所得額中扣除，但不足抵扣的不得結轉抵扣，納稅人直接對科研機構和高等院校提供的資助不允許在稅前扣除。

六、稅收優惠

（一）免稅項目

（1）省級人民政府、國務院部委、中國人民解放軍軍以上單位，以及外國組織頒發的科學、教育、技術、文化、衛生、體育、環境保護等方面的獎金。

（2）國債和國家發行的金融債券利息。這裡所說的國債利息，是指個人持有中

華人民共和國財政部發行的債券而取得的利息所得；所說的國家發行的金融債券利息，是指個人持有經國務院批准發行的金融債券而取得的利息所得。

(3) 按照國家統一規定發給的補貼、津貼，資深院士津貼。

(4) 福利費、撫恤金、救濟金。

(5) 保險賠款。

(6) 軍人的轉業費、復員費。

(7) 按照國家統一規定發給幹部、職工的安家費、退職費、退休工資、離休工資、離休生活補助費。

(二) 減徵個人所得稅的項目

(1) 殘疾、孤老人員和烈屬的所得。

(2) 因嚴重自然災害造成重大損失的。

(3) 其他經國務院財政部門批准減稅的。

(三) 暫時免稅項目

(1) 外籍個人以非現金形式或實報實銷形式取得的住房補貼、伙食補貼、搬遷費、洗衣費。

(2) 外籍個人按合理標準取得的境內外出差補貼。

(3) 外籍個人取得的探親費、語言訓練費、子女教育費等，經當地稅務機關審核批准為合理的部分。可以享受免徵個人所得稅優惠的探親費，僅限於外籍個人在中國的受雇地與其家庭所在地（包括配偶或父母居住地）之間搭乘交通工具，且每年不超過兩次的費用。

(4) 個人舉報、協查各種違法、犯罪行為而獲得的獎金。

(5) 個人辦理代扣代繳稅款手續，按規定取得的扣繳手續費。

(6) 個人轉讓自用達 5 年以上並且是唯一的家庭居住用房取得的所得。

(7) 對按《國務院關於高級專家離休退休若干問題的暫行規定》和《國務院辦公廳關於傑出高級專家暫緩離休審批問題的通知》精神，達到離休、退休年齡，但確因工作需要，適當延長離休、退休年齡的高級專家（指享受國家發放的政府特殊津貼的專家、學者），其在延長離休、退休期間的工資、薪金所得，視同退休工資、離休工資免徵個人所得稅。

(8) 外籍個人從外商投資企業取得的股息、紅利所得。

(9) 凡符合下列條件之一的外籍專家取得的工資、薪金所得可免徵個人所得稅：

①根據世界銀行專項貸款協議由世界銀行直接派往中國工作的外國專家。

②聯合國組織直接派往中國工作的專家。

③為聯合國援助項目來華工作的專家。

④援助國派往中國專為該國無償援助項目工作的專家。

⑤根據兩國政府簽訂文化交流項目來華工作 2 年以內的文教專家，其工資、薪

第九章　個人所得稅

金所得由該國負擔的。

⑥根據中國大專院校國際交流項目來華工作2年以內的文教專家，其工資、薪金所得由該國負擔的。

⑦通過民間科研協定來華工作的專家，其工資、薪金所得由該國政府機構負擔的。

（10）彩票中獎所得，一次中獎收入在1萬元以下的免稅，超過1萬元的全額徵稅。

（11）國有企業職工因企業破產，從破產企業取得的一次性安置費收入，免稅。

第二節　個人所得稅的計算

一、計稅依據

個人所得稅的計稅依據是應納稅所得額。由於個人所得稅的應稅項目不同，並且取得某項所得所需費用也不相同，因此，計算個人應納稅所得額，需按不同應稅項目分項計算。以某項應稅項目的收入額減去稅法規定的該項目費用減除標準後的餘額，為該應稅項目應納稅所得額。

（一）收入的形式

個人取得的應納稅所得包括現金、實物和有價證券。

（二）費用扣除的方法

在計算應納稅所得額時，除特殊項目外，一般允許從個人的應稅收入中減去稅法規定的扣除項目或扣除金額，包括為取得收入所支出的必要的成本或費用，僅就扣除費用后的餘額徵稅。

中國現行的個人所得稅採取分項確定、分類扣除的辦法，根據其所得的不同情況分別實行定額、定率和會計核算三種扣除辦法。對工資、薪金所得採用定額扣除辦法；對個體工商戶的生產、經營所得和對企事業單位承包經營、承租經營所得及財產轉讓所得，涉及生產、經營及有關成本或費用支出的，採取會計核算辦法扣除有關成本、費用或規定的必要費用；對勞務報酬所得、稿酬所得、特許權使用費所得、財產租賃所得，採取定額和定率相結合的扣除辦法；而利息、股息、紅利所得和偶然所得，因不涉及必要費用的支付，所以不得扣除任何費用。

（三）每次收入的確定

（1）勞務報酬所得：只有一次性收入的，以取得該項收入為一次；屬於同一事項連續取得收入的，以一個月內取得的收入為一次。

（2）稿酬所得：以每次出版發表取得的收入為一次；同一作品再版取得的所得，應視作另一次稿酬所得計徵個人所得稅；同一作品在報刊上連載取得收入，以

連載完成后取得的所有收入合併為一次。

（3）特許權使用費所得：以某項使用權的一次轉讓所取得的收入為一次。

（4）財產租賃所得：以一個月內取得的收入為一次。

（5）利息、股息、紅利所得，偶然所得，其他所得：以每次取得的收入為一次。

二、個人所得稅應納稅額的計算

（一）工資、薪金所得應納稅額的計算

1. 一般情況

一般情況下，工資、薪金所得以個人每月收入額固定減除3,500元費用后的餘額為應納稅所得額。計算公式為：

應納稅所得額＝每月工資收入－費用扣除數（3,500）

應納個人所得稅稅額＝應納稅所得額×適用稅率－速算扣除數

【例9-1】王某當月取得工資收入9,000元，當月個人承擔住房公積金、基本養老保險金、醫療保險金、失業保險金共計1,000元，費用扣除額為3,500元。則李某當月應納稅所得額是多少？

解析：

應納稅額＝（9,000－1,000－3,500）×10%－105＝345（元）

對在中國境內無住所而在中國境內取得工資、薪金所得的納稅人和在中國境內有住所而在中國境外取得工資、薪金所得的納稅人，在減除3,500元費用的基礎上，再附加減除1,300元。其計算公式為：

應納稅所得額＝月工資、薪金收入額－4,800

附加減除費用標準為1,300元所適用的具體範圍是：

（1）在中國境內的外商投資企業和外國企業中工作的外籍人員；

（2）應聘在中國境內企事業單位、社會團體、國家機關中工作的外籍專家；

（3）在中國境內有住所而在中國境外任職或者受雇取得工資、薪金所得的個人；

（4）財政部確定的其他人員。

此外，附加減除費用也適用於華僑和中國香港、澳門、臺灣同胞。

【例9-2】某在華工作的外籍專家6月份取得在華公司所發工資、薪金15,000元，計算其應繳納的個人所得稅。

解析：應納稅額＝（15,000－4,800）×25%－1,005＝1,545（元）

2. 特殊情況

（1）關於個人取得全年一次性獎金應納個人所得稅的計算方法。

①如當月工資超過費用扣除標準（夠繳稅標準），則工資、獎金分別計算。

第九章　個人所得稅

即：先將當月取得的全年一次性獎金，除以12個月，按其商數確定適用稅率和速算扣除數。

【例9-3】中國公民張某2016年12月份工資為5,000元，12月份除當月工資以外，還取得全年一次性獎金12,000元。計算張某2016年12月應繳納個人所得稅稅額。

解析：

12月工資應納稅額＝（5,000-3,500）×3%-0＝45（元）

全年一次性獎金的個人所得稅計算：12,000÷12＝1,000（元），適用稅率為3%。

全年一次性獎金應納稅額＝12,000×3%＝360（元）

張某合計應納個人所得稅＝360+45＝405（元）

②當月工資未超過費用扣除標準（不夠繳稅標準）：工資、獎金合併計算。

即：發放年終一次性獎金的當月，雇員當月工資、薪金所得低於稅法規定的費用扣除額，應將全年一次性獎金減除「雇員當月工資、薪金所得與費用扣除額的差額」后的餘額，按上述辦法確定全年一次性獎金的適用稅率和速算扣除數。

【例9-4】王某為中國公民，2016年在中國境內1~12月每月的績效工資為2,500元，12月31日又一次性領取年終獎20,000元（兌現績效工資）。計算王某取得該筆獎金應繳納的個人所得稅。

解析：

該筆獎金適用的稅率和速算扣除數為：

每月獎金平均額＝［20,000-（3,500-2,500）］÷12＝1,583（元）

根據工資、薪金七級超額累進稅率的規定，適用的稅率為10%，速算扣除數為105。

該筆獎金應繳納個人所得稅為：

應納稅額＝［20,000-（3,500-2,500）］×10%-105＝1,795（元）

（2）全年一次性獎金外的各種名目獎金，與當月工資、薪金合併計稅。

【例9-5】職工劉某2016年10月工資為3,600元，另取得季度考勤獎600元。計算其應納個人所得稅稅額。

解析：應納個人所得稅稅額＝（3,600+600-3,500）×3%＝21（元）

（3）對「雙薪制」的計稅方法。

對單獨作為一個月的工資、薪金所得計徵個人所得稅。即：「雙薪」所得原則上不再扣除費用，應全額作為應納稅所得額按適用稅率計算納稅。

取得「雙薪」當月的工資不夠繳稅，工資與雙薪合併；取得「雙薪」當月的工資夠繳稅，工資與雙薪各自計算。

【例9-6】王某為中國公民，2016年在中國境內1~12月每月的工資為4,500元，12月得到雙薪。計算王某12月份應繳納的個人所得稅。

企業涉稅實務

解析：

繳納個人所得稅＝〔（4,500-3,500）×3%〕+（4,500×10%-105）＝375（元）

【例9-7】王某為中國公民，2016年在中國境內1～12月每月的工資為2,500元，12月得到雙薪。計算王某12月份應繳納的個人所得稅。

解析：繳納個人所得稅＝（2,500+2,500-3,500）×3%＝45（元）

（二）個體工商戶的生產、經營所得應納稅額的計算

1. 實行查帳徵收的個體工商戶

對於實行查帳徵收的個體工商戶，其生產、經營的應納稅所得額是每一納稅年度的收入總額，減除成本、費用以及損失後的餘額。計算公式為：

應納稅所得額＝全年收入總額-（成本+費用+損失+準予扣除的稅金）

應納個人所得稅稅額＝應納稅所得額×適用稅率-速算扣除數

投資者的費用扣除標準為42,000元/年（3,500元/月）。投資者工資不得在稅前扣除。

2. 實行核定徵收的個體工商戶

有下列情形之一，採用核定徵收的方式：

（1）按照國家的有關規定應當設置帳簿而未設置帳簿的；

（2）雖設置帳簿，但帳目混亂或者成本資料、收入憑證、費用憑證殘缺不全，難以查帳的；

（3）納稅人發生納稅義務，未按照規定期限辦理納稅申報的，經稅務機關責令限期申報，逾期還不申報的。

（三）企事業單位的承包、承租經營所得應納個人所得稅的計算

企事業單位的承包經營、承租經營所得是指個人承包經營、承租經營以及轉包、轉租，按次取得的工資、薪金性質的所得。企事業單位的承包經營、承租經營所得適用稅率為五級超額累進稅率。必要費用的扣除標準為42,000元/年（3,500元/月），實際減除的是相當於個人的生計費用及其他費用。

企事業單位的承包經營、承租經營所得應納稅額的計算公式為：

應納稅所得額＝每一納稅年度的收入總額-必要費用

＝年度稅後淨利潤+工資-上交的承包費+固定費用

應納稅額＝應納稅所得額×適用稅率-速算扣除數

【例9-8】王某為中國公民，2016年承包經營一個招待所，全年承包收入是80,000元（已扣除上交的承包費），計算王某2016年應繳納的個人所得稅。

解析：應納稅額＝（80,000-3,500×12）×20%-3,750＝3,850（元）

（四）勞務報酬所得應納個人所得稅的計算

勞務報酬所得適用稅率為20%。對勞務收入一次性畸高的可以採用加成徵收的方法。對一次取得勞務報酬應納稅所得額超過20,000元至50,000元的部分，依照稅法規定計算應納稅額后，按照應納稅額加成徵收5成，超過50,000元的部分再加

第九章　個人所得稅

徵 10 成。因此，勞務報酬所得實際實行 20%、30%、40%三級超額累加稅率。

應納稅所得額的計算：

1. 每次勞務報酬收入不足 4,000 元的

$$應納稅所得額＝每次勞務報酬額－800 元$$

2. 每次勞務報酬收入超過 4,000 元的

$$應納稅所得額＝每次勞務報酬額×（1-20\%）$$

【例 9-9】王某利用業餘時間取得一項設計收入 40,000 元，計算該收入應繳納的個人所得稅。

解析：

應納稅所得額＝40,000×（1-20%）＝32,000（元）

應納個人所得稅稅額＝32,000×20%＋（32,000-20,000）×20%×50%＝6,400＋1,200＝7,600（元）

（五）稿酬所得應納稅額的計算

稅法規定，對稿酬所得，按應納稅額減徵 30%，因而實際稅率相當於 14%。

應納稅所得額的確定：

1. 稿酬收入不超過 4,000 元的

$$應納稅所得額＝每次稿酬收入額－800 元$$

2. 每次稿酬收入超過 4,000 元的

$$應納稅所得額＝每次稿酬收入額×（1-20\%）$$

稿酬所得按次計稅，即每次出版、發表取得的收入為一次，稿酬所得適用 20%的比例稅率，並免納 30%的稅額。計算公式為：

$$應納個人所得稅稅額＝應納稅所得額×適用稅率×（1-30\%）$$

【例 9-10】王某在某雜誌上發表一篇文章，獲得稿酬 3,600 元，王某應繳納的個人所得稅是多少？

解析：應納個人所得稅稅額＝（3,600-800）×20%×（1-30%）＝392（元）

若在上例中，孫某本次獲得的稿酬為 6,000 元，則應繳納個人所得稅稅額為：

應納個人所得稅稅額＝6,000×（1-20%）×20%×（1-30%）＝672（元）

（六）特許權使用費所得應納稅額的計算

特許權使用費所得每次收入，是指一項特許權的一次許可使用所取得的收入。納稅人採用同一合同轉讓一項特許權分期（跨月）取得收入的，應合併為一次收入計算應納稅額。

個人取得特許權使用費所得每次收入不超過 4,000 元的，可以扣除費用 800 元；每次收入在 4,000 元以上的，可以扣除 20%的費用，其餘額為應納稅所得額。特許權使用費所得適用 20%的稅率。計算公式為：

$$應納個人所得稅稅額＝應納稅所得額×20\%$$

【例 9-11】某單位高級工程師劉先生於 2016 年 8 月取得特許權使用費收入

187

3,000元,9月又取得一項特許權使用費收入 4,500元。計算劉先生這兩項收入應繳納的個人所得稅。

解析:應納個人所得稅=(3,000-800)×20%+4,500×(1-20%)×20%=1,160(元)

(七)利息、股息、紅利所得應納稅額的計算

利息、股息、紅利所得,是指個人擁有債權、股權而取得的利息、股息、紅利所得。計算繳納個人所得稅的方法是:以每次利息、股息、紅利所得為應納稅所得額,適用20%的稅率。計算公式為:

應納個人所得稅稅額=應納稅所得額×20%

(八)財產租賃所得應納稅額的計算

財產租賃所得一般以個人每次取得的收入,定額或者定率減除規定費用後的餘額為應納稅所得額。每次收入不超過4,000元的,定額減除費用800元,每次收入在4,000元以上的,定率減除20%的費用。財產租賃所得以一個月內取得的收入為一次。

財產租賃應納稅所得額=每次取得財產租賃收入-合理費用-費用扣除標準

財產租賃所得的個人所得稅的適用稅率為20%。但個人按市場價格出租居民住房用於居住取得的所得,暫按10%的稅率徵收個人所得稅。計算公式為:

應納個人所得稅稅額=應納稅所得額×20%

【例9-12】王某2016年2月獲得房屋出租收入8,500元,當月發生修繕費2,000元。依財產租賃所得項目計算王某2月份應納個人所得稅。

應納稅所得額=8,500×(1-20%)-800=6,000(元)

王某2月應納個人所得稅=6,000×10%=600(元)

(九)財產轉讓所得應納稅額的計算

財產轉讓所得,以一次轉讓財產收入額(不管分多少次支付,均應合併為一次轉讓財產收入)減去財產原值和合理費用後的餘額為應納稅所得額。財產轉讓所得應納稅所得額的計算公式為:

應納稅所得額=每次轉讓財產收入額-財產原值-合理費用

【例9-13】王某2016年4月1日將一套居住了4年的普通住房出售,原值30萬元,售價64萬元,售房中發生費用3萬元。計算王某出售房屋應繳納的個人所得稅。

解析:應納個人所得稅=(64-30-3)×20%=6.2(萬元)

(十)偶然所得和其他所得應納稅額的計算

偶然所得,是指個人得獎、中獎以及其他偶然性質的所得。其中,得獎,是指參加各種有獎競賽活動,取得名次獲得的獎金;中獎,是指參加各種有獎活動,如有獎銷售、有獎儲蓄或購買彩票,經過規定程序,抽中、搖中號碼而取得的獎金。

其他所得和偶然所得,適用的個人所得稅稅率為20%。其計算公式為:

應納稅額=應納稅所得額×20%

第九章　個人所得稅

$$=每次收入額\times 20\%$$

（十一）其他所得應納稅所得額的計算

$$應納稅額=應納稅所得額\times 20\%$$

三、個人所得稅的會計處理

（一）代扣代繳個人所得稅

1. 支付工資、薪金代扣代繳個人所得稅的會計核算

支付工資、薪金所得的單位扣繳工資、薪金所得應納的個人所得稅稅款，實際上是個人工資、薪金所得的一部分。計提工資時，借記「管理費用」等科目，貸記「應付職工薪酬」科目；代扣時，借記「應付職工薪酬」科目，貸記「應交稅費——應交個人所得稅」科目；上交代扣的個人所得稅時，借記「應交稅費——應交個人所得稅」科目，貸記「銀行存款」科目。

代扣代繳義務人收到手續費后編制會計分錄為：

借：銀行存款
　貸：應交稅費——應交代扣個人所得稅

然后，衝減企業管理費用，編制會計分錄為：

借：應交稅費——應交代扣個人所得稅
　貸：管理費用

【例 9-14】某企業給員工王某發放月工資 6,000 元，計算企業代扣個人所得稅稅額及進行的帳務處理。

解析：

張某應繳個人所得稅＝（6,000-3,500）×10%-105＝145（元）

（1）企業代扣時

借：應付職工薪酬	6,000
貸：庫存現金或銀行存款	5,855
應交稅費——應交個人所得稅	145

（2）實際繳納時

借：應交稅費——應交個人所得稅	145
貸：銀行存款	145

2. 支付勞務報酬、特許權使用費代扣代繳個人所得稅的會計核算

企業扣繳時借記「管理費用」「無形資產」等帳戶，貸記「應交稅費——應交個人所得稅」「庫存現金」等帳戶。實際繳納時，借記「應交稅費——應交個人所得稅」帳戶，貸記「銀行存款」帳戶。

【例 9-15】中方某企業支付王某一次性工程設計費 42,000 元，企業應代扣代繳個人所得稅 8,080 元。該企業如何進行帳務處理？

解析：

(1) 企業代扣時

借：管理費用 8,080
　　貸：應交稅費——應交個人所得稅 8,080

(2) 實際繳納時

借：應交稅費——應交個人所得稅 8,080
　　貸：銀行存款 8,080

3. 企業支付稿酬代扣代繳個人所得稅的會計核算

企業支付稿酬時借記「生產成本」等帳戶，貸記「應交稅費——應交個人所得稅」「庫存現金」「銀行存款」等帳戶。

實際繳納時，借記「應交稅費——應交個人所得稅」帳戶，貸記「銀行存款」帳戶。

【例9-16】某作家出版專著的稿酬為3萬元，出版社為其代扣代繳個人所得稅3,360元。該出版社如何進行帳務處理？

解析：

(1) 代扣代繳個人所得稅時

借：生產成本 3,360
　　貸：應交稅費——應交個人所得稅 3,360

(2) 實際繳納時

借：應交稅費——應交個人所得稅 3,360
　　貸：銀行存款 3,360

4. 向個人購買財產（財產轉讓）代扣代繳個人所得稅的會計核算

企業向個人購買財產屬於購建企業固定資產項目的，支付的稅金應作為企業購建固定資產的價值組成部分，借記「固定資產」帳戶，貸記「銀行存款」「應交稅費——應交個人所得稅」帳戶。

企業向個人購買資產屬於無形資產項目的，支付的稅金應作為企業取得無形資產的價值組成部分，借記「無形資產」帳戶，貸記「銀行存款」「應交稅費——應交個人所得稅」帳戶。

實際繳納時，借記「應交稅費——應交個人所得稅」帳戶，貸記「銀行存款」帳戶。

5. 向股東支付股利代扣代繳個人所得稅的會計核算

企業經股東大會決定，宣告發放現金股利時，按應支付給股東的現金股利，借記「利潤分配」帳戶，貸記「應付股利」帳戶。

實際支付現金股利時，借記「應付股利」帳戶，貸記「庫存現金」（或銀行存款）、「應交稅費——應交個人所得稅」帳戶。

企業向個人分配股息、利潤，代扣個人所得稅的會計處理：

第九章　個人所得稅

（1）計算應代扣的個人所得稅、支付股息、利潤時
借：應付利潤
　　貸：應交稅費——應交代扣個人所得稅
　　　　庫存現金
（2）繳納稅款時
借：應交稅費——應交代扣個人所得稅
　　貸：銀行存款

（二）自行申報繳納個人所得稅

對採用自行申報繳納個人所得稅的納稅人，除實行查帳徵收的個體工商戶外，一般不單獨進行會計核算，只需保管好按主管稅務機關核定徵收額所繳納的個人所得稅稅票就可以。

實行查帳徵收的個體工商戶，在計算應納個人所得稅時，借記「利潤分配」帳戶，貸記「應交稅費——應交個人所得稅」帳戶。

實際繳納時，借記「應交稅費——應交個人所得稅」帳戶，貸記「銀行存款」帳戶。

（三）代扣代繳手續費的會計處理

根據稅法規定，稅務機關對扣繳義務人按照所扣繳的稅款，付給2%的手續費。扣繳義務人可將其用於代扣代繳費用開支和獎勵代扣代繳工作做得較好的辦稅人員。該費用由稅務機關按月填開收入退還書發給扣繳義務人，扣繳義務人按收入退還書到指定銀行辦理稅款退庫手續。

代扣代繳義務人收到手續費后編制會計分錄為：
借：銀行存款
　　貸：應交稅費——應交代扣個人所得稅
然后，衝減企業管理費用，編制會計分錄為：
借：應交稅費——應交代扣個人所得稅
　　貸：管理費用

● 第三節　個人所得稅的納稅申報與繳納

個人所得稅的納稅辦法，有自行申報和代扣代繳兩種形式。具備自行申報條件的納稅義務人，應按照國家的有關規定辦理納稅申報。同時扣繳義務人也應按照國家的有關規定辦理全員全額扣繳申報。

企業涉稅實務

一、自行申報納稅

（一）自行申報納稅的納稅義務人

符合下列情形的，為自行申報的納稅義務人：

（1）年所得 12 萬元以上的；

（2）從中國境內兩處或兩處以上取得工資薪金所得的；

（3）從中國境外取得所得的；

（4）取得應納稅所得，沒有扣繳義務人的；

（5）國務院規定的其他情形。

（二）自行申報納稅的納稅期限

1. 年所得 12 萬元以上的納稅人

年所得 12 萬元以上的納稅人在年度終了後 3 個月內向主管稅務機關辦理納稅申報。

2. 個體工商戶

（1）帳冊健全的，應在取得納稅所得的次月 7 日內預繳，年度終了後 3 個月內匯算清繳，多退少補。

（2）帳冊不健全的，各地稅務機關按照《稅收徵管法》及其實施細則的有關規定確定。

3. 承包承租經營的企事業單位

（1）年終一次取得收入的，自取得收入之日起 30 日內申報納稅；

（2）年內分次取得收入的，應在取得每次所得後的 7 日內申報預繳，年度終了後 3 個月內匯算清繳，多退少補。

4. 境外所得

（1）年度結稅的，結清稅款後的 30 日內，向中國主管稅務機關申報納稅；

（2）即時減稅或免稅的，自次年 1 月 1 日起的 30 日內，向中國主管稅務機關申報納稅。

5. 個人獨資企業和合夥企業

（1）按年計算，分月或分季預繳的，每月或每季度終了後 7 日內預繳，年度終了後 3 個月內匯算清繳，多退少補；

（2）年度中間合併、分立、終止的，在停止生產經營之日起 60 日內，向主管稅務機關辦理個人所得稅的匯算清繳，以其實際經營期為一個納稅年度；

（3）年度中間開業的，以其實際經營期為一個納稅年度。

（二）納稅地點

《個人所得稅自行納稅申報辦法（試行）》規定：

（1）在中國境內有任職、受雇單位的，向任職、受雇單位所在地主管稅務機關

第九章　個人所得稅

申報。

（2）從兩處或者兩處以上取得工資、薪金所得的，選擇並固定向其中一處單位所在地主管稅務機關申報。

（3）從中國境外取得所得的，向中國境內戶籍所在地主管稅務機關申報。在中國境內有戶籍，但戶籍所在地與中國境內經常居住地不一致的，選擇並固定向其中一地主管稅務機關申報。在中國境內沒有戶籍的，向中國境內經常居住地主管稅務機關申報。

（4）個體工商戶向實際經營所在地主管稅務機關申報。

（5）個人獨資、合夥企業投資者興辦兩個或兩個以上企業的，區分不同情形確定納稅申報地點：

①興辦的企業全部是個人獨資性質的，分別向各企業的實際經營管理所在地主管稅務機關申報。

②興辦的企業中含有合夥性質的，向經常居住地主管稅務機關申報。

③興辦的企業中含有合夥性質的，個人投資者經常居住地與其興辦企業的經營管理所在地不一致的，選擇並固定向其參與興辦的某一合夥企業的經營管理所在地主管稅務機關申報。

（6）除以上情形外，納稅人應當向取得所得所在地主管稅務機關申報。

（三）自行申報方式

自行申報的方式有四種：

（1）本人直接申報納稅。

（2）委託他人申報納稅。

（3）郵寄申報。

（4）網上申報。

二、代扣代繳

（一）扣繳義務人和代扣代繳的範圍

1. 扣繳義務人

凡支付個人應納稅所得的企業（公司）、事業單位、機關、社團組織、軍隊、駐華機構、個體戶等單位或個人，為個人所得稅的扣繳義務人。

2. 代扣代繳的範圍

代扣代繳的範圍是除個體工商戶的生產經營所得外的其他事項內容。

（二）扣繳義務人的義務及應承擔的責任

（1）應按規定履行代扣代繳的義務。

（2）扣繳義務人對納稅人的應扣未扣的稅款，扣繳義務人應承擔未扣稅款 50%以上 3 倍以下的罰款。

（3）代扣代繳期限：扣繳義務人每月所扣的稅款，應在次月7日內入繳國庫。

三、核定徵收

核定徵收是對無法查帳徵收的納稅人所採用的一種徵收方式。

個人所得稅納稅申報表如表9-4、表9-5所示。

表9-4　　　　　　　　個人所得稅自行納稅申報表（A表）

稅款所屬期：自　年　月　日至　年　月　日　　　　金額單位：元（列至角分）

姓名		國籍（地區）		身分證件類型		身分證件號碼															
自行申報情形		□從中國境內兩處或者兩處以上取得工資、薪金所得 □其他情形										□沒有扣繳義務人									
任職受僱單位名稱	所得期間	所得項目	收入額	免稅所得	稅前扣除項目							減除費用	準予扣除的捐贈額	應納稅所得額	稅率(%)	速算扣除數	應納稅額	減免稅額	已繳稅額	應補（退）稅額
					基本養老保險費	基本醫療保險費	失業保險費	住房公積金	財產原值	允許扣除的稅費	其他	合計									
1	2	3	4	5	6	7	8	9	10	11	12	13	14	15	16	17	18	19	20	21	22

謹聲明：此表是根據《中華人民共和國個人所得稅法》及其實施條例和國家相關法律、法規規定填寫的，是真實的、完整的、可靠的。
　　　　　　　　　　　納稅人簽字：　　　　　　　　　　　　　　　　　　年　月　日

代理機構（人）公章： 經辦人： 經辦人執業證件號碼：	主管稅務機關受理專用章： 受理人：
代理申報日期：　年　月　日	受理日期：　年　月　日

國家稅務總局監制

第九章　個人所得稅

填表說明：

1. 適用範圍

本表適用於「從中國境內兩處或者兩處以上取得工資、薪金所得的」「取得應納稅所得，沒有扣繳義務人的」，以及「國務院規定的其他情形」的個人所得稅申報。納稅人在辦理申報時，須同時附報附件2——個人所得稅基礎信息表（B表）。

2. 申報期限

次月十五日內。自行申報納稅人應在此期限內將每月應納稅款繳入國庫，並向稅務機關報送本表。納稅人不能按規定期限報送本表時，應當按照《稅收徵管法》及其實施細則的有關規定辦理延期申報。

3. 本表各欄填寫如下：

（1）表頭項目

①稅款所屬期：是指納稅人取得所得應納個人所得稅稅款的所屬期間，應填寫具體的起止年月日。

②姓名：填寫納稅人姓名。中國境內無住所個人，其姓名應當用中、外文同時填寫。

③國籍（地區）：填寫納稅人的國籍或者地區。

④身分證件類型：填寫能識別納稅人唯一身分的有效證照名稱。

a. 在中國境內有住所的個人，填寫身分證、軍官證、士兵證等證件名稱。

b. 在中國境內無住所的個人，如果稅務機關已賦予18位納稅人識別號的，填寫「稅務機關賦予」；如果稅務機關未賦予的，填寫護照、港澳居民來往內地通行證、臺灣居民來往大陸通行證等證照名稱。

⑤身分證件號碼：填寫能識別納稅人唯一身分的號碼。

a. 在中國境內有住所的納稅人，填寫身分證、軍官證、士兵證等證件上的號碼。

b. 在中國境內無住所的納稅人，如果稅務機關賦予18位納稅人識別號的，填寫該號碼；沒有，則填寫護照、港澳居民來往內地通行證、臺灣居民來往大陸通行證等證照上的號碼。

稅務機關賦予境內無住所個人的18位納稅人識別號，作為其唯一身分識別碼，由納稅人到主管稅務機關辦理初次涉稅事項，或扣繳義務人辦理該納稅人初次扣繳申報時，由主管稅務機關賦予。

⑥自行申報情形：納稅人根據自身情況在對應框內打「√」。

（2）表內各欄

納稅人在填報「從中國境內兩處或者兩處以上取得工資、薪金所得的」時，第1～4列須分行列示各任職受雇單位發放的工薪；同時，另起一行在第4列「收入額」欄填寫上述工薪的合計數，並在此行填寫第5～22列。

納稅人在填報「取得應納稅所得，沒有扣繳義務人的」和「國務院規定的其他情形」時，需分行列示。

第1列「任職受雇單位名稱」：填寫納稅人任職受雇單位的名稱全稱。在多家單位任職受雇的，須分行列示。如果沒有，則不填。

第2列「所得期間」：填寫納稅人取得所得的起止時間。

第3列「所得項目」：按照稅法第二條規定的項目填寫。納稅人取得多項所得時，須分行填寫。

第4列「收入額」：填寫納稅人實際取得的全部收入額。

第5列「免稅所得」：是指稅法第四條規定可以免稅的所得。

第6~13列「稅前扣除項目」：是指按照稅法及其他法律、法規規定，可在稅前扣除的項目。

第6~9列「基本養老保險費、基本醫療保險費、失業保險費、住房公積金」四項，是指按照國家規定，可在個人應納稅所得額中扣除的部分。

第10列「財產原值」：該欄適用於「財產轉讓所得」項目的填寫。

第11列「允許扣除的稅費」：該欄適用於「勞務報酬所得、特許權使用費所得、財產租賃所得和財產轉讓所得」項目的填寫。

①適用「勞務報酬所得」時，填寫勞務發生過程中實際繳納的稅費；

②適用「特許權使用費」時，填寫提供特許權過程中發生的仲介費和相關稅費；

③適用「財產租賃所得」時，填寫修繕費和出租財產過程中發生的相關稅費；

④適用「財產轉讓所得」時，填寫轉讓財產過程中發生的合理稅費。

第12列「其他」：是指法律、法規規定的其他可以在稅前扣除的項目。

第13列「合計」：為各所得項目對應稅前扣除項目的合計數。

第14列「減除費用」：是指稅法第六條規定可以在稅前減除的費用。沒有的，則不填。

第15列「準予扣除的捐贈額」：是指按照稅法及其實施條例和相關稅收政策規定，可以在稅前扣除的捐贈額。

第16列「應納稅所得額」：根據相關列次計算填報。第16列＝第4列－第5列－第13列－第14列－第15列。

第17列「稅率」及第18列「速算扣除數」：按照稅法第三條規定填寫。部分所得項目沒有速算扣除數的，則不填。

第19列「應納稅額」：根據相關列次計算填報。第19列＝第16列×第17列－第18列。

第20列「減免稅額」：是指符合稅法規定可以減免的稅額。其中，納稅人取得「稿酬所得」時，其根據稅法第三條規定可按應納稅額減徵的30%，填入此欄。

第21列「已繳稅額」：是指納稅人當期已實際被扣繳或繳納的個人所得稅稅款。

第22列「應補（退）稅額」：根據相關列次計算填報。第22列＝第19列－第20列－第21列。

表9-5　　　　　　　　　　個人所得稅納稅申報表

（適用於年所得12萬元以上的納稅人申報）

所得年份：　　年　填表日期：　　年　月　日　　　　金額單位：元（列至角分）

納稅人姓名		國籍（地區）		身分證照類型		身分證照號碼	
任職、受雇單位		任職受雇單位稅務代碼		任職受雇單位所屬行業		職務		職業	
在華天數		境內有效聯繫地址			境內有效聯繫地址郵編		聯繫電話	
此行由取得經營所得的納稅人填寫	經營單位納稅人識別號				經營單位納稅人名稱			

第九章　個人所得稅

表9-5(續)

所得項目	年所得額 境內	年所得額 境外	年所得額 合計	應納稅所得額	應納稅額	已繳(扣)稅額	抵扣稅額	減免稅額	應補稅額	應退稅額	備註
1. 工資、薪金所得											
2. 個體工商戶的生產、經營所得											
3. 對企事業單位的承包經營、承租經營所得											
4. 勞務報酬所得											
5. 稿酬所得											
6. 特許權使用費所得											
7. 利息、股息、紅利所得											
8. 財產租賃所得											
9. 財產轉讓所得											
其中：股票轉讓所得				—	—	—	—	—	—	—	
個人房屋轉讓所得											
10. 偶然所得											
11. 其他所得											
合計											

我聲明，此納稅申報表是根據《中華人民共和國個人所得稅法》及有關法律、法規的規定填報的，我保證它是真實的、可靠的、完整的。
　　　　納稅人（簽字）

代理人（簽章）：
聯繫電話：

　　稅務機關受理人（簽字）：　　稅務機關受理時間：　年　月　日　　受理申報稅務機關名稱（蓋章）

填表說明：

1. 本表根據《個人所得稅法》及其實施條例和《個人所得稅自行納稅申報辦法（試行）》制定，適用於年所得12萬元以上納稅人的年度自行申報。

2. 負有納稅義務的個人，可以由本人或者委託他人於納稅年度終了后3個月以內向主管稅務機關報送本表。不能按照規定期限報送本表時，應當在規定的報送期限內提出申請，經當地稅務機關批准，可以適當延期。

3. 填寫本表應當使用中文，也可以同時用中文、外文兩種文字填寫。

4. 本表各欄的填寫說明如下：

（1）所得年份和填表日期：

申報所得年份：填寫納稅人實際取得所得的年度；

填表日期：填寫納稅人辦理納稅申報的實際日期。

(2) 身分證照類型：

填寫納稅人的有效身分證照（居民身分證、軍人身分證、護照、回鄉證等）名稱。

(3) 身分證照號碼：

填寫中國居民納稅人的有效身分證照上的號碼。

(4) 任職、受雇單位：

填寫納稅人的任職、受雇單位名稱。納稅人有多個任職、受雇單位時，填寫受理申報的稅務機關主管的任職、受雇單位。

(5) 任職、受雇單位稅務代碼：

填寫受理申報的任職、受雇單位在稅務機關辦理稅務登記或者扣繳登記的編碼。

(6) 任職、受雇單位所屬行業：

填寫受理申報的任職、受雇單位所屬的行業。其中，行業應按國民經濟行業分類標準填寫，一般填至大類。

(7) 職務：

填寫納稅人在受理申報的任職、受雇單位所擔任的職務。

(8) 職業：

填寫納稅人的主要職業。

(9) 在華天數：

由中國境內無住所的納稅人填寫在稅款所屬期內在華實際停留的總天數。

(10) 境內有效聯繫地址：

填寫納稅人的住址或者有效聯繫地址。其中，中國有住所的納稅人應填寫其經常居住地址。中國境內無住所居民住在公寓、賓館、飯店的，應當填寫公寓、賓館、飯店名稱和房間號碼。

經常居住地，是指納稅人離開戶籍所在地后連續居住一年以上的地方。

(11) 經營單位納稅人識別號、納稅人名稱：

納稅人取得的年所得中含個體工商戶的生產、經營所得和對企事業單位的承包經營、承租經營所得時填寫本欄。

納稅人識別號：填寫稅務登記證號碼。

納稅人名稱：填寫個體工商戶、個人獨資企業、合夥企業名稱，或者承包承租經營的企事業單位名稱。

(12) 年所得額：

填寫在納稅年度內取得相應所得項目的收入總額。年所得額按《個人所得稅自行納稅申報辦法》的規定計算。

各項所得的計算，以人民幣為單位。所得以非人民幣計算的，按照稅法實施條例第四十三條的規定折合成人民幣。

(13) 應納稅所得額：

填寫按照個人所得稅有關規定計算的應當繳納個人所得稅的所得額。

(14) 已繳（扣）稅額：

填寫取得該項目所得在中國境內已經繳納或者扣繳義務人已經扣繳的稅款。

(15) 抵扣稅額：

填寫個人所得稅法允許抵扣的在中國境外已經繳納的個人所得稅稅額。

第九章　個人所得稅

（16）減免稅額：

填寫個人所得稅法允許減徵或免徵的個人所得稅稅額。

（17）同一所得項目按次（月）取得的所得，有未繳或少繳稅款的，填寫在應補稅額欄目；有多繳稅款的，填寫在應退稅額欄目，並附送實際多繳稅款的完稅憑證和相關資料，由主管稅務機關核實后辦理退稅。

（18）本表為A4橫式，一式兩聯，第一聯報稅務機關，第二聯由納稅人留存。

199

第十章　其他銷售稅類實務

● 第一節　城市維護建設稅與教育費附加

一、城市維護建設稅

（一）城市維護建設稅概述

1. 概念

城市維護建設稅是為了擴大和穩定城市維護建設資金來源，對從事工商經營活動的單位和個人，以其實際繳納的增值稅、消費稅稅額為計稅依據（營改增前為增值稅、消費稅、營業稅「三稅」），按照規定的稅率計算徵收的專項用於城市維護建設的一種附加稅（以下簡稱城建稅）。現行城建稅的基本規範，是1985年2月8日國務院發布並於同年1月1日實施的《中華人民共和國城市維護建設稅暫行條例》，以及2010年10月18日國務院發布的《關於統一內外資企業和個人城市建設稅和教育費附加制度的通知》。

2. 特點

城建稅是一種具有受益性質的行為稅，具有以下特點：

（1）徵稅範圍廣。城建稅以增值稅、消費稅為稅基，意味著對所有納稅人都要徵收城建稅，因此徵稅範圍廣。

（2）是一種附加稅。城建稅隨增值稅、消費稅同時附徵，徵管辦法也比對其相關規定辦理。

（3）根據城鎮規模設計稅率，體現稅務公平。

（4）稅款專款專用。城建稅所徵稅款要求保證用於城市的公用事業及公共設施

第十章　其他銷售稅類實務

的維護和建設。

（二）城市維護建設稅的納稅人

城建稅是對從事經營活動，繳納增值稅、消費稅的單位和個人徵收的一種稅。

城建稅納稅人，是繳納增值稅、消費稅的各類企業、單位和個人。自 2010 年 12 月 1 日起，對外商投資企業、外國企業及外籍個人也開始徵收城建稅。

（三）稅率

城建稅的適用稅率按照納稅人所在地的不同，設置了三檔地區差別比例稅率。即：

（1）納稅人所在地為市區的，稅率為 7%；

（2）納稅人所在地為縣城、建制鎮的，稅率為 5%；

（3）納稅人所在地不在市區、縣城或者建制鎮的，稅率為 1%；開採海洋石油資源的中外合作油（氣）田所在地在海上的，其城建稅使用稅率為 1%。

城建稅的適用稅率，應當按納稅人所在地的規定稅率執行。但是，對下列兩種情況，可按繳納主稅種所在地的規定稅率就地繳納城建稅：

第一種情況：由受託方代扣代繳、代收代繳增值稅與消費稅的單位和個人，其代扣代繳、代收代繳的城建稅按受託方所在地適用稅率執行。

第二種情況：流動經營等無固定納稅地點的單位和個人，在經營地繳納增值稅與消費稅的，其城建稅的繳納按經營地適用稅率執行。

（四）應納稅額的計算

城建稅納稅人的應納稅額是由納稅人實際繳納的增值稅與消費稅稅額決定的。其計算公式為：

應納稅額＝納稅人實際繳納的增值稅、消費稅稅額（營改增前還有營業稅）×適用稅率

【例 10-1】位於某市區的一家企業 2016 年 10 月份共繳納增值稅、消費稅和關稅 562 萬元，其中關稅 102 萬元。試計算該企業 10 月份應繳納的城建稅。

解析：關稅不屬於城建稅和教育費附加的計稅依據。該企業位於市區，城建稅稅率適用 7%。

應繳納城建稅＝（562－102）×7%＝32.2（萬元）

（五）城市維護建設稅的會計處理

1. 會計科目的設置

企業應該設置「應交稅費——應交城建稅」帳戶，該帳戶的貸方反映企業按稅法規定計算出的應當繳納的城建稅，借方反映企業實際向稅務機關繳納的城建稅，餘額在貸方，反映企業應繳而未繳的城建稅。

2. 會計處理

按企業會計準則規定，企業按規定計算應該繳納的城建稅，記入「稅金及附加」帳戶，貸記「應交稅費——應交城市維護建設稅」帳戶。

201

企業涉稅實務

(1) 發生業務時

借：主營業務稅金及附加

　　貸：應交稅費——應交城建稅

(2) 繳納時

借：應交稅費——應交城建稅

　　貸：銀行存款

如，【例 10-1】中企業應作如下會計分錄：

借：稅金及附加　　　　　　　　　　　　　　　322,000

　　貸：應交稅費——應交城市維護建設稅　　　　　322,000

（六）稅收優惠

城建稅原則上不單獨減免，但因其附加性質，當主稅發生減免時，城建稅相應地發生稅收減免。具體有以下幾種情況：

(1) 城建稅按減免后實際繳納的增值稅、消費稅稅額計徵，即隨主稅的減免而減免。

(2) 對於因減免而需進行主稅退庫的，城建稅也可同時退庫。

(3) 海關對進口產品代徵的增值稅、消費稅，不徵收城建稅。

(4) 對增值稅、消費稅實行先徵后返、先徵后退、即徵即退辦法的，除另有規定的外，對隨主稅附徵的城建稅和教育費附加，一律不退（返）還。

(5) 為支持國家重大水利工程建設，對國家重大水利工程建設基金免徵城市維護建設稅。

（七）徵收方式

1. 城建稅的納稅期限和納稅地點

按照規定，城建稅應當與增值稅、消費稅同時繳納，自然其納稅期限和納稅地點也與其相同。比如，某施工企業所在地在 A 市，而本期它在 B 市承包工程，按規定應當就其工程結算收入在 B 市繳納增值稅，相應地，也應當在 B 市繳納與增值稅相應的城建稅。

2. 預繳稅款

對於按規定以 1 日、3 日、5 日、10 日、15 日為一期繳納增值稅、消費稅的納稅人，應在按規定預繳該主稅的同時，預繳相應的城建稅。

3. 納稅申報

企業應當於月度終了后在進行增值稅、消費稅申報的同時，進行城建稅的納稅申報。

4. 稅款繳納

對於以一個月為一期繳納增值稅、消費稅的施工企業，應當在繳納當月全部稅額時，同時按照納稅申報表確定的應納稅額全額繳納城建稅。

城市維護建設稅納稅申報表（填寫樣表）如表 10-1 所示。

第十章 其他銷售稅類實務

表 10-1　　　城市維護建設稅納稅申報表（填寫樣表）

填表日期：2016 年 7 月 31 日

納稅人識別號	2301, 1069××××			金額單位：元（列至角分）	
納稅人名稱	哈爾濱市××××有限公司	稅款所屬期間		2016 年 7 月 1 日至 2016 年 7 月 31 日	
計稅依據	計稅金額	稅率	應納稅額	已納稅額	應補（退）稅額
1	2	3	4=2×3	5	6=4-5
增值稅	876,931	7%	61,385.17		
合計	876,931		61,385.17		
如納稅人填報，由納稅人填寫以下各欄			如委託代理人填報，由代理人填寫以下各欄		備註
會計主管（簽章）	納稅人（公章）		代理人名稱	代理人（公章）	
			代理人地址		
			經辦人	電話	
以下由稅務機關填寫					
收到申報表日期				接收人	

二、教育費附加

（一）概念

教育費附加是對繳納增值稅、消費稅的單位和個人，就其實際繳納的稅額為計算依據徵收的一種附加費。（在這裡要明確的是，教育費附加是「費」而不是「稅」，只是國家規定由稅務機關代徵）它是為加快地方教育事業，增加地方教育經費的資金而徵收的一項專用基金。1984 年，國務院頒布了《關於籌措農村學校辦學經費的通知》，開徵了農村教育事業經費附加。1985 年，中共中央做出了《關於教育體制改革的決定》，指出必須在國家增撥教育基本建設投資和教育經費的同時，充分調動企事業單位和其他各種社會力量辦學的積極性，開闢多種渠道籌措經費。為此，國務院於 1986 年 4 月 28 日頒布了《徵收教育費附加的暫行規定》，決定從同年 7 月 1 日開始在全國範圍內徵收教育費附加。

（二）教育費附加的徵收範圍

教育費附加和地方教育附加向繳納增值稅、消費稅（營改增前為增值稅、消費稅、營業稅「三稅」）的單位和個人徵收，以其實際繳納的稅額為計稅依據，分別與增值稅、消費稅同時繳納。

企業涉稅實務

中國自 2010 年 12 月 1 日起，對外商投資企業、外國企業及外籍個人徵收教育費附加，對外資企業 2010 年 12 月 1 日（含）之后發生納稅義務的增值稅、消費稅徵收教育費附加。

（三）徵收計徵比率

教育費附加計徵比率曾幾經變化。目前，按照 1994 年 2 月 7 日《國務院關於教育費附加徵收問題的緊急通知》的規定，現行教育附加徵收比率為 3%。地方教育附加徵收率從 2010 年起統一為 2%。

（四）徵收計算

教育費附加和地方教育費附加的計算公式為：

應納教育費附加或地方教育附加 =（實際繳納的增值稅+消費稅）×徵收比率（3%或 2%）

（五）會計處理

1. 會計科目的設置

企業應該設置「應交稅費——應交教育費附加」帳戶。該帳戶的貸方反映企業按稅法規定計算出的應當繳納的教育費附加，借方反映企業實際向稅務機關繳納的教育費附加，餘額在貸方反映企業應繳而未繳的教育費附加。

2. 會計處理

按企業會計準則規定，企業按規定計算應該繳納的教育費附加，記入「稅金及附加」帳戶，貸記「應交稅費——應交教育費附加」帳戶。

（1）發生業務時

借：稅金及附加
　　貸：應交稅費——應交教育費附加

（2）繳納時

借：應交稅費——應交教育費附加
　　貸：銀行存款

【例 10-2】某企業 2016 年 8 月實際繳納增值稅 60 萬元，應納教育費附加的適用附加率為 3%，地方教育費附加率為 2%。計算該企業當月應納教育費附加並編制會計分錄。

解析：

（1）應納教育費附加 = 60×3% = 1.8（萬元）

應納地方教育費附加 = 60×2% = 1.2（萬元）

（2）會計分錄

月末計提時：

借：稅金及附加	30,000
貸：其他應交款——應交教育費附加	18,000
——應交地方教育費附加	12,000

第十章 其他銷售稅類實務

次月上交時：
借：其他應交款——應交教育費附加　　　　　　　　　　18,000
　　　　　　——應交地方教育費附加　　　　　　　　　12,000
　　貸：銀行存款　　　　　　　　　　　　　　　　　　30,000

（六）申報與繳納

納稅人申報增值稅、消費稅的同時，申報、繳納教育費附加。

海關進口產品徵收增值稅、消費稅，不徵收教育費附加。

教育費附加由地方稅務局負責徵收。

城建稅、教育費附加、地方教育附加稅（費）申報表（填寫樣表）如表 10-2 所示。

表 10-2　城建稅、教育費附加、地方教育附加稅（費）申報表（填寫樣表）

稅款所屬期限：自 2016 年 6 月 1 日至 2016 年 6 月 30 日

納稅人識別號：×××××××××××××××××

填表日期：2016 年 7 月 10 日　　　　　　　　　　　金額單位：元（列至角分）

納稅人信息	名稱	北京市×××商貿有限公司	√單位　□個人	
	登記註冊類型	其他有限責任公司	所屬行業	批發和零售業
	身分證件號碼	350205×××××××××	聯繫方式	5222388

稅（費）種	計稅（費）依據					稅率（徵收率）	本期應納稅（費）額	本期減免稅（費）額		本期已繳稅（費）額	本期應補（退）稅（費）額
	增值稅		消費稅	合計				減免性質代碼	減免額		
	一般增值稅	免抵稅額									
	1	2	3	4=1+2+3		5	6=4×5	7	8	9	10=6-8-9
城建稅	10,000			10,000		7%	700				700
教育費附加	10,000			10,000		3%	300				300
地方教育費附加	10,000			10,000		2%	200				200
—											
合計	—	—					1,200				

以下由納稅人填寫：

納稅人聲明	此納稅申報表是根據《中華人民共和國城市維護建設稅暫行條例》《國務院徵收教育費附加的暫行規定》《財政部關於統一地方教育附加政策有關問題的通知》和國家有關稅收規定填報的，是真實的、可靠的、完整的。		
納稅人簽章	×××	代理人簽章	代理人身分證號

表10-2(續)

以下由稅務機關填寫：						
受理人		受理日期		年　月　日	受理稅務機關簽章	

本表一式兩份，一份納稅人留存，一份稅務機關留存。

減免性質代碼：減免性質代碼按照國家稅務總局制定下發的最新《減免性質及分類表》中的最細項減免性質代碼填報。

第二節　資源稅

資源稅是以特定自然資源為納稅對象的一種稅，就是國家對國有資源，如中國憲法規定的城市土地、礦藏、水流、森林、山嶺、草原、荒地、灘涂等，根據國家的需要，對使用某種自然資源的單位和個人，為取得應稅資源的使用權而徵收的一種稅。

徵收資源稅的作用主要有三個：第一，促進企業之間開展平等競爭；第二，促進對自然資源的合理開發利用；第三，為國家籌集財政資金。

一、資源稅的納稅人與納稅範圍

（一）資源稅的納稅人

《中華人民共和國資源稅暫行條例》規定，資源稅是對在中華人民共和國領域及管轄海域從事應稅礦產品開採和生產鹽的單位和個人課徵的一種稅。資源稅的納稅義務人是指在中華人民共和國領域及管轄海域開採應稅資源的礦產品或者生產鹽的單位和個人。

單位，是指國有企業、集體企業、私有企業、股份制企業、其他企業和行政單位、事業單位、軍事單位、社會團體及其他單位。個人，是指個體經營者及其他個人。其中，其他單位和其他個人包括外商投資企業、外國企業和外籍人員。

（二）資源稅的納稅範圍

（1）原油，指專門開採的天然原油，不包括人造石油。

（2）天然氣，指專門開採或與原油同時開採的天然氣，暫不包括煤礦生產的天然氣。

（3）煤炭，指原煤，不包括洗煤、選煤及其他煤炭製品。

（4）其他非金屬礦原礦，是指上列產品和井礦鹽以外的非金屬礦原礦。

（5）黑色金屬礦原礦，是指納稅人開採后自用、銷售的，用於直接入爐冶煉或作為主產品先入選精礦，製造人工礦，再最終入爐冶煉的金屬礦石原礦。

（6）有色金屬礦原礦，是指納稅人開採后自用、銷售的，用於直接入爐冶煉或

第十章　其他銷售稅類實務

作為主產品先入選精礦，製造人工礦，再最終入爐冶煉的金屬礦石原礦。

（7）鹽，包括固體鹽和液體鹽。固體鹽是指海鹽原鹽、湖鹽原鹽和井礦鹽。液體鹽（俗稱鹵水）是指氯化鈉含量達到一定濃度的溶液，是用於生產鹼和其他產品的原料。

二、資源稅稅率

資源稅採取從價定率或者從量定額的辦法計徵，分別以應稅產品的銷售額乘以納稅人具體適用的比例稅率或者以應稅產品的銷售數量乘以納稅人具體適用的定額稅率計算，實施「級差調節」的原則。級差調節是指運用資源稅對因資源存儲狀況、開採條件、資源優劣、地理位置等客觀存在的差別而產生的資源級差收入，通過實施差別稅額標準進行調節。資源條件好的，稅率、稅額高一些；資源條件差的，稅率、稅額低一些。

資源稅稅目稅率表如表 10-3 所示。

表 10-3　　　　　　　　　　資源稅稅目稅率表

稅目		稅率
一、原油		銷售額的 6%~10%
二、天然氣		銷售額的 6%~10%
三、煤炭		銷售額的 2%~10%
四、其他非金屬礦原礦	普通非金屬礦原礦	每噸或者每立方米 0.5~20 元
	貴重非金屬礦原礦	每千克或者每克拉 0.5~20 元
五、黑色金屬礦原礦		每噸 2~30 元
六、有色金屬礦原礦	稀土礦	每噸 0.4~60 元
	其他有色金屬礦原礦	每噸 0.4~30 元
七、鹽	固體鹽	每噸 10~60 元
	液體鹽	每噸 2~10 元

資源稅具體適用的稅額、稅率是在表 10-3 的幅度範圍中按等級來確定的，等級的劃分，按《中華人民共和國資源稅暫行條例實施細則》所附的《幾個主要品種的礦山資源等級表》執行。

納稅人開採或者生產不同稅目應稅產品的，應當分別核算不同稅目應稅產品的銷售額或者銷售數量；未分別核算或者不能準確提供不同稅目應稅產品的銷售額或者銷售數量的，從高適用稅率。

三、減免稅

資源稅貫徹普遍徵收、級差調節的思想，因此規定的減免稅項目比較少。有下列情形之一的，減徵或者免徵資源稅：

（1）在開採原油過程中用於加熱、修井的原油，免稅。

（2）納稅人在開採或者生產應稅產品過程中，因意外事故或者自然災害等原因遭受重大損失的，由省、自治區、直轄市人民政府酌情決定減稅或者免稅。

（3）鐵礦石資源稅按規定稅額的40%徵收。

（4）尾礦再利用的，不再徵收資源稅。

（5）國務院規定的其他減稅、免稅項目。

四、資源稅的計算

資源稅的應納稅額，按照從價定率或者從量定額的辦法，分別以應稅產品的銷售額乘以納稅人具體適用的比例稅率或者以應稅產品的銷售數量乘以納稅人具體適用的定額稅率計算。

（一）從價計徵資源稅的計算

實行從價計徵的，納稅人開採原油、天然氣、煤炭的以應稅產品的銷售額從價計徵資源稅。

銷售額是指為納稅人銷售應稅產品向購買方收取的全部價款和價外費用，但不包括收取的增值稅銷項稅額。

納稅人以人民幣以外的貨幣計算銷售額的，應當折合成人民幣計算。其銷售額的人民幣折合率可以選擇銷售額發生的當天或者當月1日的人民幣匯率中間價。納稅人應在事先確定採用折合率計算方法，確定後1年內不得變更。

應納資源稅＝應稅產品銷售額×適用稅率

【例10-3】某油田某月銷售原油3,000噸，開具增值稅專用發票取得銷售額20,000萬元，增值稅稅額3,400萬元。按資源稅稅目稅率表的規定，其適用的稅率為8%。計算該油田當月用繳納的資源稅。

解析：應納稅額＝20,000×8%＝1,600（萬元）

（二）從量定額徵收的計算

實行從量定額徵收的，根據應稅產品的課稅數量和規定的單位稅額可以計算應納稅額。

銷售數量，包括納稅人開採或者生產應稅產品的實際銷售數量和視同銷售的自用數量。納稅人不能準確提供應稅產品銷售數量的，以應稅產品的產量或者主管稅務機關確定的折算比換算成的數量為計徵資源稅的銷售數量。

應納資源稅＝應稅產品課稅數量×單位稅額

第十章 其他銷售稅類實務

因無法準確掌握納稅人移送使用原礦數量的，可將其精礦按選礦比折算成原礦數量，以此作為課稅數量。其計算公式為：

選礦比＝精礦數量÷耗用原礦數量

【例10-4】某銅礦廠當年8月銷售銅礦石原礦50,000噸，移送入選精礦6,000噸，選礦比為20%。該礦山按規定適用稅率為12元/噸單位稅額。請計算該礦山8月份應納資源稅稅額。

解析：

（1）外銷銅礦石原礦的應納稅額＝課稅數量×單位稅額＝50,000×12＝600,000（元）

（2）因無法準確掌握入選精礦的原礦數量，按選礦比計算應納稅額：

應納稅額＝入選精礦÷選礦比×單位稅額＝6,000÷20%×12＝360,000（元）

（3）8月應納稅額＝600,000+360,000＝960,000（元）

五、資源稅的會計處理

（一）資源稅的帳戶設置

企業繳納的資源稅，通過「應交稅費——應交資源稅」科目進行核算。該科目貸方反映企業應繳納的資源稅稅額；借方反映企業已經繳納或允許抵扣的資源稅稅額；餘額在貸方，表示企業應繳而未繳的資源稅稅額。

（二）資源稅的會計處理

1. 銷售應稅產品的核算

企業銷售應稅產品時，按規定計算出應稅產品應繳納的資源稅稅額，借記「稅金及附加」科目，貸記「應交稅費——應交資源稅」科目；實際繳納稅款時，借記「應交稅費——應交資源稅」科目，貸記「銀行存款」科目。

【例10-5】某煤礦本月對外銷原煤1,000,000噸，該煤礦的原煤資源稅單位稅額為0.8元/噸，應納資源稅800,000元。則會計處理為：

借：稅金及附加　　　　　　　　　　　　　　800,000
　　貸：應交稅費——應交資源稅　　　　　　　　800,000

2. 發生自用業務時的核算

企業自產自用應稅產品，應在移送使用環節，計算出應繳納的資源稅稅額，借記「生產成本」「製造費用」等科目，貸記「應交稅費——應交資源稅」科目。

3. 收購未稅礦產品的核算

按照稅法規定，收購未稅礦產品的單位為資源稅的扣繳義務人。企業應按收購未稅礦產品實際支付的收購價款以及代扣代繳的資源稅，作為收購礦產品的成本。

收購未稅礦產品時，應按實際支付的收購價款，借記「材料採購」等科目，貸記「銀行存款」等科目；同時按應代扣代繳的資源稅稅額，借記「材料採購」等科

目，貸記「應交稅費——應交資源稅」科目；實際繳納資源稅時，借記「應交稅費——應交資源稅」科目，貸記「銀行存款」科目。

4. 外購液體鹽加工固體鹽的核算

按規定企業外購液體鹽加工固體鹽的，所購入液體鹽繳納的資源稅可以抵扣。

在會計核算中，購入液體鹽時，按所允許抵扣的資源稅，借記「應交稅費——應交資源稅」科目，按外購價款扣除允許抵扣資源稅后的數額，借記「材料採購」等科目，按應支付的全部價款，貸記「銀行存款」「應付帳款」等科目；企業加工成固體鹽后，在銷售時，按計算出的銷售固體鹽應繳的資源稅，借記「稅金及附加」科目，貸記「應交稅費——應交資源稅」科目；將銷售固體鹽應納資源稅扣抵液體鹽已納資源稅后的差額上繳時，借記「應交稅費——應交資源稅」科目，貸記「銀行存款」科目。

六、資源稅的申報繳納

（一）納稅義務發生時間

根據《中華人民共和國資源稅暫行條例》（以下簡稱《資源稅暫行條例》）及實施細則的規定：

（1）納稅人銷售應稅產品，其納稅義務發生時間分三種情況：

①納稅人採取分期收款結算方式的，其納稅義務發生時間，為銷售合同規定的收款日期的當天；

②納稅人採取預收貨款結算方式的，其納稅義務發生時間，為發出應稅產品的當天；

③納稅人採取其他結算方式的，其納稅義務發生時間，為收訖銷售款或者取得索取銷售款憑據的當天。

（2）納稅人自產自用應稅產品的納稅義務發生時間，為移送使用應稅產品的當天。

（3）扣繳人代扣代繳稅款的納稅義務發生時間，為支付貨款的當天。

（二）納稅期限

納稅人據以計算應納資源稅稅額的期限。現行資源稅的納稅期限，由主管稅務機關根據納稅人應納稅額等實際情況分別核定為1日、3日、5日、10日、15日或者1個月。以1個月為一期納稅的，自期滿之日起10日內申報納稅；以1日、3日、5日、10日、15日為一期納稅的，自期滿之日起5日內預繳稅款，於次月1日起10日內申報納稅並結清上月稅款。納稅人不能按固定期限納稅的，經核准可以按次納稅。扣繳義務人解繳稅款的期限，比照上述對納稅人的規定執行。

（三）納稅地點

《資源稅暫行條例》規定，納稅人應繳納的資源稅，應當向應稅產品的開採地

第十章 其他銷售稅類實務

或者生產所在地主管稅務機關繳納。

納稅人在本省、自治區、直轄市內開採或生產應稅產品，其納稅地點需要調整的，由省、自治區、直轄市稅務機關決定。

跨省開採資源稅應稅產品的單位，其下屬生產單位與核算單位不在同一省、自治區、直轄市的，對其開採的礦產品，一律在開採地納稅。其應納稅款由獨立核算、自負盈虧的單位按照開採地的實際銷售量（或者自用量）及適用的單位稅額計算劃撥。

扣繳義務人代扣代繳的資源稅，應當向收購地主管稅務機關繳納。

（四）納稅申報

資源稅納稅申報表如表10-4、表10-5、表10-6、表10-7所示。

表10-4　　　　　　　　　資源稅納稅申報表

根據國家稅收法律、法規及資源稅有關規定制定本表。納稅人不論有無銷售額，均應按照稅務機關核定的納稅期限填寫本表，並向當地稅務機關申報。

稅款所屬時間：自　年　月　日至　年　月　日

填表日期：　年　月　日

納稅人識別號：☐☐☐☐☐☐☐☐☐☐☐☐☐

金額單位：元（列至角分）

納稅人名稱	（公章）		法定代表人姓名		註冊地址		生產經營地址		
開戶銀行及帳號			登記註冊類型		電話號碼				
稅目	子目	折算率或換算比	計量單位	計稅銷售量	計稅銷售額	適用稅率	本期應納稅額	本期減免稅額	本期已繳稅額	本期應補（退）稅額
1	2	3	4	5	6	7	8①=6×7 8②=5×7	9	10	11=8-9-10
合計			—	—	—		—			
授權聲明	如果你已委託代理人申報，請填寫下列資料： 為代理一切稅務事宜，現授權＿＿＿＿（地址）為本納稅人的代理申報人，任何與本申報表有關的往來文件，都可寄此人。 授權人簽字：					申報人聲明	本納稅申報表是根據國家稅收法律、法規及相關規定填寫，我確定它是真實的、可靠的、完整的。 聲明人簽字：			

主管稅務機關：　　　　　　接收人：　　　　　　接收日期：　年　月　日

本表一式兩份，一份納稅人留存，一份稅務機關留存。

211

企業涉稅實務

填表說明：

1. 本表為資源稅納稅申報表主表，適用於繳納資源稅的納稅人填報（另有規定者除外）。本表包括三個附表，分別為資源稅納稅申報表附表（一）、附表（二）、附表（三），由開採或生產原礦類、精礦類稅目的納稅人以及發生減免稅事項的納稅人填寫。除「本期已繳稅額」需要填寫外，納稅人提交附表後，本表由系統自動生成，無須納稅人手工填寫，僅需簽章確認（特殊情況下需要手工先填寫附表，再填寫主表的例外）。

2.「納稅人識別號」：稅務登記證件號碼。「納稅人名稱」：稅務登記證件所載納稅人的全稱。「填表日期」：納稅人申報當日日期。「稅款所屬時間」：納稅人申報的資源稅應納稅額的所屬時間，應填寫具體的起止年、月、日。

3. 第 1 欄「稅目」：是指規定的應稅產品名稱，多個稅目的，可增加行次。

4. 第 2 欄「子目」：反映同一稅目下適用稅率、折算率或換算比不同的明細項目。子目名稱由各省、自治區、直轄市、計劃單列市稅務機關根據本地區實際情況確定。

5. 第 3 欄「折算率或換算比」：反映精礦銷售額折算為原礦銷售額或者原礦銷售額換算為精礦銷售額的比值。除煤炭折算率由納稅人所在省、自治區、直轄市財稅部門或其授權地市級財稅部門確定外，其他應稅產品的折算率或換算比由當地省級財稅部門確定。

6. 第 4 欄「計量單位」：反映計稅銷售量的計量單位，如噸、立方米、千克等。

7. 第 5 欄「計稅銷售量」：反映計徵資源稅的應稅產品銷售數量，包括應稅產品實際銷售和視同銷售兩部分。從價計徵稅目計稅銷售額對應的銷售數量視為計稅銷售量自動導入本欄。計稅銷售量即課稅數量。

8. 第 6 欄「計稅銷售額」：反映計徵資源稅的應稅產品銷售收入，包括應稅產品實際銷售和視同銷售兩部分。

9. 第 7 欄「適用稅率」：從價計徵稅目的適用稅率為比例稅率，如原油資源稅稅率為 6%，即填 6%；從量計徵稅目的適用稅率為定額稅率，如某稅目每立方米 3 元，即填 3。

10. 第 8 欄「本期應納稅額」：反映本期按適用稅率計算繳納的應納稅額。從價計徵稅目應納稅額的計算公式為 8①＝6×7；從量計徵稅目應納稅額的計算公式為 8②＝5×7。

11. 第 9 欄「本期減免稅額」：反映本期減免的資源稅稅額。如不涉及減免稅事項，納稅人不需填寫附表（三），系統會將其「本期減免稅額」默認為 0。

12. 第 10 欄「本期已繳稅額」：填寫本期應納稅額中已經繳納的部分。

13. 第 11 欄「本期應補（退）稅額」：本期應補（退）稅額＝本期應納稅額−本期減免稅額−本期已繳稅額。

14. 中外合作及海上自營油氣田按照《國家稅務總局關於發布<中外合作及海上自營油氣田資源稅納稅申報表>的公告》（2012 年第 3 號）進行納稅申報。

第十章　其他銷售稅類實務

表 10-5　　　　　　　　資源稅納稅申報表附表（一）

（原礦類稅目適用）

納稅人識別號：☐☐☐☐☐☐☐☐☐☐☐☐☐☐☐

納稅人名稱：（公章）

稅款所屬時間：自　　年　　月　　日至　　年　　月　　日　　　　金額單位：元（列至角分）

序號	稅目	子目	原礦銷售額	精礦銷售額	折算率	精礦折算為原礦的銷售額	允許扣減的運雜費	允許扣減的外購礦購進金額	計稅銷售額	計量單位	原礦銷售量	精礦銷售量	平均選礦比	精礦換算為原礦的銷售量	計稅銷售量
	1	2	3	4	5	6=4×5	7	8	9=3+6-7-8	10	11	12	13	14=12×13	15=11+14
1															
2															
3															
4															
5															
6															
7															
8															
合計															

填表說明：

1. 凡開採以原礦為徵稅對象的應稅產品的納稅人需填寫此表。原礦類稅目是指以原礦為徵稅對象的各種應稅產品品目。此表反映計稅銷售額、計稅銷售量的計算過程，並自動導入主表。表中各欄如有發生數額，從價計徵資源稅納稅人均應如實填寫；無發生數額的，應填寫0。如不涉及折算，從價計徵資源稅納稅人將其折算率和平均選礦比填寫為1；不涉及運雜費、外購礦購進金額扣減的，第7、8欄填寫0。從量計徵資源稅納稅人只需填寫原礦銷售量、精礦銷售量和計量單位、平均選礦比（不需要換算的，平均選礦比應填寫1），系統將自動計算出計稅銷售量，本表第3到第9欄不需要填寫。

2. 「稅目」：填寫規定的應稅產品名稱。多個稅目的，可增加行次。煤炭、原油、天然氣、井礦鹽、湖鹽、海鹽等視同原礦類稅目填寫本表。「子目」：同一稅目適用稅率、折算率不同的，作為不同的子目分行填寫。子目名稱由各省、自治區、直轄市、計劃單列市稅務機關根據本地區實際情況確定。

3. 第3欄「原礦銷售額」：填寫納稅人當期應稅原礦產品的銷售額，包括實際銷售和視同銷售兩部分。

4. 第4欄「精礦銷售額」：填寫納稅人當期應稅精礦產品的銷售額，包括實際銷售和視同銷售兩部分。

213

5. 第7欄「允許扣減的運雜費」、第8欄「允許扣減的外購礦購進金額」：填寫根據資源稅現行規定準予扣減的運雜費用、外購礦（即外購已稅產品）購進金額。允許扣減的運雜費和允許扣減的外購礦購進金額，可按當期發生額根據有關規定扣減。當期不足以扣減或未扣減的，可結轉下期扣減。

運雜費和外購礦購進金額需要進行折算的，應按規定折算後作為允許扣減的運雜費和允許扣減的外購礦購進金額。

6. 第10欄「計量單位」：填寫計稅銷售量的計量單位，如噸、立方米、千克等。

7. 本表各應稅產品的銷售量均包括視同銷售數量，但不含外購礦的購進量。應稅產品的銷售量按其增值稅發票等票據註明的數量填寫或計算填寫；發票上未註明數量的，填寫與應稅產品銷售額相應的銷售量。

8. 除煤炭折算率由省級財稅部門或其授權地市級財稅部門確定外，本表中的折算率、平均選礦比均按當地省級財稅部門確定的數值填寫。在用市場法計算折算率時需用到平均選礦比。平均選礦比＝加工精礦耗用的原礦數量÷精礦數量。煤炭平均選礦比的計算公式為：平均選礦比＝1÷平均綜合回收率。平均綜合回收率＝洗選煤數量÷入洗前原煤數量×100%。

9. 通過本表計算的計稅銷售額、計稅銷售量，即為主表相應欄次的計稅銷售額、計稅銷售量。

表 10-6　　　　　　　　　　資源稅納稅申報表附表（二）
（精礦類稅目適用）

納稅人識別號：☐☐☐☐☐☐☐☐☐☐☐☐☐☐☐

納稅人名稱：（公章）

稅款所屬時間：自　　年　月　日至　　年　月　日　　　金額單位：元（列至角分）

序號	稅目	子目	原礦銷售額	精礦銷售額	換算比	原礦換算為精礦的銷售額	允許扣減的運雜費	允許扣減的外購礦購進金額	計稅銷售額	計量單位	原礦銷售量	精礦銷售量	平均選礦比	原礦換算為精礦的銷售量	計稅銷售量
	1	2	3	4	5	6=3×5	7	8	9=4+6-7-8	10	11	12	13	14=11÷13	15=12+14
1															
2															
3															
4															
5															
6															
7															
8															
合計															

第十章　其他銷售稅類實務

填表說明：

1. 凡開採以精礦為徵稅對象的應稅產品的納稅人需填寫此表。精礦類稅目是指以精礦為徵稅對象的各種應稅產品品目。此表反映計稅銷售額、計稅銷售量的計算過程，並自動導入主表。表中各欄如有發生數額，從價計徵資源稅納稅人均應如實填寫；無發生數額的，應填寫 0。如不涉及換算，從價計徵資源稅納稅人應將其換算比和平均選礦比填寫為 1；不涉及運雜費、外購礦購進金額扣減的，第 7、8 欄填寫 0。從量計徵資源稅納稅人只需填寫原礦銷售量、精礦銷售量和計量單位、平均選礦比（不需要換算的，平均選礦比應填寫 1），系統將自動計算出計稅銷售量，本表第 3 到第 9 欄不需要填寫。

2.「稅目」：填寫規定的應稅產品名稱。多個稅目的，可增加行次。

「子目」：同一稅目適用稅率、換算比不同的，作為不同的子目分行填寫。子目名稱由各省、自治區、直轄市、計劃單列市稅務機關根據本地區實際情況確定。以金錠、原礦加工品等為徵稅對象的稅目視同精礦類稅目填寫本表。精礦銷售在欄次 4、12 填寫，原礦或原礦銷售均在欄次 3、11 填寫（納稅人既銷售自採原礦，又銷售自採原礦加工的精礦或粗金，應當分為兩個子目填寫）。單位精礦需要耗用的精礦或原礦數量在欄次 13 填寫。

3. 第 3 欄「原礦銷售額」：填寫納稅人當期應稅原礦產品的銷售額，包括實際銷售和視同銷售兩部分。

4. 第 4 欄「精礦銷售額」：填寫納稅人當期應稅精礦產品的銷售額，包括實際銷售和視同銷售兩部分。

5. 第 7 欄「允許扣減的運雜費」、第 8 欄「允許扣減的外購礦購進金額」：填寫根據資源稅現行規定準予扣減的運雜費用、外購礦（即外購已稅產品）購進金額。允許扣減的運雜費和允許扣減的外購礦購進金額，可按當期發生額根據有關規定扣減。當期不足以扣減或未扣減的，可結轉下期扣減。

運雜費和外購礦購進金額需要進行換算的，應按規定換算后作為允許扣減的運雜費和允許扣減的外購礦購進金額。

6. 第 10 欄「計量單位」：填寫計稅銷售量的計量單位，如噸、立方米、千克等。

7. 本表各應稅產品的銷售量均包括視同銷售數量，但不含外購礦的購進量。應稅產品的銷售量按其增值稅發票等票據註明的數量填寫或計算填寫；發票上未註明數量的，填寫與應稅產品銷售額相應的銷售量。

8. 本表中的換算比、平均選礦比按當地省級財稅部門確定的數值填寫。在用市場法計算換算比時需用到平均選礦比。平均選礦比＝加工精礦耗用的原礦數量÷精礦數量。

9. 通過本表計算的計稅銷售額、計稅銷售量，即為主表相應欄次的計稅銷售額、計稅銷售量。

企業涉稅實務

表 10-7　　　　　　　　　　資源稅納稅申報表附表（三）
　　　　　　　　　　　　　　　　（減免稅明細）

納稅人識別號：☐☐☐☐☐☐☐☐☐☐☐☐☐☐☐

納稅人名稱：（公章）

稅款所屬時間：自　　年　　月　　日至　　年　　月　　日　　金額單位：元（列至角分）

序號	稅目	子目	減免項目名稱	計量單位	減免稅銷售量	減免稅銷售額	適用稅率	減免性質代碼	減徵比例	本期減免稅額
	1	2	3	4	5	6	7	8	9	10①=6×7×9 10②=5×7×9
1										
2										
3										
4										
5										
6										
7										
8										
	合計			—			—		—	

填表說明：

1. 本附表適用於有減免資源稅項目的納稅人填寫。如不涉及減免稅事項，納稅人不需填寫本附表，系統會將其「本期減免稅額」默認為 0。

2. 「納稅人識別號」填寫稅務登記證件號碼。「納稅人名稱」填寫稅務登記證件所載納稅人的全稱。

3. 第 1 欄「稅目」：填寫規定的應稅產品名稱。多個稅目的，可增加行次。

4. 第 2 欄「子目」：同一稅目適用的減免性質代碼、稅率不同的，視為不同的子目，按相應的計稅銷售額分行填寫。

5. 第 3 欄「減免項目名稱」：填寫現行資源稅規定的減免項目名稱，如符合條件的衰竭期礦山、低品位礦等。

6. 第 4 欄「計量單位」：填寫計稅銷售量的計量單位，如噸、立方米、千克等。

7. 第 5 欄「減免稅銷售量」：填寫減免資源稅項目對應的應稅產品銷售數量，由從量定額計徵資源稅的納稅人填寫。減免稅銷售量需要通過平均選礦比換算的，應在換算後填寫。

8. 第 6 欄「減免稅銷售額」：填寫減免資源稅項目對應的應稅產品銷售收入，由從價定率計徵資源稅的納稅人填寫。減免稅銷售額需要折算或換算的，應在折算或換算後填寫。

9. 第 7 欄「適用稅率」：從價計徵稅目的適用稅率為比例稅率，如原油資源稅稅率為 6%，即填 6%；從量計徵稅目的適用稅率為定額稅率，如某稅目每立方米 3 元，即填 3。

10. 第 8 欄「減免性質代碼」：填寫規定的減免性質代碼。

第十章　其他銷售稅類實務

11. 第9欄「減徵比例」：填寫減免稅額占應納稅額的比例。免稅項目的減徵比例按100%填寫。原油、天然氣資源稅按綜合減徵比例填寫，其減徵比例計算公式為：減徵比例＝（綜合減徵率÷適用稅率）×100%，綜合減徵率＝適用稅率－實際徵收率。

12. 第10欄「本期減免稅額」：填寫本期應納稅額中按規定應予以減免的部分。從價定率計徵資源稅的納稅人適用的計算公式為：本期減免稅額＝減免稅銷售額×適用稅率×減徵比例。從量定額計徵資源稅的納稅人適用的計算公式為：本期減免稅額＝減免稅銷售量×適用稅率×減徵比例。本期減免稅額由系統自動導入資源稅納稅申報表。

● 第三節　土地增值稅

土地增值稅是對有償轉讓國有土地使用權以及地上建築物和其他附著物產權，取得增值收入的單位和個人徵收的一種稅。徵收土地增值稅增強了政府對房地產開發和交易市場的調控，有利於抑制炒買炒賣土地獲取暴利的行為，也增加了國家財政收入。現行土地增值稅規範是1993年的《中華人民共和國土地增值稅暫行條例》（以下簡稱《土地增值稅暫行條例》）和1995年財政部發布的《中華人民共和國土地增值稅暫行條例實施細則》（以下簡稱《實施細則》）。

土地增值稅具有以轉讓房地產取得的增值額為徵稅對象、徵稅面廣、採用扣除法和評估法計算增值額、超率累進稅率，並實行按次徵收的特點。開徵土地增值稅，是國家運用稅收手段規範房地產市場秩序，合理調節土地增值收益分配，維護國家權益，促進房地產業健康發展的重要舉措。

一、土地增值稅的納稅人與納稅範圍

（一）土地增值稅的納稅人

土地增值稅的納稅人為轉讓國有土地使用權及地上建築物和其他附著物產權，並取得收入的單位和個人。其中包括在中國境內以出售或者其他方式有償轉讓國有土地使用權、地上建築物（包括地上、地下的各種附屬設施）及其附著物（以下簡稱轉讓房地產）並取得收入的國有企業、集體企業、私營企業、外商投資企業、外國企業、外國機構、股份制企業、其他企業、行政單位、事業單位、社會團體、其他單位、個體經營者和其他個人。

（二）土地增值稅的納稅範圍

土地增值稅的課稅對象是有償轉讓國有土地使用權及地上建築物和其他附著物產權所取得的增值額。

1. 基本徵稅範圍

（1）土地增值稅只對「轉讓」國有土地使用權的行為徵稅，對轉讓非國有土

217

和「出讓」國有土地使用權的行為不徵稅。

（2）土地增值稅既對轉讓國有土地使用權的行為徵稅，也對轉讓地上建築物及其他附著物產權的行為徵稅。

（3）土地增值稅只對「有償轉讓」的房地產徵稅，對以「繼承、贈與」等方式無償轉讓的房地產，不徵稅。

2. 特殊徵稅範圍

（1）房地產開發企業將開發的房產轉為自用或者用於出租等商業用途，如果產權沒有發生轉移，不徵收土地增值稅。

（2）房地產的互換，由於發生了房產轉移，因此屬於土地增值稅的徵稅範圍。但是對於個人之間互換自有居住用房的行為，經過當地稅務機關審核，可以免徵土地增值稅。

（3）房地產的出租，指房產所有者或土地使用者，將房產或土地使用權租賃給承租人使用，由承租人向出租人支付租金的行為。

（4）房地產的抵押，指房產所有者或土地使用者作為債務人或第三人向債權人提供不動產作為清償債務的擔保而不轉移權屬的法律行為。

（5）房地產的代建行為，是指房地產開發公司代客戶進行房地產的開發，開發完成后向客戶收取代建收入的行為。

（6）房地產的重新評估，按照財政部門的規定，國有企業在清產核資時對房地產進行重新評估而產生的評估增值，因其既沒有發生房地產權屬的轉移，房產產權、土地使用權人也未取得收入，所以不屬於土地增值稅徵稅範圍。

（7）合作建房，對於一方出地，另一方出資金，雙方合作建房，建成后按比例分房自用的，暫免徵收土地增值稅；但建成后轉讓的，應徵收土地增值稅。

凡在中國境內轉讓房地產並取得收入的單位和個人，除稅法規定免稅的外，均應依照土地增值稅條例規定繳納土地增值稅。換言之，凡發生應稅行為的單位和個人，不論其經濟性質，也不分內、外資企業或中、外籍人員，無論是專營還是兼營房地產業務，均有繳納土地增值稅的義務。

二、土地增值稅稅率、應稅收入與扣除項目

（一）稅率

土地增值稅實行四級超率累進稅率，如表 10-8 所示。

第十章 其他銷售稅類實務

表 10-8　　　　　　　　土地增值稅四級超率累進稅率表

檔次	級距	稅率	速算扣除系數	稅額計算公式	說明
1	增值額未超過扣除項目金額50%的部分	30%	0%	增值額 30%	扣除項目指取得土地使用權所支付的金額，開發土地的成本、費用，新建房及配套設施的成本、費用或舊房及建築物的評估價格，與轉讓房地產有關的稅金，財政部規定的其他扣除項目
2	增值額超過扣除項目金額 50%，未超過 100%的部分	40%	5%	增值額 40%－扣除項目金額 5%	
3	增值額超過扣除項目金額 100%，未超過 200%的部分	50%	15%	增值額 50%－扣除項目金額 15%	
4	增值額超過扣除項目金額 200%的部分	60%	35%	增值額 60%－扣除項目金額 35%	

上面所列四級超率累進稅率，每級「增值額未超過扣除項目金額」的比例，均包括本比例數。

(二) 應稅收入的確定

根據《土地增值稅暫行條例》及《實施細則》的規定，納稅人轉讓房地產取得的應稅收入，應包括轉讓房地產的全部價款及有關的經濟收益。從收入形式來看，它包括貨幣收入、實物收入和其他收入，不允許從中減除任何成本費用。

對取得的實物收入，要按收入時的市場價格折算成貨幣收入；對取得的無形資產收入，要進行專門的評估，在確定其價值后折算成貨幣收入。

對取得的收入為外國貨幣的，應當以取得收入當天或當月 1 日國家公布的市場匯價折合成人民幣。當月以分期收款方式取得的外幣收入，也應該按照實際收款日或收款當月 1 日國家公布的市場匯價折合成人民幣。

(三) 扣除項目的確定

計算土地增值稅的應納稅額，並不是直接對轉讓房地產所取得的收入徵稅，而是要對收入額減除國家規定的各項扣除項目金額后的餘額計算徵稅。因此，計算土地增值稅，首要的是確定扣除項目，可以分為如下六類：

1. 取得土地使用權所支付的金額

取得土地使用權所支付的金額包括納稅人為取得土地使用權所支付的地價款和按國家統一規定繳納的有關費用。具體為：以出讓方式取得土地使用權的，為支付的土地出讓金；以行政劃撥方式取得土地使用權的，為轉讓土地使用權時按規定補交的出讓金；以轉讓方式得到土地使用權的，為支付的地價款。

2. 開發土地和新建房及配套設施的成本

開發土地和新建房及配套設施的成本包括土地徵用及拆遷補償費、前期工程費、建築安裝工程費、基礎設施費、公共設施配套費、開發間接費用。這些成本允許按實際發生額扣除。

3. 開發土地和新建房及配套設施的費用

開發土地和新建房及配套設施的費用是指銷售費用、管理費用、財務費用。根

219

據新會計制度規定，與房地產開發有關的費用直接計入當期損益，不按房地產項目進行歸集或分攤。為了便於計算操作，《實施細則》規定，財務費用中的利息支出，凡能夠按轉讓房地產項目計算分攤，並提供金融機構證明的，允許據實扣除，但最高不能超過按商業銀行同類同期貸款利率計算的金額，其他房地產開發費用按取得土地使用權所支付的金額及房地產開發成本之和的5%以內予以扣除。凡不能提供金融機構證明的，利息不單獨扣除，三項費用的扣除按取得土地使用權所支付的金額及房地產開發成本的10%以內計算扣除。

4. 舊房及建築物的評估價格

舊房及建築物的評估價格是指在轉讓已使用的房屋及建築物時，由政府批准設立的房地產評估機構評定的重置成本價乘以成新度折扣率後的價值，並由當地稅務機關參考評估機構的評估而確認的價格。

5. 與轉讓房地產有關的稅金

與轉讓房地產有關的稅金是指在轉讓房地產時繳納的城市維護建設稅、印花稅。因轉讓房地產繳納的教育費附加，也可視同稅金予以扣除。

6. 其他扣除

對從事房地產開發的納稅人，可按取得土地使用權所支付的金額與房地產開發成本之和加計20%扣除。應當指出的是，此條優惠只適用於從事房地產開發的納稅人，除此之外的其他納稅人不適用。這樣規定，是為了抑制炒買炒賣房地產投機行為，保護正常開發投資者的積極性。

三、土地增值稅的計算

(一) 增值額的確定

土地增值稅納稅人轉讓房地產所取得的收入減除規定的扣除項目金額后的餘額，為增值額。準確核算增值額，需要有準確的房地產轉讓收入額和扣除項目的金額。在實際房地產交易活動中，有些納稅人由於不能準確提供房地產轉讓價格或扣除項目金額，致使增值額不準確，直接影響應納稅額的計算和繳納。因此，《土地增值稅暫行條例》規定，有隱瞞、虛報房地產成交價格，或提供扣除項目金額不實，或轉讓房地產的成交價格低於房地產評估價格而無正當理由的，按照房地產評估價格計算徵收。

(二) 應納稅額的計算

土地增值稅按照納稅人轉讓地產所取得的增值額和規定的稅率計算徵收。土地增值稅的公式為：

$$應納土地增值稅 = \Sigma（每級距的土地增值額 \times 稅率）$$

式中，「增值額」為納稅人轉讓房地產所取得的收入減除扣除項目金額后的餘額。

在實際工作中，分步計算比較繁瑣，所以計算土地增值稅稅額，可按增值額乘

第十章 其他銷售稅類實務

以適用的稅率減去扣除項目金額乘以速算扣除系數的簡便方法計算。具體公式如下：
1. 增值額未超過扣除項目金額50%的
$$土地增值稅稅額=增值額\times30\%$$
2. 增值額超過扣除項目金額50%，未超過100%的
$$土地增值稅稅額=增值額\times40\%-扣除項目金額\times5\%$$
3. 增值額超過扣除項目金額100%，未超過200%的
$$土地增值稅稅額=增值額\times50\%-扣除項目金額\times15\%$$
4. 增值額超過扣除項目金額200%的
$$土地增值稅稅額=增值額\times60\%-扣除項目金額\times35\%$$

式中，5%、15%、35%為速算扣除係數。

【例10-6】某工業企業轉讓一幢20年前建造的廠房，當時造價為100萬元，無償取得土地使用權。如果按現行市場價的材料、人工費計算，建造同樣的房子需要600萬元，該房子為7成新，按500萬元出售，支付有關稅費共計27.5萬元。計算企業轉讓舊房應繳納的土地增值稅稅額。

解析：
（1）評估價格＝600×70%＝420（萬元）
（2）允許扣除的稅金為27.5萬元。
（3）扣除項目金額合計＝420+27.5＝447.5（萬元）
（4）增值額＝500-447.5＝52.5（萬元）
（5）增值率＝52.5÷447.5×100%＝11.73%
（6）應納稅額＝52.5×30%-447.5×0＝15.75（萬元）

四、土地增值稅的會計處理

（一）帳戶設置

企業應當在「應交稅費」科目下設「應交土地增值稅」明細科目，專門用來核算土地增值稅的發生和繳納情況，其貸方反映企業計算出的應交土地增值稅，其借方反映企業實際繳納的土地增值稅，餘額在貸方，反映企業應交而未交的土地增值稅。

（二）會計處理

1. 主營房地產業務的企業土地增值稅的會計處理

對於專門從事房地產經營的企業，應當直接計入「稅金及附加」科目，如房地產開發企業應該根據計算的應納土地增值額，借記「稅金及附加」科目，貸記「應交稅費——應交土地增值稅」，在實際繳納土地增值稅時，借記「應交稅費——應交土地增值稅」科目，貸記「銀行存款」科目。

2. 非主營房地產業務的企業土地增值稅的帳務處理

對於非主營業務的企業，在轉讓房地產時，則應分情況進行會計處理。

(1) 轉讓以支付土地出讓金等方式取得的國有土地使用權，原已納入「無形資產」核算的，其轉讓時計算應繳納的土地增值稅：

借：其他業務支出
　　貸：應交稅費——應交土地增值稅

(2) 轉讓的國有土地使用權已連同地上建築物及其他附著物一併在「固定資產」科目核算的，其轉讓房地產（包括地上建築物及其他附著物）時計算應繳納的土地增值稅：

借：固定資產清理
　　貸：應交稅費——應交土地增值稅

(3) 轉讓以行政劃撥方式取得的國有土地使用權，如僅轉讓國有土地使用權，轉讓時計算應繳納的土地增值稅：

借：其他業務支出
　　貸：應交稅費——應交土地增值稅

如國有土地使用權連同地上建築物及其他附著物一併轉讓，轉讓時計算應繳納的土地增值稅：

借：固定資產清理
　　貸：應交稅費——應交土地增值稅

(4) 上述繳納土地增值稅時：

借：應交稅費——應交土地增值稅
　　貸：銀行存款

五、土地增值稅的稅收優惠

（一）建造普通標準住宅的稅收優惠

納稅人建造普通標準住宅出售，增值額未超過扣除項目金額20％的，免徵土地增值稅。增值額超過扣除項目金額20％的，應就其全部增值額按規定計稅。

普通標準住宅指按所在地一般民用住宅標準建造的居民用住宅，不包括高級公寓、別墅、度假村等。

對於納稅人既要建造普通標準住宅，又要建造其他房地產的，應分別核算增值額；不分別核算或者不能準確核算增值額的，其建造的普通標準住宅不免稅。

（二）因國家建設需要依法徵用、收回的房地產

對因國家建設需要依法徵用、收回的房地產，免徵土地增值稅。

第十章　其他銷售稅類實務

（三）因城市規劃、國家建設的需要而搬遷，由納稅人自行轉讓原房地產的稅收優惠

因城市規劃、國家建設的需要而搬遷，由納稅人自行轉讓原房地產的，經稅務機關審核，免徵土地增值稅。

（四）對企事業單位、社會團體以及其他組織轉讓舊房作為公共租賃住房房源的稅收優惠

對企事業單位、社會團體以及其他組織轉讓舊房作為公共租賃住房房源的且增值額未超過扣除項目金額20%的，免徵土地增值稅。

六、土地增值稅的徵收管理

（一）納稅義務發生時間

（1）以一次交割、付清價款方式轉讓房地產的，在辦理過戶、登記手續前一次性繳納全部稅額。

（2）以分期收款方式轉讓的，先計算出應納稅總額，然后根據合同約定的收款日期和約定的收款比例確定應納稅額。

（3）項目全部竣工結算前轉讓房地產的：

①納稅人進行小區開發建設的，其中一部分房地產項目先行開發並已經轉讓出去，但小區內的部分配套設施往往在轉讓后才建成。在這種情況下，稅務機關可以對先行轉讓的項目，在取得收入時預徵土地增值稅。

②納稅人以預售方式轉讓房地產的，對在辦理結算和轉交手續前就取得的收入，稅務機關也可以預徵土地增值稅。具體辦法由各省、自治區、直轄市地方稅務局根據當地情況制定。

凡採用預徵方法徵收土地增值稅的，在該項目全部竣工辦理清算時，都需要對土地增值稅進行清算，根據應徵稅額和已徵稅額進行結算，多退少補。

（二）納稅地點

土地增值稅納稅人發生應稅行為應向房地產所在地主管稅務機關繳納稅款（房地產所在地，是指房地產的坐落地）。納稅人轉讓的房地產坐落在兩個或兩個以上地區的，應按房地產所在地分別申報納稅。

（1）納稅人是法人的，當轉讓的房地產坐落地與其機構所在地或經營所在地一致時，則在辦理稅務登記的原管轄稅務機關申報納稅即可；如果轉讓的房地產坐落地與機構所在地或經營所在地不一致時，則應在房地產坐落地所管轄的稅務機關申報納稅。

（2）納稅人是自然人的，當轉讓的房地產坐落地與其居住所在地一致時，則在居住所在地稅務機關申報納稅；當轉讓的房地產坐落地與其居住所在地不一致時，在辦理過戶手續所在地的稅務機關申報納稅。

(三) 納稅申報

納稅人應在轉讓房地產合同簽訂后 7 日內，到房地產所在地主管稅務機關辦理納稅申報，並向稅務機關提交房屋及建築物產權、土地使用權證書，土地轉讓、房產買賣合同，房地產評估報告及其他與轉讓房地產有關的資料，然后在稅務機關規定的期限內繳納土地增值稅。非房地產開發公司還需要提供與轉讓房地產有關的稅金的完稅憑證。

1. 申報要求

(1) 凡領取工商營業執照，並已辦理稅務登記的房地產開發企業，不論是否取得轉讓收入，均應於每季終了后 10 日內辦理納稅申報手續。取得轉讓收入的，應同時繳納土地增值稅。

(2) 其他納稅人均應自房地產轉讓合同簽訂之日起 7 日內，辦理納稅登記申報手續，並於取得轉讓房地產收入的次月 10 日內繳納土地增值稅。

(3) 納稅人辦理納稅登記手續時，應先填報項目登記表和納稅申報表，然后持項目登記表和納稅申報表、房屋及建築物產權證書、土地使用證證書、土地使用權轉讓合同、房屋買賣合同、房地產評估報告及其他與轉讓房地產有關的資料，向其主管稅務機關辦理納稅申報手續。

2. 申報流程

(1) 核查房地產投資立項合同、批准證書和房地產轉讓合同，確認投資立項與轉讓的時間及房地產開發項目的性質。如屬於免稅項目，應向主管稅務機關申請辦理免徵土地增值稅的申報手續。

(2) 核查「應收帳款」「預收帳款」「經營收入」「其他業務收入」「固定資產清理」帳戶及主要的原始憑證，確認本期應申報的轉讓房地產收入。

(3) 核查土地使用權轉讓合同及付款憑證，確認土地出讓金的實際繳付金額。

(4) 核查「開發成本」帳戶及開發建築承包合同與付款憑證，確認土地徵用及拆遷補償費、前期工程費等開發支出。

(5) 核查「財務費用」帳戶及相關借款合同，確認利息支出並按稅法規定計算扣除。對於其他房地產開發費用，應根據利息分攤情況，以土地出讓金和開發成本為基數按規定比例計算。

(6) 核查「稅金及附加」和「管理費用」帳戶及繳稅原始憑證，確認與轉讓房地產有關的稅金。

(7) 核查有關舊房及建築物房地產評估機構出具的評估報告及原始資料，確認重置成本價及成新度折扣率。

在經過以上步驟操作之后可計算得出土地增值額，按適用稅率計算應納稅額。由於房地產開發項目投資大、工期長，在項目全部竣工結算前，難以計算納稅人轉讓房地產的增值額，一般按預收款收入的一定比例預繳稅款，待竣工結算后清算，多退少補。因此，房地產企業土地增值稅預繳申報，可主要依確認徵免和核查轉讓

第十章 其他銷售稅類實務

房地產收入的程序進行操作。

土地增值稅納稅申報表如表 10-9、表 10-10 所示。

表 10-9　　　　　　　**土地增值稅納稅申報表（一）**
（從事房地產開發的納稅人適用）

稅款所屬時間：　　年　月　日　填表日期：　　年　月　日

面積單位：平方米

納稅人識別號：

金額單位：元（列至角分）

納稅人名稱		項目名稱		項目編號		項目地址	
業別		經濟性質		納稅人地址		郵政編碼	
開戶銀行		銀行帳號		主管部門		電話	
清算方式是否為核定徵收							

項目	行次	金額			
		合計	普通住宅	非普通住宅	其他類型房地產
一、轉讓房地產收入總額　1＝2+3+4	1				
其中：貨幣收入	2				
實物收入	3				
其他收入	4				
二、扣除項目金額合計　5＝6+7+14+17+21	5				
1. 取得土地使用權所支付的金額	6				
2. 房地產開發成本　7＝8+9+10+11+12+13	7				
其中：土地徵用及拆遷補償費	8				
前期工程費	9				
建築安裝工程費	10				
基礎設施費	11				
公共配套設施費	12				
開發間接費用	13				
3. 房地產開發費用　14＝15+16	14				
其中：利息支出	15				
其他房地產開發費用	16				

企業涉稅實務

表10-9(續)

4. 與轉讓房地產有關的稅金等　17＝18＋19＋20＋21		17			
其中	城市維護建設稅	18			
	教育費附加	19			
	地方教育附加	20			
5. 財政部規定的其他扣除項目		21			
三、增值額　22＝1－5		22			
四、增值額與扣除項目金額之比（％）23＝22÷5		23	＊		
五、適用稅率（核定徵收率）（％）		24	＊		
六、速算扣除系數（％）		25	＊		
七、應繳土地增值稅稅額　26＝22×24－5×25		26			
八、減免稅額（減免性質代碼：＿＿＿＿＿＿）		27			
九、已繳土地增值稅稅額		28			
十、應補（退）土地增值稅稅額　29＝26－27－28		29			

授權代理人	（如果你已委託代理申報人，請填寫下列資料） 　　為代理一切稅務事宜，現授權＿＿＿＿＿＿（地址）為本納稅人的代理申報人，任何與本報表有關的來往文件都可寄與此人。 　　授權人簽字：＿＿＿＿＿＿	納稅人聲明	此納稅申報表是根據《中華人民共和國土地增值稅暫行條例》及其《實施細則》的規定填報的，是真實的、可靠的、完整的。 　　聲明人簽字：＿＿＿＿＿＿

納稅人公章		法人代表簽章		經辦人員（代理申報人）簽章		備註	

以下部分由主管稅務機關負責填寫：							
主管稅務機關收到日期		接收人		審核日期		稅務審核人員簽章	
審核記錄						主管稅務機關蓋章	

填表說明：

1. 適用範圍

土地增值稅納稅申報表（一），適用於凡從事房地產開發並轉讓的土地增值稅納稅人。

2. 土地增值稅納稅申報表（一）主要項目填表說明

（1）表頭項目

納稅人識別號：填寫稅務機關為納稅人確定的識別號。

第十章 其他銷售稅類實務

項目名稱：填寫納稅人所開發並轉讓的房地產開發項目全稱。

經濟性質：按所有制性質或資本構成形式分為國有、集體、私營、個體、股份制、外商投資和外國企業類型填寫。

項目編號：是指在進行房地產項目登記時，稅務機關按照一定的規則賦予的編號。此編號會跟隨項目的預徵清算全過程。

業別：填寫納稅人辦理工商登記時所確定的主營行業類別。

主管部門：按納稅人隸屬的管理部門或總機構填寫。外商投資企業不填。

開戶銀行：填寫納稅人開設銀行帳戶的銀行名稱；如果納稅人在多個銀行開戶的，填寫其主要經營帳戶的銀行名稱。

銀行帳號：填寫納稅人開設的銀行帳戶的號碼；如果納稅人擁有多個銀行帳戶的，填寫其主要經營帳戶的號碼。

(2) 表中項目

土地增值稅納稅申報表（一）中各主要項目內容，應根據土地增值稅的基本計稅單位作為填報對象。納稅人如果在規定的申報期內轉讓兩個或兩個以上計稅單位的房地產，對每個計稅單位應分別填寫一份申報表。

表第 1 欄「轉讓房地產收入總額」，按納稅人在轉讓房地產開發項目所取得的全部收入額填寫。

表第 2 欄「貨幣收入」，按納稅人轉讓房地產開發項目所取得的貨幣形態的收入額填寫。

表第 3、4 欄「實物收入」「其他收入」，按納稅人轉讓房地產開發項目所取得的實物形態的收入和無形資產的收入額填寫。

表第 6 欄「取得土地使用權所支付的金額」，按納稅人為取得該房地產開發項目所需要的土地使用權而實際支付（補交）的土地出讓金（地價款）及按國家統一規定繳納的費用的數額填寫。

表第 8 欄至表第 13 欄，應根據《實施細則》規定的從事房地產開發所實際發生的各項開發成本的具體數額填寫。要注意，如果有些房地產開發成本是屬於整個房地產項目的，而該項目同時包含了兩個或兩個以上的計稅單位的，要對該成本在各計稅項目之間按一定比例進行分攤。

表第 15 欄「利息支出」，按納稅人進行房地產開發實際發生的利息支出中符合《實施細則》第七條（三）規定的數額填寫。如果不單獨計算利息支出的，則本欄數額填寫「0」。

表第 16 欄「其他房地產開發費用」，應根據《實施細則》第七條（三）的規定填寫。

表第 18 欄至表第 20 欄，按納稅人轉讓房地產時所實際繳納的稅金數額填寫。

表第 21 欄「財政部規定的其他扣除項目」，是指根據《土地增值稅暫行條例》和《實施細則》規定所確定的財政部規定的扣除項目的合計數。

表第 24 欄「適用稅率」，應根據《土地增值稅暫行條例》規定的四級超率累進稅率，按所適用的最高一級稅率填寫；如果納稅人建造普通標準住宅出售，增值額未超過扣除項目金額 20%的，本欄填寫「0」；以核定徵收作為清算方式的，填寫核定徵收率。

表第 25 欄「速算扣除系數」，應根據《實施細則》第十條的規定找出速算扣除系數來填寫。

表第 27 欄「減免性質代碼」：按照國家稅務總局制定下發的最新《減免性質及分類表》中的最細項減免性質代碼填報。

表第 28 欄「已繳土地增值稅稅額」，按納稅人已經繳納的土地增值稅的數額填寫。

表中每欄按照「普通住宅、非普通住宅、其他類型房地產」分別填寫。

表 10-10　　　　　　　　土地增值稅納稅申報表（二）
　　　　　　　　　　　　（非從事房地產開發的納稅人適用）

稅款所屬時間：　年　月　日　填表日期：　年　月　日

面積單位：平方米

納稅人識別號：☐☐☐☐☐☐☐☐☐☐☐☐☐☐☐

金額單位：元（列至角分）

納稅人名稱	項目名稱	項目地址	
業別	經濟性質	納稅人地址	郵政編碼
開戶銀行	銀行帳號	主管部門	電話

項目		行次	金額
一、轉讓房地產收入總額　1=2+3+4		1	
其中	貨幣收入	2	
	實物收入	3	
	其他收入	4	
二、扣除項目金額合計 （1）5=6+7+10+15 （2）5=11+12+14+15		5	
（1）提供評估價格	1. 取得土地使用權所支付的金額	6	
	2. 舊房及建築物的評估價格 7=8×9	7	
	其中：舊房及建築物的重置成本價	8	
	成新度折扣率	9	
	3. 評估費用	10	
（2）提供購房發票	1. 購房發票金額	11	
	2. 發票加計扣除金額 12=11×5%×13	12	
	其中：房產實際持有年數	13	
	3. 購房契稅	14	
4. 與轉讓房地產有關的稅金等 15=16+17+18+19		15	
其中	城市維護建設稅	16	
	印花稅	17	
	教育費附加	18	
	地方教育附加	19	
三、增值額 20=1−5		20	
四、增值額與扣除項目金額之比（%）21=20÷5		21	

第十章　其他銷售稅類實務

表10-10(續)

五、適用稅率（%）	22	
六、速算扣除系數（%）	23	
七、應繳土地增值稅稅額 24＝20×22-5×23	24	
授權代理人	（如果你已委托代理申報人，請填寫下列資料） 　　為代理一切稅務事宜，現授權　　　　　　（地址）為本納稅人的代理申報人，任何與本報表有關的來往文件都可寄與此人。 　　授權人簽字：＿＿＿＿＿	納稅人聲明字：＿＿＿＿＿	此納稅申報表是根據《中華人民共和國土地增值稅暫行條例》及其《實施細則》的規定填報的，是真實的、可靠的、完整的。 　　　　　　　聲明人簽		
納稅人公章 || 法人代表簽章	經辦人員（代理申報人）簽章 || 備註	
以下部分由主管稅務機關負責填寫：							
主管稅務機關收到日期 || 接收人	審核日期 || 稅務審核人員簽章	
審核記錄						主管稅務機關蓋章	

填表說明：

1. 適用範圍

土地增值稅納稅申報表（二）適用於非從事房地產開發的納稅人。該納稅人應在簽訂房地產轉讓合同后的七日內，向房地產所在地主管稅務機關填報土地增值稅納稅申報表（二）。

2. 土地增值稅納稅申報表（二）主要項目填表說明

（1）表頭項目

納稅人識別號：填寫稅務機關為納稅人確定的識別號。

項目名稱：填寫納稅人轉讓的房地產項目全稱。

經濟性質：按所有制性質或資本構成形式分為國有、集體、私營、個體、股份制、外商投資企業等類型填寫。

業別：按納稅人的行業性質分為行政單位、事業單位、企業、個人等。

主管部門：按納稅人隸屬的管理部門或總機構填寫。外商投資企業不填。

（2）表中項目

土地增值稅納稅申報表（二）的各主要項目內容，應根據納稅人轉讓的房地產項目作為填報對象。納稅人如果同時轉讓兩個或兩個以上房地產的，應分別填報。

表第1欄「轉讓房地產收入總額」，按納稅人轉讓房地產所取得的全部收入額填寫。

表第2欄「貨幣收入」，按納稅人轉讓房地產所取得的貨幣形態的收入額填寫。

表第3、4欄「實物收入」「其他收入」，按納稅人轉讓房地產所取得的實物形態的收入和無形資產等其他形式的收入額填寫。

表第6欄「取得土地使用權所支付的金額」，按納稅人為取得該轉讓房地產項目的土地使用

229

權而實際支付（補交）的土地出讓金（地價款）數額及按國家統一規定繳納的費用填寫。

表第7欄「舊房及建築物的評估價格」，是指根據《土地增值稅暫行條例》和《實施細則》的規定，按重置成本法評估舊房及建築物並經當地稅務機關確認的評估價格的數額。本欄由第8欄與第9欄相乘得出。如果本欄數額能夠直接根據評估報告填報，則本表第8、9欄可以不必再填報。

表第8欄「舊房及建築物的重置成本價」，是指按照《土地增值稅暫行條例》和《實施細則》規定，由政府批准設立的房地產評估機構評定的重置成本價。

表第9欄「成新度折扣率」，是指按照《土地增值稅暫行條例》和《實施細則》的規定，由政府批准設立的房地產評估機構評定的舊房及建築物的新舊程度折扣率。

表第15欄至表第19欄，按納稅人轉讓房地產時實際繳納的稅金的數額填寫。

表第22欄「適用稅率」，應根據《土地增值稅暫行條例》規定的四級超率累進稅率，按所適用的最高一級稅率填寫。

表第23欄「速算扣除系數」，應根據《土地增值稅暫行細則》第十條的規定找出相關速算扣除系數填寫。

第十一章　費用性稅種

第一節　房地產稅

房產稅是以房屋為徵稅對象，按房屋的計稅餘值或租金收入為計稅依據，向產權所有人徵收的一種財產稅。現行的房產稅是中國推進利改稅以後開徵的，1986年9月15日，國務院正式發布了《中華人民共和國房產稅暫行條例》，從1986年10月1日開始實施。自2011年1月28日開始，上海、重慶開始試點房產稅改革，將居民自住房納入徵稅範圍。

房產稅具有如下特點：①房產稅屬於財產稅中的個別財產稅，其徵稅對象只是房屋；②徵收範圍限於城鎮的經營性房屋；③根據房屋的經營使用方式的不同規定不同的徵稅辦法，對於自用的房屋，按房產計稅餘值徵收，對於出租、出典的房屋按租金收入徵稅。

一、房產稅的納稅人與納稅範圍

（一）房產稅的納稅人

房產稅的納稅人為負有繳納房產稅義務的單位與個人，即房產稅由產權所有人繳納。其中：

（1）產權屬國家所有的，由經營管理單位納稅；產權屬集體和個人所有的，由集體單位和個人納稅。

（2）產權出典的，由承典人納稅。

（3）產權所有人、承典人不在房屋所在地的，或者產權未確定及租典糾紛未解

決的，由房產代管人或者使用人納稅。

（4）無租使用其他房產的問題。納稅單位和個人無租使用房產管理部門、免稅單位及納稅單位的房產，應由使用人代為繳納房產稅。

（5）自 2009 年 1 月 1 日起，外商投資企業、外國企業和組織以及外籍個人，依照《中華人民共和國房產稅暫行條例》繳納房產稅。

（二）房產稅的納稅範圍

房產稅以房產為徵稅對象。所謂房產，是指由屋面和圍護結構（有牆或兩邊有柱），能夠遮風避雨，可供人們在其中生產、學習、工作、娛樂、居住或儲藏物資的場所。房地產開發企業建造的商品房，在出售前，不徵收房產稅；但對出售前房地產開發企業已使用或出租、出借的商品房應按規定徵收房產稅。

房產稅暫行條例規定，房產稅在城市、縣城、建制鎮和工礦區徵收。城市、縣城、建制鎮、工礦區的具體徵稅範圍，由各省、自治區、直轄市人民政府確定。

（1）城市是指國務院批准設立的市。

（2）縣城是指縣人民政府所在地的地區。

（3）建制鎮是指經省、自治區、直轄市人民政府批准設立的建制鎮。

（4）工礦區是指工商業比較發達、人口比較集中、符合國務院規定的建制鎮標準但尚未設立建制鎮的大中型工礦企業所在地。開徵房產稅的工礦區須經省、自治區、直轄市人民政府批准。

房產稅的徵稅範圍不包括農村，這主要是為了減輕農民的負擔。因為農村的房屋，除農副業生產用房外，大部分是農民居住用房。對農村房屋不納入房產稅徵稅範圍，有利於農業發展，繁榮農村經濟，促進社會穩定。

三、房產稅的稅率、計稅依據及計算

（一）稅率

中國現行房產稅採用的是比例稅率。《中華人民共和國房產稅暫行條例》（以下簡稱《房產稅暫行條例》）和財稅〔2008〕24 號文件規定，依照房產餘值（房產餘值為房產原值一次減除 10%～30%）計算繳納的，稅率為 1.2%；依照房產租金收入計算繳納的，稅率為 12%，其中對個人出租住房，稅率為 4%。

（二）計稅依據

房產稅的計稅依據是房產的計稅價值或房產的租金收入。按照房產計稅價值徵稅的，稱為從價計徵；按照房產租金收入計徵的，稱為從租計徵。

1. 從價計徵

《房產稅暫行條例》規定，房產稅依照房產原值一次減除 10%～30% 后的餘值計算繳納。各地扣除比例由當地省、自治區、直轄市人民政府確定。這樣規定，既有利於各地區根據本地情況，因地制宜地確定計稅餘值，又有利於平衡各地稅收負擔，

第十一章　費用性稅種

簡化計算手續，提高徵管效率。

房產原值是指納稅人按照會計制度規定，在會計核算帳簿「固定資產」科目中記載的房屋原價。房產原值：應包括與房屋不可分割的各種附屬設備或一般不單獨計算價值的配套設施，主要有暖氣、衛生、通風等。納稅人對原有房屋進行改建、擴建的，要相應增加房屋的原值。

2. 從租計徵

按照房產租金收入計徵的，稱為從租計徵，房產出租的，以房產租金收入為房產稅的計稅依據。

所謂房產的租金收入，是房屋產權所有人出租房產使用權所得的報酬，包括貨幣收入和實物收入。對於出租房產，租賃雙方簽訂的租賃合同約定有免租期限的，免收租金期間由產權所有人按照房產原值繳納房產稅。

出租的地下建築，按照出租地上房屋建築的有關規定計算徵收房產稅。

（三）應納稅額的計算

房產稅的計稅依據有兩種，應納稅額的計算也分兩種。

1. 從價計徵

其公式為：

$$應納稅額＝應稅房產原值×（1-扣除比例）×年稅率1.2\%$$

2. 從租計徵

其公式為：

$$應納稅額＝租金收入×12\%（或4\%）$$

【例11-1】某企業一幢房產原值600萬元，已知房產稅稅率為1.2%，當地規定的房產稅扣除比例為30%。該房產年度應繳納的房產稅稅額為多少？

解析：從價計徵的房產稅以房產餘值作為計稅依據。

應納房產稅＝6,000,000×（1-30%）×1.2%＝50,400（元）

【例11-2】某公民有房屋10間，他拿出其中5間出租給某百貨商店，年租金為180,000元。計算其應納的房產稅。

解析：年應納房產稅＝180,000×12%＝21,600（元）

（四）房產稅的會計處理

房產稅實行的是按年徵收，分期繳納。企業計算出應納房產稅時，借記「管理費用」帳戶，貸記「應交稅費——應交房產稅」帳戶。如按期繳納須分月攤銷時，借記「待攤費用」帳戶，貸記「應交稅費——應交房產稅」帳戶。向稅務機關繳納稅款時，借記「應交稅費——應交房產稅」帳戶，貸記「銀行存款」等帳戶。每月攤銷應分攤的房產稅時，借記「管理費用」帳戶，貸記「待攤費用」帳戶。

（1）房產稅分錄在計算時：

借：管理費用

　貸：應交稅費——應交房產稅

233

(2) 實際繳納時：

借：應交稅費——應交房產稅

　　貸：銀行存款

【例11-2】某工企業應稅房產評估價值為300萬元。當地政府規定房產稅分季繳納，在每季度開始月份繳清該季稅款，房產稅稅率為2%。計算該企業應該繳納的房產稅並作會計處理。

解析：

每季應納房產稅稅額＝3,000,000×2%÷4＝15,000（元）

(1) 根據上述計算結果，會計分錄如下：

借：管理費用	15,000
貸：應交稅費——應交房產稅	15,000

(2) 實際繳納稅款時，作如下分錄：

借：應交稅費——應交房產稅	15,000
貸：銀行存款	15,000

（五）稅收優惠

房產稅的稅收優惠是根據國家政策需要和納稅人的負擔能力制定的。由於房產稅屬地方稅，因此給予地方一定的減免權限，有利於地方因地制宜地處理問題。目前，房產稅的優惠政策主要有：

(1) 對國家機關、人民團體、軍隊自用的房產免徵房產稅。但上述免稅單位的出租房產不屬於免稅範圍。

(2) 對由國家財政部門撥付事業經費的單位自用的房產免徵房產稅。但如學校的工廠、商店、招待所等應照章納稅。

(3) 對宗教寺廟、公園、名勝古跡自用的房產免徵房產稅。但經營用的房產不免。

(4) 對個人所有非營業用的房產免徵房產稅。但個人擁有的營業用房或出租的房產，應照章納稅。

5. 經財政部批准免稅的其他房產。

（六）房產稅的申報繳納

1. 納稅義務發生時間

(1) 納稅人將原有房產用於生產經營，從生產經營之月起，繳納房產稅；

(2) 納稅人自行新建房屋用於生產經營，從建成之次月起，繳納房產稅；

(3) 納稅人委託施工企業建設的房屋，從辦理驗收手續之次月起，繳納房產稅。

(4) 納稅人購置新建商品房，自房屋交付使用之次月起，繳納房產稅；

(5) 納稅人購置存量房，自辦理房屋權屬轉移、變更登記手續，房地產權屬登記機關簽發房屋權屬證書之次月起，繳納房產稅；

第十一章　費用性稅種

（6）納稅人出租、出借房產，自交付出租、出借房產之次月起，繳納房產稅；

（7）房地產開發企業自用、出租、出借該企業建造的商品房，自房屋使用或交付之次月起，繳納房產稅。

2. 納稅期限

房產稅實行按年計算、分期繳納的徵收方法，具體納稅期限由省、自治區、直轄市人民政府確定。

3. 納稅地點

房產稅在房產所在地繳納。房產不在同一地方的納稅人，應按房產的坐落地點分別向房產所在地的稅務機關納稅。

4. 納稅申報

房產稅的納稅人應按照條例的有關規定，及時辦理納稅申報，並如實填寫房產稅納稅申報表，如表 11-1 所示。

表 11-1　　　　　　　　　　**房產稅納稅申報表**

稅款所屬期：自　　年　　月　　日至　　年　　月　　日　填表日期：　　年　　月　　日

面積單位：平方米

納稅人識別號：☐☐☐☐☐☐☐☐☐☐☐☐☐☐☐

金額單位：元（列至角分）

納稅人信息	名稱		納稅人分類		單位☐　個人☐				
	登記註冊類型	*	所屬行業		*				
	身分證照類型	身分證☐　護照☐ 軍官證☐　其他__	聯繫人		聯系方式				

一、從價計徵房產稅

	房產原值	其中：出租房產原值	計稅比例	稅率	計稅月份數	本期應納稅額	減免性質代碼	減免稅房產的原值	本期減免稅額	本期已繳稅額	本期應補（退）稅額
1											
2											
3											
合計			*	*	*		*				

二、從租計徵房產稅

本期應稅租金收入	適用稅率	本期應納稅額	本期已繳稅額	本期應補（退）稅額

企業涉稅實務

表11-1(續)

1		4%□ 12%□		
2		4%□ 12%□		
3		4%□ 12%□		
合計		*		

以下由納稅人填寫：

納稅人聲明	此納稅申報表是根據《中華人民共和國房產稅暫行條例》和國家有關稅收規定填報的，是真實的、可靠的、完整的。		
納稅人簽章		代理人簽章		代理人身分證號	

以下由稅務機關填寫：

受理人		受理日期	年　月　日	受理稅務機關簽章	

本表一式兩份，一份納稅人留存，一份稅務機關留存。

填寫說明：

1. 本表依據《中華人民共和國稅收徵收管理法》《中華人民共和國房產稅暫行條例》制定。本表分為一主表兩附表，附表1為從價計徵房產稅稅源明細表，附表2為從租計徵房產稅稅源明細表。

2. 本表適用於在中華人民共和國境內申報繳納房產稅的單位和個人。

3. 納稅人識別號（必填）：納稅人為非自然人的，應當按照辦理稅務登記時稅務機關賦予的編碼填寫。納稅人為自然人的，應當按照本人有效身分證件上標註的號碼填寫。

4. 納稅人名稱（必填）：黨政機關、企事業單位、社會團體的，應按照國家人事、民政部門批准設立或者工商部門註冊登記的全稱填寫；納稅人是自然人的，應當按照本人有效身分證件上標註的姓名填寫。

5. 納稅人分類（必選）：個人是指自然人。

6. 登記註冊類型：單位，根據稅務登記證或組織機構代碼證中登記的註冊類型填寫；納稅人是企業的，根據國家統計局《關於劃分企業登記註冊類型的規定》填寫。

7. 所屬行業：根據《國民經濟行業分類》（GB/T 4754-2011）填寫。

8. 身分證照類型：納稅人為自然人的，必選。選擇類型為：身分證、護照、軍官證、其他，必選一項，選擇「其他」的，請註明證件的具體類型。

9. 聯繫人、聯繫方式：填寫單位法定代表人或納稅人本人姓名、常用聯繫電話及地址。

10. 房產原值：本項為從價計徵房產稅稅源明細表相應數據項的匯總值。

第十一章　費用性稅種

第二節　城鎮土地使用稅

　　城鎮土地使用稅是以開徵範圍的土地為徵稅對象，以實際占用的土地面積為計稅標準，按規定稅額對擁有土地使用權的單位和個人徵收的一種資源稅。現行的城鎮土地使用稅是依照現行《中華人民共和國城鎮土地使用稅暫行條例》（以下簡稱《城鎮土地使用稅暫行條例》）執行的。

　　目前土地使用稅只在鎮及鎮以上城市開徵，因此其全稱為城鎮土地使用稅。開徵土地使用稅的目的是保護土地資源，使企業能夠節約用地。

　　徵收土地使用稅的作用具體包括如下：
　　（1）能夠促進土地資源的合理配置和節約使用，提高土地使用效益；
　　（2）能夠調節不同地區因土地資源的差異而形成的級差收入；
　　（3）為企業和個人之間競爭創造公平的環境。

一、城鎮土地使用稅的納稅人及納稅範圍

　　（一）納稅人
　　城鎮土地使用稅的納稅人是城鎮土地使用稅在城市、縣城、建制鎮、工礦區範圍內使用土地的單位和個人。
　　（1）擁有土地使用權的單位和個人是納稅人。
　　（2）擁有土地使用權的單位和個人不在土地所在地的，其土地的實際使用人和代管人為納稅人。
　　（3）土地使用權未確定的或權屬糾紛未解決的，其實際使用人為納稅人。
　　（4）土地使用權共有的，共有各方都是納稅人，由共有各方分別納稅。例如：幾個單位共有一塊土地使用權，一方占60%，另兩方各占20%，如果算出的稅額為100萬元，則分別按60萬元、20萬元、20萬元的數額負擔土地使用稅。

　　（二）徵稅範圍
　　城鎮土地使用稅的徵收範圍為城市、縣城、建制鎮、工礦區。凡在上述範圍內的土地，不論是屬於國家所有還是集體所有，都是城鎮土地使用稅的徵稅對象。對農林牧漁業用地和農民居住用地，不徵收土地使用稅。需要注意的是：
　　（1）城市是指經國務院批准設立的市，其徵稅範圍包括市區和郊區。
　　（2）縣城是指縣人民政府所在地，其徵稅範圍為縣人民政府所在地的城鎮。
　　（3）建制鎮是指經省、自治區、直轄市人民政府批准設立的，符合國務院規定的建制標準的鎮，其徵稅範圍為鎮人民政府所在地。
　　（4）工礦區是指工商業比較發達、人口比較集中的大中型工礦企業所在地，工

礦區的設立必須經省、自治區、直轄市人民政府批准。

城市、縣城、建制鎮、工礦區的具體徵稅範圍，由各省、自治區、直轄市人民政府劃定。

二、稅率、計稅依據及計算

（一）稅率

城鎮土地使用稅實行分級幅度稅額。每平方米土地年稅額規定如下：

(1) 大城市為1.5元至30元；
(2) 中等城市為1.2元至24元；
(3) 小城市為0.9元至18元；
(4) 縣城、建制鎮、工礦區為0.6元至12元。

省、自治區、直轄市人民政府，應當在稅法規定的稅額幅度內，根據市政建設狀況、經濟繁榮程度等，確定所轄地區的適用稅額幅度。

市、縣人民政府應當根據實際情況，將本地區土地劃分為若干等級，在省、自治區、直轄市人民政府確定的稅額幅度內，制定相應的適用稅額標準，報省、自治區、直轄市人民政府批准執行。

（二）計稅依據

城鎮土地使用稅以納稅義務人實際占用的土地面積為計稅依據。

納稅義務人實際占用土地面積按下列方法確定：

(1) 凡由省、自治區、直轄市人民政府確定的單位組織測定土地面積的，以測定的面積為準。

(2) 尚未組織測量，但納稅人持有政府部門核發的土地使用證書的，以證書確認的土地面積為準。

(3) 尚未核發土地使用證書的，應由納稅人申報土地面積，據以納稅，等到核發土地使用證以後再作調整。

(4) 對在城鎮土地使用稅徵稅範圍內單獨建造的地下建築用地，按規定徵收城鎮土地使用稅。其中，已取得地下土地使用權證的，按土地使用權證確認的土地面積計算應徵稅款；未取得地下土地使用權證或地下土地使用權證上未標明土地面積的，按地下建築垂直投影面積計算應納稅額。

對上述地下建築用地暫按應徵稅款的50%徵收城鎮土地使用稅。

（三）應納稅額的計算

城鎮土地使用稅的應納稅額依據納稅人實際占用的土地面積和適用單位稅額計算。計算公式如下：

$$應納稅額 = 計稅土地面積（平方米）\times 適用稅額$$

【例11-4】假設A企業占地面積為8,000平方米，當地城鎮土地使用稅為每平

第十一章 費用性稅種

方米 5 元，計算 A 企業這年需要繳納的城鎮土地使用稅。

解析：應納稅額 = 8,000×5 = 40,000（元）

三、城鎮土地使用稅的會計處理

（一）帳戶設置

按規定，企業繳納的土地使用稅應通過「應交稅費——應交土地使用稅」科目核算。該科目貸方反映企業應繳的土地使用稅；借方反映企業已經繳納的土地使用稅；餘額在貸方，表示應繳而未繳的土地使用稅。

（二）會計處理

每月末，企業應按規定計算出應繳納的土地使用稅，做如下會計分錄：

借：管理費用

　　貸：應交稅費——應交土地使用稅

企業按照規定的納稅期限繳納稅款時，做如下會計分錄：

借：應交稅費——應交土地使用稅

　　貸：銀行存款

【例 11-5】某城鎮當地稅務機關確定城鎮土地使用稅納稅期限為半年。2016 年 4 月企業開出支票繳納上半年應納城鎮土地使用稅稅款 7,500 元。請根據實際繳納的稅款做會計分錄。

解析：

企業應當根據實際繳納的稅款作如下會計分錄：

借：應交稅費——應交土地使用稅　　　　　　　　　　7,500

　　貸：銀行存款　　　　　　　　　　　　　　　　　　7,500

四、稅收優惠

（一）法定免繳土地使用稅的優惠

（1）國家機關、人民團體、軍隊自用的土地。這部分土地是指這些單位本身的辦公用地和公務用地，如國家機關、人民團體的辦公樓用地，軍隊的訓練場用地等。

（2）由國家財政部門撥付事業經費的單位自用的土地。這部分土地是指這些單位本身的業務用地，如學校的教學樓、操場、食堂等占用的土地。

（3）宗教寺廟、公園、名勝古跡自用的土地。宗教寺廟自用的土地，是指舉行宗教儀式等的用地和寺廟內的宗教人員生活用地。公園、名勝古跡自用的土地，是指供公共參觀遊覽的用地及其管理單位的辦公用地。以上單位的生產、經營用地和其他用地，不屬於免稅範圍，應按規定繳納土地使用稅，如公園、名勝古跡中附設的營業單位如影劇院、飲食部、茶社、照相館等使用的土地。

（4）直接用於農、林、牧、漁業的生產用地。這部分土地是指直接從事於種植

養殖、飼養的專業用地，不包括農副產品加工場地和生活辦公用地。

（5）經批准開山填海整治的土地和改造的廢棄土地，從使用的月份起免繳土地使用稅 5~10 年。

具體免稅期限由各省、自治區、直轄市地方稅務局在《城鎮土地使用稅暫行條例》規定的期限內自行確定。

（6）對非營利性醫療機構、疾病控製機構和婦幼保健機構等衛生機構自用的土地，免徵城鎮土地使用稅。

（7）對企業辦的學校、醫院、托兒所、幼兒園，其用地能與企業其他用地明確區分的，免徵城鎮土地使用稅。

（8）對免稅單位無償使用納稅單位的土地，免徵城鎮土地使用稅。納稅單位無償使用免稅單位的土地，納稅單位應照章繳納城鎮土地使用稅。納稅單位與免稅單位共同使用共有使用權土地上的多層建築，對納稅單位可按其占用的建築面積占建築總面積的比例計徵城鎮土地使用稅。

（9）2016 年 1 月 1 日至 2018 年 12 月 31 日，對專門經營農產品的農產品批發市場、農貿市場使用的房產、土地，暫免徵收房產稅和城鎮土地使用稅。對同時經營其他產品的農產品批發市場和農貿市場使用的房產、土地，按其他產品與農產品交易場地面積的比例確定徵免房產稅和城鎮土地使用稅。

（二）省、自治區、直轄市地方稅務局確定的土地使用稅減免優惠

（1）個人所有的居住房屋及院落用地。

（2）房產管理部門在房屋調整改革前經租的居民住房用地。

（3）免稅單位職工家屬的宿舍用地。

（4）集體和個人辦的各類學校、醫院、托兒所、幼兒園用地。

五、申報與繳納

（一）納稅義務發生時間

（1）納稅人購置新建商品房，自房屋交付使用之次月起，繳納城鎮土地使用稅。

（2）納稅人購置存量房，自辦理房屋權屬轉移、變更登記手續，房地產權屬登記機關簽發房屋權屬證書之次月起，繳納城鎮土地使用稅。

（3）納稅人出租、出借房產，自交付出租、出借房產之次月起，繳納城鎮土地使用稅。

（4）以出讓或者轉讓方式有償取得土地使用權的，應由受讓方從合同約定交付土地時間的次月起繳納城鎮土地使用稅；合同未約定交付土地時間的，由受讓方從合同簽訂的次月起繳納城鎮土地使用稅。

（5）納稅人新徵用的耕地，自批准徵用之日起滿 1 年時，開始繳納城鎮土地使

第十一章 費用性稅種

用稅。

（6）納稅人新徵用的非耕地，自批准徵用次月起，繳納城鎮土地使用稅。

（二）納稅地點

城鎮土地使用稅在土地所在地繳納。

納稅人使用的土地不屬於同一省、自治區、直轄市管轄的，由納稅人分別向土地所在地稅務機關繳納城鎮土地使用稅。在同一省、自治區、直轄市管轄範圍內，納稅人跨地區使用的土地，其納稅地點由各省、自治區、直轄市地方稅務局確定。

土地使用稅由土地所在地的地方稅務機關徵收，其收入納入地方財政預算管理。

（三）納稅申報

城鎮土地使用稅按年計算，分期繳納。具體納稅期限由各省、自治區和直轄市人民政府根據當地的實際情況確定。目前各地一般規定為每個季度繳納一次或者半年繳納一次，每次徵期為 15 天或者 1 個月。例如，北京市規定，納稅人全年應當繳納的城鎮土地使用稅分為兩次繳納，納稅期限分別為 4 月 1 日至 4 月 15 日和 10 月 1 日至 10 月 15 日。

城鎮土地使用稅的納稅人應按照條例的有關規定及時辦理納稅申報，並如實填寫城鎮土地使用稅納稅申報表，如表 11-2 所示。

表 11-2　　　　　　　城鎮土地使用稅納稅申報表

稅款所屬期：自　　年　月　日至　　年　月　日　填表日期：　　年　月　日

面積單位：平方米

納稅人識別號：☐☐☐☐☐☐☐☐☐☐☐☐☐☐☐

金額單位：元（列至角分）

納稅人信息	名稱		納稅人分類	單位☐　個人☐
	登記註冊類型	*	所屬行業	*
	身分證件類型	身分證☐　護照☐　其他☐	身分證件號碼	
	聯繫人		聯繫方式	

241

企業涉稅實務

表11-2(續)

	土地編號	宗地的地號	土地等級	稅額標準	土地總面積	所屬期起	所屬期止	本期應納稅額	本期減免稅額	本期已繳稅額	本期應補（退）稅額
申報納稅信息		*									
		*									
		*									
		*									
		*									
		*									
		*									
		*									
		*									
	合計			*		*	*				

以下由納稅人填寫：				
納稅人聲明	此納稅申報表是根據《中華人民共和國城鎮土地使用稅暫行條例》和國家有關稅收規定填報的，是真實的、可靠的、完整的。			
納稅人簽章		代理人簽章		代理人身分證號

以下由稅務機關填寫：				
受理人		受理日期	年 月 日	受理稅務機關簽章

本表一式兩份，一份納稅人留存，一份稅務機關留存。

填表說明：

1. 本表適用於在中華人民共和國境內申報繳納城鎮土地使用稅的單位和個人填寫。

2. 本表為城鎮土地使用稅納稅申報表主表，依據《中華人民共和國稅收徵收管理法》《中華人民共和國城鎮土地使用稅暫行條例》制定。本表包括兩個附表。附表一為城鎮土地使用稅減免稅明細申報表，附表二為城鎮土地使用稅稅源明細表。首次申報或變更申報時納稅人提交城鎮土地使用稅稅源明細表後，本表由系統自動生成，無須納稅人手工填寫，僅需簽章確認。申報土地數量大於10個（不含10個）的納稅人，建議採用網路申報方式，並可選用本表的匯總版進行確認，完成申報。后續申報，納稅人稅源明細無變更的，稅務機關提供免填單服務，根據納稅人識別號，系統自動打印本表，納稅人簽章確認即可完成申報。

3. 納稅人識別號（必填）：填寫稅務機關賦予的納稅人識別號。

4. 納稅人名稱（必填）：黨政機關、企事業單位、社會團體的，應按照國家人事、民政部門批准設立或者工商部門註冊登記的全稱填寫；納稅人是自然人的，應當按照本人有效身分證件上標註的姓名填寫。

5. 納稅人分類（必選）：分為單位和個人，個人含個體工商戶。

6. 登記註冊類型＊：納稅人是單位的，根據稅務登記證或組織機構代碼證中登記的註冊類型填寫；納稅人是企業的，根據國家統計局《關於劃分企業登記註冊類型的規定》填寫。該項可由

第十一章 費用性稅種

系統自動帶出，無須納稅人填寫。

7. 所屬行業＊：根據《國民經濟行業分類》(GB/T 4754-2011)填寫。該項可由系統自動帶出，無須納稅人填寫。

8. 身分證件類型：填寫能識別納稅人唯一身分的有效證照名稱。納稅人為自然人的，必選。選擇類型為：身分證、護照、其他，必選一項，選擇「其他」的，請註明證件的具體類型。

9. 身分證件號碼：填寫納稅人身分證件上的號碼。

10. 聯繫人、聯繫方式（必填）：填寫單位法定代表人或納稅人本人姓名、常用聯繫電話及地址。

11. 土地編號＊：納稅人不必填寫。由稅務機關的管理系統賦予編號，以識別。

12. 宗地的地號：土地證件記載的地號。不同地號的土地應當分行填寫。無地號的，不同的宗地也應當分行填寫。

13. 土地等級（必填）：根據本地區關於土地等級的有關規定，填寫納稅人占用土地所屬的土地的等級。不同土地等級的土地，應當按照各個土地等級匯總填寫。

14. 稅額標準：根據土地等級確定，可由稅務機關係統自動帶出。

15. 土地總面積（必填）：此面積為全部面積，包括減免稅面積。本項為城鎮土地使用稅稅源明細表「占用土地面積」的匯總值。

16. 所屬期起：稅款所屬期內稅款所屬的起始月份。起始月份不同的土地應當分行填寫。默認為稅款所屬期的起始月份。但是，當城鎮土地使用稅稅源明細表中土地取得時間晚於稅款所屬期起始月份的，所屬期起為「取得時間」的次月；城鎮土地使用稅稅源明細表中經核准的困難減免的起始月份晚於稅款所屬期起始月份的，所屬期起為「經核准的困難減免的起始月份」；城鎮土地使用稅稅源明細表中變更類型選擇信息項變更的，變更時間晚於稅款所屬期起始月份的，所屬期起為「變更時間」。

17. 所屬期止：稅款所屬期內稅款所屬的終止月份。終止月份不同的土地應當分行填寫。默認為稅款所屬期的終止月份。但是，當城鎮土地使用稅稅源明細表中變更類型選擇「納稅義務終止」的，變更時間早於稅款所屬期終止月份的，所屬期止為「變更時間」；城鎮土地使用稅稅源明細表中「經核准的困難減免的終止月份」早於稅款所屬期終止月份的，所屬期止為「經核准的困難減免的終止月份」。

18. 本期應納稅額：根據城鎮土地使用稅稅源明細表有關數據項自動計算生成。本期應納稅額＝Σ占用土地面積×稅額標準÷12×（所屬期止月份－所屬期起月份+1）。

19. 本期減免稅額：本項根據城鎮土地使用稅稅源明細表月減免稅額與稅款所屬期實際包含的月份數自動計算生成。本期減免稅額＝Σ城鎮土地使用稅稅源明細表月減免稅額×（所屬期止月份－所屬期起月份+1）。

20. 邏輯關係：本期應補（退）稅額＝本期應納稅額－本期減免稅額－本期已繳稅額。

21. 帶星號（＊）的項目不需要納稅人填寫。

第三節　車船稅

車船稅是指對在中國境內應依法到公安、交通、農業、漁業、軍事等管理部門辦理登記的車輛、船舶，根據其種類，按照規定的計稅依據和年稅額標準計算徵收的一種財產稅。從 2007 年 7 月 1 日開始，車船稅納稅人需要在投保交強險時繳納車船稅。

開徵車船稅，能夠為地方政府籌集財政資金，能夠將分散在車船人手中的部分資金集中起來，增加地方財源，增加地方政府的財政收入；同時，有利於車船的管理與合理配置。隨著經濟發展，社會擁有車船的數量急遽增加，開徵車船稅後，購置、使用車船越多，應繳納的車船稅越多，促使納稅人加強對自己擁有的車船管理和核算，改善資源配置，合理使用車船。開徵車船稅，還有利於調節財富差異。在國外，車船稅除了籌集地方財政收入外，另一重要功能是對個人擁有的財富（如轎車、遊艇等）進行調節，緩解財富分配不公的問題。隨著中國經濟的增長，部分先富起來的個人擁有私人轎車、遊艇及其他車船的情況將會日益增加，中國徵收車船稅的財富再分配作用亦會更加重要。

一、車船稅的納稅人及納稅範圍

（一）納稅人

車船稅是以車船為課徵對象，向車輛、船舶（以下簡稱車船）的所有人或者管理人徵收的一種稅，因此，車船稅的納稅人是車船的所有人及管理人。此處所稱車船，是指依法應當在車船管理部門登記的車船。

（二）車船稅的納稅範圍

車船稅的徵收範圍，是指依法應當在中國車船管理部門登記的車船（除規定減免的車船外）。

1. 車輛

它包括機動車輛和非機動車輛。機動車輛，指依靠燃油、電力等能源作為動力運行的車輛，如汽車、拖拉機、無軌電車等；非機動車輛，指依靠人力、畜力運行的車輛，如三輪車、自行車、畜力駕駛車等。

2. 船舶

它包括機動船舶和非機動船舶。機動船舶，指依靠燃料等能源作為動力運行的船舶，如客輪、貨船、氣墊船等；非機動船舶，指依靠人力或者其他力量運行的船舶，如木船、帆船、舢板等。

第十一章　費用性稅種

二、車船稅的稅目與稅率

車船稅在中國的適用稅額，依照《車船稅稅目稅額表》執行。中國國務院財政部門、稅務主管部門可以根據實際情況，在規定的稅目範圍和稅額幅度內，劃分子稅目，並明確車輛的子稅目稅額幅度和船舶的具體適用稅額。車輛的具體適用稅額由省、自治區、直轄市人民政府在規定的子稅目稅額幅度內確定。

（一）車船稅的稅目

《車船稅稅目稅額表》中的載客汽車，劃分為大型客車、中型客車、小型客車和微型客車4個子稅目。其中，大型客車是指核定載客人數大於或者等於20人的載客汽車，中型客車是指核定載客人數大於9人且小於20人的載客汽車，小型客車是指核定載客人數小於或者等於9人的載客汽車，微型客車是指發動機氣缸總排氣量小於或者等於1升的載客汽車。三輪汽車是指在車輛管理部門登記為三輪汽車或者三輪家用運輸車的機動車。低速貨車是指在車輛管理部門登記為低速貨車或者四輪農用運輸車的機動車。

（二）車船稅的稅率

車船稅一直採用的是定額稅率，是稅率的一種特殊形式。即對徵稅的車船規定單位固定稅額。車船稅確定定額稅的原則是：排氣量小的車輛稅負輕於排氣量大的車輛，載人少的車輛稅負輕於載人多的車輛，自重小的車輛稅負輕於自重大的車輛，小噸位船舶的稅負輕於大噸位船舶。由於車輛與船舶的情況不同，車船稅的稅額也有所不同，具體如表11-3所示。

表 11-3　　　　　　　　　車船稅稅率目錄表

車船稅的稅目	車船稅的計稅單位	年基準稅	備註
乘用車［按發動機汽缸容量（排氣量）分檔］1.0升（含）以下的	每輛	60元至360元	核定載客人數9人（含）以下
乘用車［按發動機汽缸容量（排氣量）分檔］1.0升以上至1.6升（含）的	每輛	300元至540元	核定載客人數9人（含）以下
乘用車［按發動機汽缸容量（排氣量）分檔］1.6升以上至2.0升（含）的	每輛	360元至660元	核定載客人數9人（含）以下
乘用車［按發動機汽缸容量（排氣量）分檔］2.0升以上至2.5升（含）的	每輛	660元至1,200元	核定載客人數9人（含）以下
乘用車［按發動機汽缸容量（排氣量）分檔］2.5升以上至3.0升（含）的	每輛	1,200元至2,400元	核定載客人數9人（含）以下

表11-3(續)

車船稅的稅目	車船稅的計稅單位	年基準稅	備註
乘用車［按發動機汽缸容量（排氣量）分檔］3.0升以上至4.0升（含）的	每輛	2,400元至3,600元	核定載客人數9人（含）以下
乘用車［按發動機汽缸容量（排氣量）分檔］4.0升以上的	每輛	3,600元至5,400元	核定載客人數9人（含）以下
商用車客車	每輛	480元至1,440元	核定載客人數9人以上，包括電車
商用車貨車	整備質量每噸	16元至120元	包括半掛牽引車、三輪汽車和低速載貨汽車等
掛車	整備質量每噸	按照貨車稅額的50%計算	
其他車輛專用作業車	整備質量每噸	16元至120元	不包括拖拉機
其他車輛輪式專用機械車	整備質量每噸	16元至120元	不包括拖拉機
摩托車	每輛	36元至180元	
機動船舶	淨噸位每噸	3元至6元	拖船、非機動駁船分別按照機動船舶稅額的50%計算
遊艇	艇身長度每米	600元至2,000元	無

三、車船稅的應納稅額

車船稅的納稅人按照納稅地點所在的省、自治區、直轄市人民政府確定的具體適用稅額繳納車船稅。車船稅由地方稅務機關負責徵收。

（一）計稅依據

（1）載客汽車和摩托車的計稅依據是輛數。

（2）載貨汽車和其他汽車的計稅依據是自重噸數。

（3）機動船舶按照淨噸數作為計稅依據。

（二）應納稅額

車船稅的應納稅額，是根據不同類型的車船及其適用的計稅標準去計算的。

應納稅額計算公式如下：

（1）船舶：船舶的淨噸位數量×單位稅額。

（2）載客汽車、摩托車：車輛數量×單位稅額。

第十一章 費用性稅種

(3) 載貨汽車、三輪汽車、低速貨車：車輛的自重噸位數量×單位稅額。

(4) 購置的新車船，購置當年的應納稅額至納稅義務發生的當月按月計算。

【例 11-6】某小型運輸公司 2016 年 7 月底購入客貨兩用車 3 輛，可乘 4 人，自重噸位為每輛 1.3 噸，8 月份取得車船管理部門核發的車船登記證書。當地政府規定，載貨汽車的車輛稅額為 80 元/噸，4 人座客車每年稅額為 200 元。則 2016 年應納的車船稅是多少？

解析：車輛自重噸位尾數在 0.5 噸以下者，按 0.5 噸計算。

應納車船稅＝3×1.5×80×5/12＝150（元）

購置的新車船，購置當年的應納稅額自納稅義務發生的當月按月計算。

在一個納稅年度內，已完稅的車船被盜搶、報廢、滅失的，納稅人可以憑有關管理機關出具的證明和完稅證明，向納稅所在地的主管稅務機關申請退還自被盜搶、報廢、滅失月份至該納稅年度終了期間的稅款。

已辦理退稅的被盜搶車船，失而復得的，納稅人應當從公安機關出具相關證明的當月起計算繳納車船稅。

在一個納稅年度內，納稅人在非車輛登記地由保險機構代收代繳機動車車船稅，且能夠提供合法有效完稅證明的，納稅人不再向車輛登記地的地方稅務機關繳納車船稅。

已繳納車船稅的車船在同一納稅年度內辦理轉讓過戶的，不另納稅，也不退稅。

四、車船稅的會計處理

(一) 帳戶設置

企業繳納的車船稅，應通過「應交稅費——應交車船稅」科目進行核算。該科目貸方反映企業應繳納車船稅稅額，借方反映企業已經繳納的車船稅稅額，餘額在貸方，表示企業應繳而未繳的車船稅。

(二) 會計處理

(1) 月末，企業計算出應繳納的車船使用稅稅額：

借：管理費用

　　貸：應交稅費——應交車船稅

(2) 按規定，車船稅按年徵收，分期繳納。具體納稅期限由省、自治區、直轄市人民政府規定。

企業在繳納稅款時：

借：應交稅費——應交車船稅

　　貸：銀行存款

【例 11-7】某運輸公司現有質量為 20 噸的商業用途車輛 5 輛，商用客車 10 輛，乘用車 10 輛。假設商用貨車每噸車船稅為 50 元，商用客車每輛車船稅為 1,000 元，

企業涉稅實務

乘用車每輛車船稅為 500 元，計算該公司應納車船稅並做會計分錄。

解析：

該公司應納車船稅：

商用貨車車船稅 = 5×20×50 = 5,000（元）

商用客車車船稅 = 10×1,000 = 10,000（元）

乘用車車船稅 = 5×500 = 2,500（元）

應納車船稅合計 = 5,000+10,000+2,500 = 17,500（元）

企業按規定繳納的車船稅的會計分錄如下：

借：管理費用　　　　　　　　　　　　　　　　　17,500
　　貸：應交稅費——應交車船稅　　　　　　　　　　17,500

在實際繳納時：

借：應交稅費——應交車船稅　　　　　　　　　　　17,500
　　貸：銀行存款　　　　　　　　　　　　　　　　17,500

五、車船稅的減免稅規定

下列車船免徵車船稅：

（1）非機動車船（不包括非機動駁船）。它是指以人力或者畜力驅動的車輛，以及符合國家有關標準的殘疾人機動輪椅車、電動自行車等車輛；非機動船是指自身沒有動力裝置，依靠外力驅動的船舶；非機動駁船是指在船舶管理部門登記為駁船的非機動船。

（2）拖拉機。它是指在農業（農業機械）部門登記為拖拉機的車輛。

（3）捕撈、養殖漁船。它是指在漁業船舶管理部門登記為捕撈船或者養殖船的漁業船舶，不包括在漁業船舶管理部門登記為捕撈船或者養殖船以外類型的漁業船舶。

（4）軍隊、武警專用的車船。它是指按照規定在軍隊、武警車船管理部門登記，並領取軍用牌照、武警牌照的車船。

（5）警用車船。它是指公安機關、國家安全機關、監獄、勞動教養管理機關和人民法院、人民檢察院領取警用牌照的車輛和執行警務的專用船舶。

（6）按照有關規定已經繳納船舶噸稅的船舶。

（7）依照中國有關法律和中國締結或者參加的國際條約的規定應當予以免稅的外國駐華使館、領事館和國際組織駐華機構及其有關人員的車船。

（8）節約能源、使用新能源的車船可以免徵或者減徵車船稅。但免徵或者減徵車船稅的範圍，由國務院財政、稅務主管部門按國務院有關規定制定，報國務院批准。

第十一章 費用性稅種

六、申報與繳納

(一) 納稅期限

車船稅納稅義務發生時間為取得車船所有權或者管理權的當月，以購買車船的發票或其他證明文件所載日期的當月為準。

車船稅按年申報繳納。具體申報納稅期限由省、自治區、直轄市人民政府規定。車船稅按年申報，分月計算，一次性繳納。納稅年度為公曆1月1日至12月31日。

(二) 納稅地點

車船稅的納稅地點為車船的登記地或者車船稅扣繳義務人所在地。依法不需要辦理登記的車船，車船稅的納稅地點為車船的所有人或者管理人所在地。

(三) 申報要求

納稅人繳納車船稅時，應當提供反映排氣量、整備質量、核定載客人數、淨噸位、千瓦、艇身長度等與納稅相關信息的相應憑證以及稅務機關根據實際需要要求提供的其他資料。

納稅人以前年度已經提供前款所列資料信息的，可以不再提供。

車船稅納稅申報表如表11-4所示。

表11-4　　　　　　車船稅納稅申報表（申報樣本）

稅款所屬期限：自2016年1月1日至2016年12月31日　填表日期：2016年7月10日

納稅人識別號：｜3｜5｜0｜2｜×｜×｜×｜×｜×｜×｜×｜×｜×｜×｜×｜×｜×｜×｜×｜×｜

金額單位：元（列至角分）

納稅人名稱	×××××有限公司	納稅人身分證照類型		組織機構代碼	
納稅人身分證照號碼	35020×××××××××	居住（單位）地址		××市××區×××號	
聯繫人	張三	聯繫方式		50×××××5	

序號	(車輛)號牌號碼/(船舶)登記號碼	車船識別代碼(車架號/船舶識別號)	徵收品目	計稅單位	計稅單位的數量	單位稅額	年應繳稅額	本年減免稅額	減免性質代碼	減免稅證明號	當年應繳稅額	本年已繳稅額	本期應補(退)稅額
	XD123	LVSFDFAB4AN××××248	1.0升以上至1.6升(含)的乘用車	輛	1	300	300	0			300	0	300
	180013××××××057	CN××××××××432897	淨噸位超過200噸但不超過2,000噸的機動船舶	艘	279	4	1,116	0			1,116	0	1,116
合計	—	—	—	—	—	—	1,416				1,416		1,416
申報車輛總數（輛）		1			申報船舶總數（艘）		1						

249

表11-4(續)

以下由申報人填寫:					
納稅人聲明	此納稅申報表是根據《中華人民共和國車船稅法》和國家有關稅收規定填報的,是真實的、可靠的、完整的。				
納稅人簽章		代理人簽章		代理人身分證號	
以下由稅務機關填寫:					
受理人		受理日期		受理稅務機關(簽章)	

本表一式兩份,一份納稅人留存,一份稅務機關留存。

填表說明:

1. 車船稅納稅申報表適用於中華人民共和國境內自行申報車船稅的納稅人填報。本表分為一主表兩附表,車輛車船稅納稅人填報納稅申報表和稅源明細表(車輛),船舶車船稅納稅人填報納稅申報表和稅源明細表(船舶)。

2. 對首次進行車船稅納稅申報的納稅人,需要申報其全部車船的主附表信息。此後辦理納稅申報時,如果納稅人的車船及相關信息未發生變化的,可不再填報信息,僅提供相關證件,由稅務機關按上次申報信息生成申報表後,納稅人進行簽章確認即可。對車船或納稅人有關信息發生變化的,納稅人僅就變化的內容進行填報。

3. 稅款所屬期限:填報納稅年度1月1日至12月31日。

4. 納稅人識別號:單位納稅人填報,自然人納稅人不必填報。

5. 納稅人身分證照類型:

(1) 組織機構代碼;

(2) 居民身分證或臨時居民身分證;

(3) 有效軍人身分證件;

(4) 中國香港、澳門特別行政區居民身分證明;

(5) 臺灣地區居民身分證明;

(6) 外國人護照或居留許可;

(7) 外交部核發的外國駐華使館、領館、國際組織駐華代表機構人員的有效身分證;

(8) 其他。

6. 納稅人身分證照號碼:是單位的,填報含所屬行政區域代碼的組織機構代碼。是個人的,填報身分證照號碼。

7. 徵收品目:

(1) 1.0升(含)以下的乘用車;

(2) 1.0升以上至1.6升(含)的乘用車;

(3) 1.6升以上至2.0升(含)的乘用車;

(4) 2.0升以上至2.5升(含)的乘用車;

(5) 2.5升以上至3.0升(含)的乘用車;

(6) 3.0升以上至4.0升(含)的乘用車;

(7) 4.0升以上的乘用車;

(8) 核定載客人數9人以上20人以下的中型客車;

(9) 核定載客人數20人(含)以上的大型客車;

第十一章　費用性稅種

（10）貨車；

（11）掛車；

（12）專用作業車；

（13）輪式專用機械車；

（14）摩托車；

（15）淨噸位不超過 200 噸的機動船舶；

（16）淨噸位超過 200 噸但不超過 2,000 噸的機動船舶；

（17）淨噸位超過 2,000 噸但不超過 10,000 噸的機動船舶；

（18）淨噸位超過 10,000 噸的機動船舶；

（19）艇身長度不超過 10 米的遊艇；

（20）艇身長度超過 10 米但不超過 18 米的遊艇；

（21）艇身長度超過 18 米但不超過 30 米的遊艇；

（22）艇身長度超過 30 米的遊艇。

8. 計稅單位：

（1）乘用車、客車、摩托車子稅目，填報輛；

（2）貨車、掛車、專用作業車、輪式專用機械車、機動船舶子稅目，填報噸（保留兩位小數）；

（3）遊艇子稅目，填報米。

9. 計稅單位的數量：車輛按輛徵收的，填報 1；車輛按整備質量以及船舶按淨噸位徵收的，填報噸數；遊艇按米徵收的，填報總長的米數。

10. 單位稅額：根據納稅地點所在省、自治區、直轄市車船稅實施辦法所附稅目稅額表相應的單位稅額填報。

11. 減免性質代碼：按照國家稅務總局制定下發的最新《減免性質及分類表》中的最細項減免性質代碼填報。

第四節　印花稅

印花稅是對經濟活動和經濟交往中書立、領受具有法律效力憑證的行為所徵收的一種稅，因採用在應稅憑證上粘貼印花稅票作為完稅的標誌而得名。印花稅由納稅人按規定的應稅比例和定額自行購買並粘貼印花稅票，完成納稅義務。

印花稅是一種具有行為稅性質的憑證稅，凡發生書立、使用、領受應稅憑證的行為，就必須依照印花稅法的有關規定履行納稅義務。徵收印花稅有利於增加財政收入，有利於配合和加強經濟合同的監督管理，有利於培養納稅意識，也有利於配合對其他應納稅種的監督管理。

251

一、印花稅的納稅人與納稅範圍

（一）印花稅的納稅人

印花稅的納稅人，是在中國境內書立、領受、使用稅法所列舉憑證的單位和個人。它具體包括立合同人、立帳簿人、立據人、領受人、使用人、各類電子應稅憑證的簽訂人。

1. 立合同人

立合同人是指合同的（雙方）當事人，即對憑證有直接權利義務關係的單位和個人，但不包括合同的擔保人、證人和鑒定人。簽訂合同、書立產權轉移書據的各方當事人都是印花稅的納稅人。

合同必須是合法的合同。具有合同性質的憑證，是指具有合同效力的協議、契約、合約、單據、確認書及各種名稱的憑證。

當事人的代理人有代理納稅的義務，他與納稅人負有同等的稅收法律義務和責任。

2. 立據人

商品房銷售合同按產權轉移書據計稅貼花。（土地增值稅）

3. 立帳簿人

營業帳簿的納稅人是立帳簿人。

4. 領受人

權利、許可證照的納稅人是領受人。

權利、許可證照包括房屋產權證、工商營業執照、商標註冊證、專利證、土地使用證。

5. 使用人

在國外書立、領受，但在國內使用的應稅憑證，其納稅人是使用人。

6. 各類電子應稅憑證的簽訂人

需要注意的是，對應稅憑證，凡由兩方或兩方以上當事人共同書立應稅憑證的，其當事人各方都是印花稅納稅人，應各就其所持憑證的計稅金額履行納稅義務。

（二）印花稅的納稅範圍

徵收印花稅的範圍分為五類，即經濟合同，產權轉移書據，營業帳簿，權利、許可證照和經財政部門確認的其他憑證。

（1）經濟合同類（10類）：購銷合同、加工承攬合同、建設工程勘察設計合同、建築安裝工程承包合同、財產租賃合同、貨物運輸合同、倉儲保管合同、借款合同、財產保險合同、技術合同。

（2）產權轉移書據：財產所有權和版權、商標專用權、專利權、專有技術使用權的轉移書據。

第十一章　費用性稅種

（3）營業帳簿：按帳簿的經濟用途來確定徵免界限，不反映生產經營活動的，不繳印花稅。已貼花的不再貼花。

（4）權利、許可證照：房屋產權證、工商營業執照、商標註冊證、專利證、土地使用證，不包括稅務登記證、衛生證。

（5）經財政部門確定徵稅的其他憑證。

三、印花稅的稅目與稅率

（一）稅目

印花稅的稅目，指印花稅法明確規定的應納稅的項目，它具體劃定了印花稅的徵稅範圍。印花稅共有13個稅目，具體包括：購銷合同，加工承攬合同，建設工程勘察設計合同，建築安裝工程承包合同，財產租賃合同，貨物運輸合同，倉儲保管合同，借款合同，財產保險合同，技術合同，產權轉移書據，營業帳簿，權利、許可證照。

（二）稅率

印花稅的稅率設計，遵循稅負從輕、共同負擔的原則，所以稅率較低。憑證的當事人，即對憑證有直接權利與義務關係的單位和個人均應就其所持憑證依法納稅。

印花稅的稅率有兩種形式，即比例稅率和定額稅率。

1. 比例稅率

印花稅的比例稅率有四檔：

（1）財產租賃合同、倉儲保管合同、財產保險合同的規定稅率為千分之一；

（2）加工承攬合同、建設工程勘察設計合同、貨物運輸合同、產權轉移書據的規定稅率為萬分之五；

（3）購銷合同、建築安裝工程承包合同、技術合同的規定稅率為萬分之三；

（4）借款合同為萬分之零點五。

2. 定額稅率

印花稅的定額稅率是按照件數定額貼花，每件5元，主要適用於其他帳簿、權利許可證照等。

印花稅稅目稅率表如表11-5所示。

表11-5　　　　　　　　　印花稅稅目稅率表

稅目	範圍	稅率	納稅人	說明
1. 購銷合同	包括供應、預購、採購、購銷、結合及協作、調劑、補償、易貨等合同	按購銷金額的0.3‰貼花	立合同人	
2. 加工承攬合同	包括加工、定做、修繕、修理、印刷廣告、測繪、測試等合同	按加工或承攬收入的0.5‰貼花	立合同人	

表11-5(續)

稅目	範圍	稅率	納稅人	說明
3. 建設工程勘察設計合同	包括勘察、設計合同	按收取費用的0.5‰貼花	立合同人	
4. 建築安裝工程承包合同	包括建築、安裝工程承包合同	按承包金額的0.3‰貼花	立合同人	
5. 財產租賃合同	包括租賃房屋、船舶、飛機、機動車輛、機械、器具、設備等合同	按租賃金額的1‰貼花。稅額不足1元的，按1元貼花	立合同人	
6. 貨物運輸合同	包括民用航空運輸、鐵路運輸、海上運輸、內河運輸、公路運輸和聯運合同	按運輸費用的0.5‰貼花	立合同人	單據作為合同使用的，按合同貼花
7. 倉儲保管合同	包括倉儲、保管合同	按倉儲保管費用的1‰貼花	立合同人	倉單或棧單作為合同使用的，按合同貼花
8. 借款合同	銀行及其他金融組織和借款人（不包括銀行同業拆借）所簽訂的借款合同	按借款金額的0.05‰貼花	立合同人	單據作為合同使用的，按合同貼花
9. 財產保險合同	包括財產、責任、保證、信用等保險合同	按保險費收入的1‰貼花	立合同人	單據作為合同使用的，按合同貼花
10. 技術合同	包括技術開發、轉讓、諮詢、服務等合同	按所載金額的0.3‰貼花	立合同人	
11. 產權轉移書據	包括財產所有權和版權、商標專用權、專利權、專有技術使用權等轉移書據，土地使用權出讓合同、土地使用權轉讓合同、商品房銷售合同	按所載金額的0.5‰貼花	立據人	
12. 營業帳簿	生產、經營用帳冊	記載資金的帳簿，按實收資本和資本公積的合計金額的0.5‰貼花。其他帳簿按件貼花5元	立帳簿人	
13. 權利、許可證照	包括政府部門發給的房屋產權證、工商營業執照、商標註冊證、專利證、土地使用證	按件貼花5元	領受人	

第十一章　費用性稅種

四、應納稅額的計算

（一）計稅依據的一般規定

（1）購銷合同的計稅依據為合同記載的購銷金額。

（2）加工承攬合同的計稅依據是加工或承攬收入的金額。

（3）建設工程勘察設計合同的計稅依據為收取的費用。

（4）建築安裝工程承包合同的計稅依據為申報金額。

（5）財產租賃合同的計稅依據為租賃金額。經計算，稅額不足 1 元的，按 1 元貼花。

（6）貨物運輸合同的計稅依據為取得的運輸費金額（即運費收入），不包括所運貨物的金額、裝卸費和保險費等。

（7）倉儲保管合同的計稅依據為收取的倉儲保管費用。

（8）借款合同的計稅依據為借款金額。

（9）財產保險合同的計稅依據為支付（收取）的保險費，不包括所保財產的金額。

（10）技術合同的計稅依據為合同所載的價款、報酬或使用費。

（11）產權轉移書據的計稅依據為所載金額。

（12）營業帳簿稅目中記載資金的帳簿的計稅依據為「實收資本」與「資本公積」兩項的合計金額；實收資本包括現金、實物、無形資產和材料物資。

其他帳簿的計稅依據為應稅憑證的件數。

（13）權利、許可證照的計稅依據為應稅憑證的件數。

（二）計稅依據的特殊規定

（1）同一憑證，載有兩個或兩個以上經濟事項而適用不同稅目稅率，如分別記載金額的，應分別計算應納稅額，相加后按合計稅額貼花；如未分別記載金額的，按稅率高的計稅貼花。

（2）按金額比例貼花的應稅憑證，未標明金額的，應按照憑證所載數量及國家牌價計算金額；沒有國家牌價的，按市場價格計算金額，然后按規定稅率計算應納稅額。

（3）應稅憑證所載金額為外國貨幣的，應按照憑證書立當日國家外匯管理局公布的外匯牌價折合成人民幣，然后計算應納稅額。

（4）應納稅額不足 1 角的，免納印花稅；1 角以上的，其稅額尾數不滿 5 分的不計，滿 5 分的按 1 角計算。

（5）有些合同，在簽訂時無法確定計稅金額，如技術轉讓合同中的轉讓收入，是按銷售收入的一定比例收取或是按實現利潤分成的；財產租賃合同，只是規定了月（天）租金標準而無租賃期限的。對這類合同，可在簽訂時先按定額 5 元貼花，

255

企業涉稅實務

以后結算時再按實際金額計稅，補貼印花。

（6）應稅合同在簽訂時納稅義務既已產生，應計算應納稅額並貼花。所以，不論合同是否兌現或是否按期兌現，均應貼花。

對已履行並貼花的合同，所載金額與合同履行後實際結算金額不一致的，只要雙方未修改合同金額，一般不再辦理完稅手續。

（三）應納稅額的計算

1. 按比例稅率計算應納稅額的方法

$$應納稅額=計稅金額\times 適用稅率$$

2. 按件定額計算應納稅額的方法

$$應納稅額=憑證數量\times 單位稅額$$

【例 11-8】某企業 2016 年度有關資料如下：

（1）與銀行簽訂一年期借款合同，借款金額為 300 萬元，年利率為 5%；

（2）與另一家公司簽訂以貨換貨合同，本企業的貨物價格為 400 萬元，另一家公司的貨物價格為 450 萬元；

（3）與乙公司簽訂受託加工合同，乙公司提供價值 80 萬元的原材料，本企業提供價值 15 萬元的輔助材料並收加工費 20 萬元；

（4）與貨運公司簽訂運輸合同，載明運輸費用 8 萬元（其中含裝卸費 0.5 萬元）。

要求：計算該企業 2016 年應繳納的印花稅。

解析：

（1）借款合同應納印花稅 = 3,000,000×0.05‰ = 150（元）

（2）以物易物購銷合同，應以購銷金額合計為計稅依據：

應納印花稅 =（4,000,000+4,500,000）×0.3‰ = 2,550（元）

（3）委託加工合同以加工費和輔助材料金額之和為計稅依據：

加工合同應納印花稅 =（150,000+200,000）×0.5‰ = 175（元）

（4）運輸合同計稅依據不包括裝卸費：

應納印花稅 =（80,000-5,000）×0.5‰ = 37.5（元）

該企業 2016 年應納印花稅 = 150+2,550+175+37.5 = 2,912.5（元）

五、印花稅的會計處理

（一）不通過應交稅費科目核算

企業繳納的印花稅如果金額比較小，比如定額貼花的營業帳簿和產權許可證照等，不需要預計應交數的稅金，不通過「應交稅費」科目核算，如果金額小，購買時直接減少銀行存款或庫存現金即可。

實際繳納的印花稅：

借：管理費用（印花稅）

第十一章 費用性稅種

貸：銀行存款

【例 11-9】某企業開業時領受房產證、工商營業執照、土地使用證各一件，訂立產品購銷合同兩份，已知該企業當月應納印花稅稅額為 1,956 元，則其會計處理為：

借：管理費用　　　　　　　　　　　　　　　1,956
　　貸：銀行存款　　　　　　　　　　　　　　　　1,956

（二）通過應交稅費科目核算

在實際工作中，採購合同和銷售合同印花稅是根據實際採購、銷售或購銷總額的一定百分比乘以稅率直接計算繳納的，這時很多企業就會先通過「應交稅費」計提本月的印花稅，次月實際繳納時再衝減應交稅費科目。

（1）計提本月印花稅的會計分錄：

借：管理費用
　　貸：應交稅費——應交印花稅

（2）實際繳納印花稅的會計分錄：

借：應交稅費——應交印花稅
　　貸：銀行存款

六、稅收優惠

（一）法定憑證免稅

下列憑證，免徵印花稅：

（1）已繳納印花稅的憑證的副本或者抄本。

（2）財產所有人將財產贈給政府、社會福利單位、學校所立的書據（公益性贈與）。

（3）經財政部批准免稅的其他憑證。

（二）免稅額

應納稅額不足一角的，免徵印花稅。

（三）特定憑證免稅

下列憑證，免徵印花稅：

（1）國家指定的收購部門與村委會、農民個人書立的農副產品收購合同。

（2）無息、貼息貸款合同。

（3）外國政府或者國際金融組織向中國政府及國家金融機構提供優惠貸款所書立的合同。

（4）特定情形免稅。

（5）單據免稅：對貨物運輸、倉儲保管、財產保險、銀行借款等，辦理一項業務，既書立合同，又開立單據的，只就合同貼花；所開立的各類單據，不再貼花。

企業涉稅實務

(6) 企業兼併並入資金免稅。

(7) 租賃承包經營合同免稅（企業與主管部門等簽訂的租賃承包經營合同，不屬於財產租賃合同，不徵收印花稅）。

(8) 特殊情形免稅：納稅人已履行並貼花的合同，發現實際結算金額與合同所載金額不一致的，一般不再補貼印花。

(9) 保險合同免稅：農林作物、牧業畜類保險合同，免徵印花稅。

(10) 書、報、刊合同免稅。書、報、刊發行單位之間，發行單位與訂閱單位或個人之間而書立的憑證，免徵印花稅。

(11) 外國運輸企業免稅。進口貨物的，外國運輸企業所持有的一份結算憑證，免徵印花稅。

(12) 特殊貨運憑證免稅：軍事物資、搶險救災物資、為新建鐵路運輸施工所需物料，使用工程臨管線專用運費結算憑證，免稅。

(13) 物資調撥單免稅。

(14) 同業拆借合同免稅，銀行、非銀行金融機構之間相互融通短期資金，免稅。

(15) 借款展期合同免稅，按規定僅載明延期還款事項的，可暫不貼花。

(16) 撥改貸合同免稅，對財政部門的撥款改貸款簽訂的借款合同，凡直接與使用單位簽訂的，暫不貼花。

(17) 合同、書據免稅，土地使用權出讓、轉讓書據（合同）、出版合同，不屬於印花稅列舉徵稅的憑證。

(18) 國庫業務帳簿免稅，人民銀行各級機構經理國庫業務及委託各專業銀行各級機構代理國庫業務設置的帳簿，免稅。

(19) 委託代理合同免稅，代理單位與委託單位之間簽訂的委託代理合同，不徵印花稅。

(20) 日拆性貸款合同免稅，對人民銀行向各商業銀行提供的日拆性貸款（20天以內的貸款）所簽訂的合同或借據，暫免印花稅。

(21) 鐵道企業特定憑證免稅。

(22) 電話和聯網購貨免稅。

(23) 股權轉讓免稅。

七、印花稅的申報與繳納

(一) 納稅辦法

根據稅額、貼花次數以及稅收徵收的需要，分別採用以下三種印花稅納稅辦法：

1. 自行貼花

這種方法，一般適用於應稅憑證較少或者貼花次數較少的納稅人。在憑證書立

第十一章　費用性稅種

或領受的同時，由納稅人根據憑證上所載的計稅金額自行計算應納稅額，購買相當金額的印花稅票，粘貼在憑證的適當位置，然后自行註銷。註銷的方法是：可以用鋼筆、毛筆等書寫工具，在印花稅票與憑證的交接處畫幾條橫線註銷。不論貼多少枚印花稅票，都要將稅票予以註銷，印花稅票註銷后就完成了納稅手續，納稅人對納稅憑證應按規定的期限妥善保存一個時期，以便稅務人員進行納稅檢查。

對國家政策性銀行記載資金的帳簿，一次貼花數額較大的，經當地稅務機關核准，可在3年內分次貼足印花。

2. 匯貼或匯繳

這種方法，一般適用於應納稅額較大或者貼花次數頻繁的納稅人。對有些憑證應納稅額較大，不便於在憑證上粘貼印花稅票完稅的，納稅人可持證到稅務機關，采取開繳款書或完稅證繳納印花稅的辦法，由稅務機關在憑證上加蓋印花稅收訖專用章。

3. 委托代徵

這一辦法主要是通過稅務機關的委托，經由發放或者辦理應納稅憑證的單位代為徵收印花稅稅款。

印花稅法規定，發放或者辦理應納稅憑證的單位，負有監督納稅人依法納稅的義務，具體是指對以下納稅事項進行監督：①應納稅額憑證是否已粘貼印花；②粘貼的印花是否足額；③粘貼的印花是否按規定註銷。

對未完成以上納稅手續的，應督促納稅人當場完成。

納稅人不論採用哪一種納稅辦法，均應對納稅憑證妥善保存。憑證的保存期限，凡國家已有明確規定的，按規定辦理；其餘憑證均應在履行完畢后保存1年。

（二）納稅環節

印花稅應當在書立或領受時貼花，具體是指在合同簽訂、帳簿啟用和證照領受環節貼花。如果合同是在國外簽訂，並且不便在國外貼花的，應在合同入境時辦理貼花手續。

（三）納稅地點

印花稅一般實行就地納稅。

全國性商品訂貨會（包括展銷會、交易會等）上所簽訂的合同應納的印花稅，由納稅人回其所在地后及時辦理貼花完稅手續；對地方主辦、不涉及省級關係的訂貨會、展銷會上所簽訂合同的印花稅，其納稅地點由各省、自治區、直轄市人民政府自行確定。

（四）申報要求

印花稅實行由納稅人根據規定自行計算應納稅額，購買並一併貼足印花稅票的繳納辦法；應納稅額較大或者貼花次數頻繁的，納稅人可向主管稅務機關提出申請，採取以繳款書代替貼花或者按期匯總繳納的辦法進行，並填報申報表。代扣代繳納稅期限為次月10日前。印花稅納稅申報表如表11-6所示。

259

企業涉稅實務

表 11-6　　　　　　　　　印花稅納稅申報表（填寫樣本）

稅款所屬期限：自 20××年××月××日至 20××年××月××日

填表日期：20××年××月××日　　　　　　　　　金額單位：元（列至角分）

納稅人識別號									
納稅人信息	名稱		××公司			□單位		□個人	
	登記註冊類型			所屬行業					
	身分證件號碼			聯繫方式					

應稅憑證	計稅金額或件數	核定徵收		適用稅率	本期應納稅額	本期已繳稅額	本期減免稅額		本期應補（退）稅額
		核定依據	核定比例				減免性質代碼	減免額	
	1	2	4	5	6＝1×5+2×4×5	7	8	9	10＝6-7-9
購銷合同				0.3‰					
加工承攬合同				0.5‰					
建設工程勘察設計合同				0.5‰					
建築安裝工程承包合同				0.3‰					
財產租賃合同				1‰					
貨物運輸合同				0.5‰					
倉儲保管合同				1‰					
借款合同				0.05‰					
財產保險合同				1‰					
技術合同				0.3‰					
產權轉移書據				0.5‰					
營業帳簿（記載資金的帳簿）		—		0.5‰					

第十一章　費用性稅種

表11-6(續)

營業帳簿(其他帳簿)	—	5元			
權利、許可證照	—	5元			
合計	—	—	—		
以下由納稅人填寫：					
納稅人聲明	此納稅申報表是根據《中華人民共和國印花稅暫行條例》和國家有關稅收規定填報的，是真實的、可靠的、完整的。				
納稅人簽章		代理人簽章		代理人身分證號	
以下由稅務機關填寫：					
受理人		受理日期　年　月　日		受理稅務機關簽章	

填寫說明：

1. 納稅人識別號：按稅務登記證號如實填寫。

2. 納稅人名稱：按納稅人名稱的全稱如實填寫。

3. 本表一式兩份，一份納稅人留存，一份稅務機關留存。

4. 減免性質代碼：減免性質代碼按照國家稅務總局制定下發的最新《減免性質及分類表》中的最細項減免性質代碼填報。

261

第十二章　資本性稅種

● 第一節　契稅

契稅,是指對契約徵收的稅,屬於財產轉移稅,由財產承受人繳納。改革開放后,國家重新調整了土地、房屋管理方面的有關政策,房地產市場逐步得到了恢復和發展。為適應形勢的要求,從 1990 年開始,為了適應建立和發展社會主義市場經濟形勢的需要,充分發揮契稅籌集財政收入和調控房地產市場的功能,全國契稅徵管工作全面恢復。現行的《中華人民共和國契稅暫行條例》於 1997 年 10 月 1 日起施行。

目前,中國推進結構性減稅的重要策略之一就是增強稅制結構的協調性:一是各個稅類之間的協調,二是各個稅類內部各稅種之間的協調。近年來實施的一系列結構性減稅政策,貨勞稅和所得稅都在減收,因此,從三個稅類平衡的角度,有必要增加的是財產稅。契稅是中國財產稅體系中的重要稅種,已經成為地方財政收入某種意義上的生命線。契稅改革及其與其他稅種的協調配合,都是建設和完善財產稅體系,以至構建穩定的地方稅體系所必須深入研究的問題。

一、契稅的納稅人及徵稅對象

（一）納稅人

契稅的納稅人是境內轉移土地、房屋權屬,承受的單位和個人。境內是指中華人民共和國實際稅收行政管轄範圍內。土地、房屋權屬是指土地使用權和房屋所有權。單位是指企業單位、事業單位、國家機關、軍事單位和社會團體以及其他組織。

第十二章　資本性稅種

個人是指個體經營者及其他個人，包括中國公民和外籍人員。

（二）徵稅對象

契稅是以在中華人民共和國境內轉移土地、房屋權屬為徵稅對象，向產權承受人徵收的一種財產稅。契稅的納稅對象是境內轉移的土地、房屋權屬。具體包括以下五項內容：

1. 國有土地使用權的出讓

國有土地使用權的出讓是指土地使用者向國家交付土地使用權出讓費用，國家將國有土地使用權在一定年限內讓與土地使用者的行為。

國有土地使用權的出讓，受讓者應向國家繳納出讓金，以出讓金為依據計算繳納契稅，不得減免土地出讓金而減免契稅。

2. 土地使用權的轉讓

土地使用權的轉讓，是指土地使用者以出售、贈與、交換或者其他方式將土地使用權轉移給其他單位和個人的行為。土地使用權的轉讓不包括農村集體土地承包經營權的轉移。

3. 房屋買賣

房屋買賣，即以貨幣為媒介，出賣者向購買者過渡房產所有權的交易行為。以下幾種特殊情況，視同買賣房屋：

（1）以房產抵債或實物交換房屋，應由產權承受人，按房屋現值繳納契稅。

（2）以房產作投資或股權轉讓，以自有房產作股投入本人獨資經營的企業，免納契稅。

（3）買房拆料或翻建新房，應照章納稅。

4. 房屋贈與

房屋贈與是指房屋產權所有人將房屋無償轉讓給他人所有。其中，將自己的房屋轉交給他人的法人和自然人，稱作房屋贈與人；接受他人房屋的法人和自然人，稱為受贈人。房屋贈與的前提必須是產權無糾紛，贈與人和受贈人都自願。

由於房屋是價值較大的不動產，法律要求贈與房屋應有書面合同，並到房地產管理機關或農村基層政權機關辦理登記過戶手續，才能生效。如果房屋贈與行為涉及涉外關係，還需公證處證明和外事部門認證，才能有效。房屋的受贈人要按規定繳納契稅。

5. 房屋交換

房屋交換是指房屋所有者之間相互交換房屋的行為。

隨著經濟形勢的發展，有些特殊方式轉移土地、房屋權屬的，也將視同土地使用權轉讓、房屋買賣或者房屋贈與。一是土地、房屋權屬作價投資、入股，二是以土地、房屋權屬抵債，三是以獲獎方式承受土地、房屋權屬，四是以預購方式或者預付集資建房款方式承受土地、房屋權屬。

二、稅率、計稅依據及計算

（一）稅率

契稅實行 3%~5% 的幅度稅率。實行幅度稅率是考慮到中國經濟發展的不平衡，各地經濟差別較大的實際情況。因此，各省、自治區、直轄市人民政府可以在 3%~5% 的幅度稅率規定範圍內，按照該地區的實際情況決定。

（二）計稅依據

契稅的計稅依據為不動產的價格。由於土地、房屋權屬轉移方式不同，定價方法不同，因而具體計稅依據視不同情況而決定。

（1）國有土地使用權出讓、土地使用權出售、房屋買賣，以成交價格為計稅依據。成交價格是指土地、房屋權屬轉移合同確定的價格，包括承受者應交付的貨幣、實物、無形資產或者其他經濟利益。

（2）土地使用權贈與、房屋贈與，由徵收機關參照土地使用權出售、房屋買賣的市場價格核定。

（3）土地使用權交換、房屋交換，為所交換的土地使用權、房屋的價格差額。也就是說，交換價格相等時，免徵契稅；交換價格不等時，由多交付的貨幣、實物、無形資產或者其他經濟利益的一方繳納契稅。

（4）以劃撥方式取得土地使用權，經批准轉讓房地產時，由房地產轉讓者補交契稅。計稅依據為補交的土地使用權出讓費用或者土地收益。

為了避免偷、逃稅款，稅法規定，成交價格明顯低於市場價格並且無正當理由的，或者所交換土地使用權、房屋的價格的差額明顯不合理並且無正當理由的，徵收機關可以參照市場價格核定計稅依據。

（5）房屋附屬設施徵收契稅的依據

①不涉及土地使用權和房屋所有權轉移變動的，不徵收契稅。

②採取分期付款方式購買房屋附屬設施土地使用權、房屋所有權的，應按合同規定的總價款計徵契稅。

③承受的房屋附屬設施權屬如為單獨計價的，按照當地確定的適用稅率徵收契稅；如與房屋統一計價的，適用與房屋相同的契稅稅率。

（6）個人無償贈與不動產行為（法定繼承人除外），應對受贈人全額徵收契稅。在繳納契稅時，納稅人須提交經稅務機關審核並簽字蓋章的個人無償贈與不動產登記表，稅務機關（或其他徵收機關）應在納稅人的契稅完稅憑證上加蓋「個人無償贈與」印章，在個人無償贈與不動產登記表中簽字並將該表格留存。

（7）出讓國有土地使用權，契稅計稅價格為承受人為取得該土地使用權而支付的全部經濟利益。對通過「招、拍、掛」程序承受國有土地使用權的，應按照土地成交總價款計徵契稅，其中的土地前期開發成本不得扣除。

第十二章 資本性稅種

（三）契稅應納稅額的計算

契稅採用比例稅率。當計稅依據確定以後，應納稅額的計算比較簡單。應納稅額的計算公式為：

$$應納稅額 = 計稅依據 \times 稅率$$

【例12-1】居民張某有兩套住房，將其中一套以成交價格160萬元出售給李某；另一套房子與王某交換，並支付給王某房屋差價款30萬元。試計算三人應當繳納的契稅（假定契稅稅率為4%）。

解析：

張某契稅應納稅額＝300,000×4%＝12,000（元）

李某契稅應納稅額＝1,600,000×4%＝64,000（元）

王某不繳納契稅。

三、契稅的會計處理

對於企業取得的土地使用權，若是有償取得的，一般應作為無形資產入帳，相應地，為取得該項土地使用權而繳納的契稅，也應當計入無形資產價值。

（1）企業取得房屋、土地使用權後，計算應交契稅時：

借：固定資產、無形資產
　　貸：應交稅費——應交契稅

（2）企業繳納稅金時：

借：應交稅費——應交契稅
　　貸：銀行存款

企業也可以不通過「應交稅費——應交契稅」帳戶核算。當實際繳納契稅時，借記「固定資產」「無形資產」帳戶，貸記「銀行存款」帳戶。

【例12-2】某企業從當地政府手中取得某塊土地使用權，支付土地使用權出讓費4,000,000元，省政府規定契稅的稅率為3%。計算該企業應納契稅並做會計分錄。

解析：

按規定企業應當繳納的契稅為：

應納稅額＝4,000,000×3%＝120,000（元）

則企業在實際繳納契稅時應作如下會計分錄：

借：無形資產——土地使用權　　　　　　　　　120,000
　　貸：銀行存款　　　　　　　　　　　　　　　　120,000

【例12-3】某企業當年購入辦公房一幢，價值8,000,000元，當地政府規定契稅稅率為3%，企業按規定申報繳納契稅。計算其契稅應納稅額並做會計分錄。

解析：

應納稅額＝8,000,000×3%＝240,000（元）

則企業在實際繳納契稅時作如下會計分錄：
借：固定資產　　　　　　　　　　　　　　　　　240,000
　　貸：銀行存款　　　　　　　　　　　　　　　　　240,000

四、稅收優惠

（一）條例規定的徵免情況

（1）國家機關、事業單位、社會團體、軍事單位承受土地、房屋用於辦公、教學、醫療、科研和軍事設施的，免徵。

（2）城鎮職工按規定第一次購買公有住房的，免徵。

（3）因不可抗力滅失住房而重新購買住房的，酌情準予減徵或者免徵。

（4）土地、房屋被縣級以上人民政府徵用、占用後，重新承受土地、房屋權屬的，是否減徵或者免徵契稅，由省、自治區、直轄市人民政府確定。

（5）納稅人承受荒山、荒溝、荒丘、荒灘土地使用權，用於農、林、牧、漁業生產的，免徵契稅。

（6）依照中國有關法律規定以及中國締結或參加的雙邊和多邊條約或協定的規定應當予以免稅的外國駐華使館、領事館、聯合國駐華機構及其外交代表、領事官員和其他外交人員承受土地、房屋權屬的，經外交部確認，可以免徵契稅。

（二）其他徵免規定

（1）企事業單位改制重組有關契稅政策。

①企業公司制改造。

非公司制企業，按照《中華人民共和國公司法》的規定，整體改建為有限責任公司（含國有獨資公司）或股份有限公司，有限責任公司整體改建為股份有限公司，股份有限公司整體改建為有限責任公司的，對改建后的公司承受原企業土地、房屋權屬，免徵契稅。上述所稱整體改建是指不改變原企業的投資主體，並承繼原企業權利、義務的行為。

非公司制國有獨資企業或國有獨資有限責任公司，以其部分資產與他人組建新公司，且該國有獨資企業（公司）在新設公司中所占股份超過50%的，對新設公司承受該國有獨資企業（公司）的土地、房屋權屬，免徵契稅。

國有控股公司以部分資產投資組建新公司，且該國有控股公司占新公司股份超過85%的，對新公司承受該國有控股公司土地、房屋權屬，免徵契稅。上述所稱國有控股公司，是指國家出資額佔有限責任公司資本總額超過50%，或國有股份占股份有限公司股本總額超過50%的公司。

②公司股權（股份）轉讓。

在股權（股份）轉讓中，對單位、個人承受公司股權（股份），公司土地、房屋權屬不發生轉移，不徵收契稅。

第十二章　資本性稅種

③公司合併。

兩個或兩個以上的公司，依據法律規定、合同約定，合併為一個公司，且原投資主體存續的，對其合併后的公司承受原合併各方的土地、房屋權屬，免徵契稅。

④公司分立。

公司依照法律規定、合同約定分設為兩個或兩個以上與原公司投資主體相同的公司，對派生方、新設方承受原企業土地、房屋權屬，免徵契稅。

⑤企業出售。

國有、集體企業整體出售，被出售企業法人予以註銷，並且買受人按照《中華人民共和國勞動法》等國家有關法律、法規政策妥善安置原企業全部職工，與原企業全部職工簽訂服務年限不少於三年的勞動用工合同的，對其承受所購企業的土地、房屋權屬，免徵契稅；與原企業超過30%的職工簽訂服務年限不少於三年的勞動用工合同的，減半徵收契稅。

⑥企業破產。

企業依照有關法律、法規規定實施破產，對債權人（包括破產企業職工）承受破產企業抵償債務的土地、房屋權屬，免徵契稅。對非債權人承受破產企業土地、房屋權屬，凡按照《中華人民共和國勞動法》等國家有關法律、法規政策妥善安置原企業全部職工，與原企業全部職工簽訂服務年限不少於三年的勞動用工合同的，對其承受所購企業的土地、房屋權屬，免徵契稅；與原企業超過30%的職工簽訂服務年限不少於三年的勞動用工合同的，減半徵收契稅。

⑦債權轉股權。

經國務院批准實施債權轉股權的企業，對債權轉股權后新設立的公司承受原企業的土地、房屋權屬，免徵契稅。

⑧資產劃轉。

對承受縣級以上人民政府或國有資產管理部門按規定進行行政性調整、劃轉國有土地、房屋權屬的單位，免徵契稅。

同一投資主體內部所屬企業之間土地、房屋權屬的劃轉，包括母公司與其全資子公司之間，同一公司所屬全資子公司之間，同一自然人與其設立的個人獨資企業、一人有限公司之間土地、房屋權屬的劃轉，免徵契稅。

⑨事業單位改制。

事業單位按照國家有關規定改制為企業的過程中，投資主體沒有發生變化的，對改制后的企業承受原事業單位土地、房屋權屬，免徵契稅。投資主體發生變化的，改制后的企業按照《中華人民共和國勞動法》等有關法律、法規妥善安置原事業單位全部職工，與原事業單位全部職工簽訂服務年限不少於三年勞動用工合同的，對其承受原事業單位的土地、房屋權屬，免徵契稅；與原事業單位超過30%的職工簽訂服務年限不少於三年勞動用工合同的，減半徵收契稅。

⑩其他。

以出讓方式或國家作價出資（入股）方式承受原改制重組企事業單位劃撥用地的，不屬上述規定的免稅範圍，對承受方應按規定徵收契稅。

以上所稱企業、公司是指依照中華人民共和國有關法律、法規設立並在中國境內註冊的企業、公司。

（2）對拆遷居民因拆遷重新購置住房的，對購房成交價格中相當於拆遷補償款的部分免徵契稅，成交價格超過拆遷補償款的，對超過部分徵收契稅。

（3）對廉租住房經營管理單位購買住房作為廉租住房、經濟適用住房經營管理單位回購經濟適用住房繼續作為經濟適用住房房源的，免徵契稅。對個人購買經濟適用住房，在法定稅率基礎上減半徵收契稅。

（4）已購公有住房經補繳土地出讓金和其他出讓費用成為完全產權住房的，免徵土地權屬轉移的契稅。

（5）根據中國婚姻法的規定，夫妻共有房屋屬共同共有財產。因夫妻財產分割而將原共有房屋產權歸屬一方，是房產共有權的變動而不是現行契稅政策規定徵稅的房屋產權轉移行為。因此，對離婚后原共有房屋產權的歸屬人不徵收契稅。

（6）對於《中華人民共和國繼承法》規定的法定繼承人（包括配偶、子女、父母、兄弟姐妹、祖父母、外祖父母）繼承土地、房屋權屬，不徵契稅。

按照《中華人民共和國繼承法》規定，非法定繼承人根據遺囑承受死者生前的土地、房屋權屬，屬於贈與行為，應徵收契稅。

五、契稅的申報繳納

（一）納稅義務發生時間

契稅的納稅義務發生時間是納稅人簽訂土地、房屋權屬轉移合同的當天，或者納稅人取得其他具有土地、房屋權屬轉移合同性質憑證的當天。

（二）納稅期限

納稅人應當自納稅義務發生之日起10日內，向土地、房屋所在地的契稅徵收機關辦理納稅申報，並在契稅徵收機關核定的期限內繳納稅款。

（三）納稅地點

契稅在土地、房屋所在地的徵收機關繳納。

（四）契稅申報

（1）根據人民法院、仲裁委員會的生效法律文書發生土地、房屋權屬轉移，納稅人不能取得銷售不動產發票的，可持人民法院執行裁定書原件及相關材料辦理契稅納稅申報，稅務機關應予以受理。

（2）購買新建商品房的納稅人在辦理契稅納稅申報時，銷售新建商品房的房地產開發企業已辦理註銷稅務登記或者被稅務機關列為非正常戶等，致使納稅人不能取得銷售不動產發票的，稅務機關在核實有關情況后應予以受理。

第十二章　資本性稅種

契稅納稅申報表如表 12-1 所示。

表 12-1　　　　　　　　契稅納稅申報表（填寫樣本）

填表日期：　　年　月　日（據實填寫）

面積單位：平方米

納稅人識別號：☐☐☐☐☐☐☐☐☐☐☐☐☐☐☐

金額單位：元（列至角分）

	名稱	據實	☐單位	☐個人（據實）
承受方信息	登記註冊類型	單位納稅人填寫工商執照等級類型	所屬行業	工商執照第一項經營事項所屬行業
	身分證照類型	個人填寫居民身分證，單位填寫工商執照	聯繫人 / 據實填寫 / 聯繫方式	電話號碼
	名稱	公司名稱	☐單位	☐個人（勾選單位）
轉讓方信息	納稅人識別號	見稅務登記證	登記註冊類型 / 見工商執照 / 所屬行業	房地產
	身分證照類型	不填	身分證照號碼 / 不填 / 聯繫方式	經辦人電話
土地房屋權屬轉移信息	合同簽訂日期	見合同	土地房屋坐落地址 / 見合同 / 權屬轉移對象	房屋
	權屬轉移方式	買賣	用途 / 住宅或商業 / 家庭唯一普通住房	☐90平方米以上 ☐90平方米及以下（據實勾選，不符合不勾選）
	權屬轉移面積	見合同	成交價格 / 見合同 / 成交單價	見合同
稅款徵收信息	評估價格	不填	計稅價格 / =成交價格 / 稅率	3%、1.5%或1%
	計徵稅額	=計稅價格×稅率	減免性質代碼 / 不填 / 減免稅額 / 不填 / 應納稅額	=計徵稅額

以下由納稅人填寫：

269

表12-1(續)

納稅人聲明	此納稅申報表是根據《中華人民共和國契稅暫行條例》和國家有關稅收規定填報的，是真實的、可靠的、完整的。					
納稅人簽章	簽字按指印	代理人簽章	如有代理人簽字按指印	代理人身分證號	據實填寫
以下由稅務機關填寫：					
受理人		受理日期	年 月 日	受理稅務機關簽章	

本表一式兩份，一份納稅人留存，一份稅務機關留存。

(五) 契稅的徵收管理

納稅人辦理納稅事宜后，徵收機關應向納稅人開具契稅完稅憑證。納稅人持契稅完稅憑證和其他規定的文件材料，依法向土地管理部門、房產管理部門辦理有關土地、房屋的權屬變更登記手續。土地管理部門和房產管理部門應向契稅徵收機關提供有關資料，並協助契稅徵收機關依法徵收契稅。

第二節 耕地占用稅

耕地占用稅是國家對占用耕地建房或者從事其他非農業建設的單位和個人，依據實際占用耕地面積，按照規定稅額一次性徵收的一種稅。耕地占用稅屬行為稅範疇。耕地占用稅是中國對占用耕地建房或從事非農業建設的單位或個人所徵收的一種稅收。現行耕地占用稅的基本規範，是2007年12月1日國務院發布的《中華人民共和國耕地占用稅暫行條例》，於2008年1月1日起施行。

耕地占用稅作為一個出於特定目的、對特定的土地資源課徵的稅種，與其他稅種相比，具有比較鮮明的特點。主要表現在：

第一，兼具資源稅與特定行為稅的性質。耕地占用稅以占用農用耕地建房或從事其他非農用建設的行為為徵稅對象，以約束納稅人占用耕地的行為、促進土地資源的合理運用為課徵目的，除具有資源占用稅的屬性外，還具有明顯的特定行為稅的特點。

第二，採用地區差別稅率。耕地占用稅採用地區差別稅率，根據不同地區的具體情況，分別制定差別稅額，以適應中國地域遼闊、各地區之間耕地質量差別較大、

第十二章　資本性稅種

人均佔有耕地面積相差懸殊的具體情況，具有因地制宜的特點。

第三，在占用耕地環節一次性課徵。耕地占用稅在納稅人獲準占用耕地的環節徵收，除對獲準占用耕地後超過兩年未使用者須加徵耕地占用稅外，此後不再徵收耕地占用稅。因而，耕地占用稅具有一次性徵收的特點。

第四，稅收收入專用於耕地開發與改良。耕地占用稅收入按規定應用於建立發展農業專項基金，主要用於開展宜耕土地開發和改良現有耕地，因此，它具有「取之於地、用之於地」的補償性特點。

一、納稅人與徵稅對象

（一）納稅人

耕地占用稅的納稅人是負有繳納耕地占用稅義務的單位和個人，包括在境內占用耕地建房或者從事其他非農業建設的單位和個人。具體可分為三類：

（1）企業、行政單位、事業單位；

（2）鄉鎮集體企事業單位；

（3）農村居民和其他公民。

（二）徵稅對象

耕地占用稅的徵稅對象是耕地，徵稅範圍包括納稅人為建房或從事其他非農業建設而占用的國家所有和集體所有的耕地。

所謂「耕地」，是指種植農業作物的土地，包括菜地、園地。其中，園地包括花圃、苗圃、茶園、果園、桑園和其他種植經濟林木的土地。

占用魚塘及其他農用土地建房或從事其他非農業建設，也視同占用耕地，必須依法徵收耕地占用稅。占用已開發從事種植、養殖的灘塗、草場、水面和林地等從事非農業建設，由省、自治區、直轄市本著有利於保護土地資源和生態平衡的原則，結合具體情況確定是否徵收耕地占用稅。

此外，在占用之前三年內屬於上述範圍的耕地或農用土地，也視為耕地。

二、稅率及應納稅額的計算

（一）稅率

由於在中國的不同地區之間人口和耕地資源的分佈極不均衡，有些地區人口稠密，耕地資源相對匱乏；而有些地區則人口稀少，耕地資源比較豐富。各地區之間的經濟發展水平也有很大差異。考慮到不同地區之間客觀條件的差別以及與此相關的稅收調節力度和納稅人負擔能力方面的差別，耕地占用稅在稅率設計上採用了地區差別定額稅率。稅率規定如下：

（1）人均耕地不超過 667 平方米的地區（以縣級行政區域為單位，下同），每平方米為 10~50 元；

(2) 人均耕地超過 667 平方米但不超過 1,334 平方米的地區，每平方米為 8～40 元；

(3) 人均耕地超過 1,334 平方米但不超過 2,001 平方米的地區，每平方米 6～30 元；

(4) 人均耕地超過 2,001 平方米以上的地區，每平方米 5～25 元。

經濟特區，經濟技術開發區和經濟發達、人均耕地特別少的地區，適用稅額可以適當提高，但最多不得超過上述規定稅額的 50%。

各省、自治區、直轄市耕地占用稅平均稅額如表 12-2 所示。

表 12-2　　　　各省、自治區、直轄市耕地占用稅平均稅額　　　　單位：元

地區	每平方米平均稅額
上海	45
北京	40
天津	35
江蘇、浙江、福建、廣東	30
遼寧、湖北、湖南	25
河北、安徽、江西、山東、河南、重慶、四川	22.5
廣西、海南、貴州、雲南、山西	20
山西、吉林、黑龍江	17.5
內蒙古、西藏、甘肅、青海、寧夏、新疆	12.5

占用基本農田的，適用稅額還應當在當地使用稅額的基礎上再提高 50%。

(二) 應納稅額的計算

耕地占用稅以納稅人實際占用的耕地面積為計稅依據，以每平方米土地為計稅單位，按適用的定額稅率計稅。其計算公式為：

應納稅額 = 實際占用耕地面積（平方米）× 適用定額稅率

【例 12-4】某房地產開發公司占用郊區土地 60,030 平方米，用於建造商品房。其中占用耕地 20,010 平方米、果園 13,340 平方米、林地 16,675 平方米，荒地 10,005 平方米。請計算該企業應納的耕地占用稅。（適用稅率為 8 元每平方米）

解析：應納稅額 =（20,010+13,340+16,675+10,005）×8 = 480,240（元）

三、耕地占用稅的會計處理

企業繳納的耕地占用稅，是在批准占用之後，實際占用之前一次性繳納的，不存在與稅務機關清算或結算的問題，因此，企業按規定繳納耕地占用稅，可以通過「應交稅費」核算。企業所繳納的耕地占用稅按是否形成固定資產價值，分別計入

第十二章 資本性稅種

「在建工程」或「管理費用」科目。

（1）企業購建固定資產繳納的耕地占用稅，計入固定資產價值的，企業應做如下會計分錄：

①計提工程項目應繳納的耕地稅時：

借：在建工程

　貸：應交稅費——應交耕地占用稅

②繳納耕地占用稅時：

借：應交稅費——應交耕地占用稅

　貸：銀行存款

（2）企業繳納的耕地占用稅，不形成固定資產價值的部分，計入管理費用。企業應做如下會計分錄：

①計提工程項目應繳納的耕地占用稅時：

借：管理費用

　貸：應交稅費——應交耕地占用稅

②繳納耕地占用稅時：

借：應交稅費——應交耕地占用稅

　貸：銀行存款

四、稅收優惠

（一）免徵耕地占用稅

（1）軍事設施占用耕地，免徵耕地占用稅。

（2）學校、幼兒園、養老院、醫院占用耕地，免徵耕地占用稅。

（二）減徵耕地占用稅

（1）鐵路線路、公路線路、飛機場跑道、停機坪、港口、航道占用耕地，減按每平方米2元的稅額徵收耕地占用稅。

根據實際需要，國務院財政、稅務主管部門商國務院有關部門制定，並報國務院批准後，可以對前款規定的情形免徵或者減徵耕地占用稅。

（2）農村居民占用耕地新建住宅，按照當地適用稅額減半徵收耕地占用稅。

對農村烈士家屬、殘疾軍人、鰥寡孤獨以及革命老根據地、少數民族聚居區和邊遠貧困山區生活困難的農村居民免徵或者減徵耕地占用稅。

五、申報與繳納

（一）納稅義務發生時間

根據《財政部國家稅務總局關於耕地占用稅平均稅額和納稅義務發生時間問題的通知》（財稅〔2007〕176號）的規定，經批准占用耕地的，耕地占用稅納稅義

务发生时间为纳税人收到土地管理部门办理占用农用地手续通知的当天。未经批准占用耕地的，耕地占用税纳税义务发生时间为实际占用耕地的当天。

(二) 纳税期限

耕地占用税纳税人依照税收法律、法规及相关规定，应在获准占用应税土地收到土地管理部门的通知之日起30日内向主管地税机关申报缴纳耕地占用税；未经批准占用应税土地的纳税人，应在实际占地之日起30日内申报缴纳耕地占用税。

(三) 纳税申报

1. 必须报送的资料

(1) 耕地占用税纳税申报表2份。

(2) 纳税人身份证明原件及复印件。

内地居民，应报送内地居民身份证明，含居民身份证、居民户口簿、居住证、暂住证、军人证、武警证或其他内地居民身份证明，只需要提供其中任意一种。

中国香港、澳门特别行政区、台湾地区居民，应报送入境的身份证明和居留证明。

外国人，应报送入境的身份证明（护照）和居留证明。

组织机构，应报送组织机构代码证书或者税务登记证件或者其他有效机构证明。

驻外使领馆工作人员，应报送中华人民共和国驻外使领馆出具的《驻外使领馆人员身份证明》第三联以及本人有效护照的原件及复印件。

2. 其他报送资料

(1) 经批准占用应税土地的纳税人，还应报送农用地转用审批文件原件及复印件。

(2) 未经批准占用应税土地的纳税人，还应报送实际占地的相关证明材料原件及复印件。

(3) 享受耕地占用税优惠的纳税人，还应报送减免耕地占用税证明材料原件及复印件。

耕地占用税纳税申报表如表12-3所示。

表12-3　　　　　　　　　耕地占用税纳税申报表

填表日期：　　年　月　日

面积单位：平方米

纳税人识别号：□□□□□□□□□□□□□□□　　　金额单位：元（列至角分）

纳税人信息	名称			□单位　□个人	
	登记注册类型		所属行业		
	身份证照类型		联系人		联系方式

第十二章 資本性稅種

表12-3(續)

<table>
<tr><td rowspan="10">耕地占用信息</td><td colspan="2">項目（批次）名稱</td><td></td><td>批准占地部門</td><td></td><td>批准占地文號</td><td></td><td colspan="2">占地日期/批準日期</td><td></td></tr>
<tr><td colspan="2">占地位置</td><td></td><td>占地用途</td><td></td><td>占地方式</td><td colspan="3"></td></tr>
<tr><td colspan="2">批准占地面積</td><td></td><td colspan="2">實際占地面積</td><td colspan="4"></td></tr>
<tr><td></td><td>計稅面積</td><td>其中：減免稅面積</td><td>適用稅率</td><td>計徵稅額</td><td>減免性質代碼</td><td colspan="2">減免稅額</td><td>應繳稅額</td></tr>
<tr><td>總計</td><td colspan="8"></td></tr>
<tr><td>耕地</td><td colspan="8"></td></tr>
<tr><td>其中：
1. 經濟開發區</td><td colspan="8"></td></tr>
<tr><td>2. 基本農田</td><td colspan="8"></td></tr>
<tr><td>其他農用地</td><td colspan="8"></td></tr>
<tr><td>其他類型土地</td><td colspan="8"></td></tr>
<tr><td colspan="10">以下由納稅人填寫：</td></tr>
<tr><td>納稅人聲明</td><td colspan="9">此納稅申報表是根據《中華人民共和國耕地占用稅暫行條例》和國家有關稅收規定填報的，是真實的、可靠的、完整的。</td></tr>
<tr><td>納稅人簽章</td><td colspan="3"></td><td colspan="2">代理人簽章</td><td colspan="2">代理人身分證號</td><td colspan="2"></td></tr>
<tr><td colspan="10">以下由稅務機關填寫：</td></tr>
<tr><td>受理人</td><td colspan="3"></td><td colspan="2">受理日期</td><td colspan="2">年　月　日</td><td>受理稅務機關簽章</td><td></td></tr>
</table>

本表一式兩份，一份納稅人留存，一份稅務機關留存。

耕地占用稅納稅申報表填寫說明：

1. 本表依據《中華人民共和國稅收徵收管理法》《中華人民共和國耕地占用稅暫行條例》及其實施細則制定。納稅申報必須填寫本表。

2. 本申報表適用於在中華人民共和國境內占用耕地建房或者從事非農業建設的單位和個人填寫。納稅人應當在收到領取農用地轉用審批文件通知之日起或占用耕地之日起30日內，填報耕地占用稅納稅申報表，向土地所在地地方稅務機關申報納稅。

3. 填報日期：填寫納稅人辦理納稅申報的實際日期。

4. 本表各欄填寫說明如下：

（1）納稅人信息欄：

企業涉稅實務

納稅人識別號：納稅人辦理稅務登記時，稅務機關賦予的編碼。納稅人為自然人的，應按照本人有效身分證件上標註的號碼填寫。

納稅人名稱：納稅人是黨政機關、企事業單位、社會團體的，應按照國家人事、民政部門批准設立或者工商部門註冊登記的全稱填寫；納稅人是自然人的，應按照本人有效身分證件上標註的姓名填寫。

登記註冊類型：納稅人是單位的，根據稅務登記證或組織機構代碼證中登記的註冊類型填寫；納稅人是企業的，根據國家統計局《關於劃分企業登記註冊類型的規定》填寫。

所屬行業：根據《國民經濟行業分類》（GB/T 4754-2011）填寫。

聯繫人：填寫單位法定代表人或納稅人本人姓名

聯繫方式：填寫常用聯繫電話及通信地址。

(2) 耕地占用信息欄：

項目（批次）名稱：按照政府農用地轉用審批文件中標明的項目或批次名稱填寫。

批准占地部門、批准占地文號：屬於批准占地的，填寫有權審批農用地轉用的政府名稱及批准農用地轉用文件的文號。

占地用途：經批准占地的，按照政府農用地轉用審批文件中明確的土地儲備、交通基礎設施建設（其中鐵路線路、公路線路、飛機場跑道、停機坪、港口、航道等適用 2 元/平方米稅額占地項目必須在欄目中詳細列明）、工業建設、商業建設、住宅建設、農村居民建房、軍事設施、學校、幼兒園、醫院、養老院和其他等項目分類填寫；未經批准占地的，按照實際占地情況，區分交通基礎設施建設、工業建設、商業建設、住宅建設、農村居民建房、軍事設施、學校、幼兒園、醫院、養老院和其他等項目分類填寫。

占地日期：屬於經批准占地的，填寫政府農用地轉用審批文件的批准日期；屬於未經批准占地的，填寫實際占地的日期。

占地位置：占用耕地所屬的縣、鎮（鄉）、村名稱。位於經濟特區、經濟開發區和經濟發達人均耕地特別少適用稅額提高的地區，應作標註。

占地方式：按照按批次轉用、單獨選址轉用、批准臨時占地、批少占多、批非占耕、未批先占填寫。

批准占地面積：指政府農用地轉用審批文件中批准的農用地轉用面積。

實際占地面積：包括經批准占用的耕地面積和未經批准占用的耕地面積。

(3) 申報納稅信息欄：

按照占用耕地類別分別填寫、分別計算。應繳稅額＝計徵稅額－減免稅額。對應不同占地類別、不同適用稅額分別填寫。總計＝耕地＋其他農用地＋其他類型土地（面積、應納稅額）。

減免性質代碼：該項按照國家稅務總局制定下發的最新減免性質及分類表中的最細項減免性質代碼填寫。有減免稅情況的必填。不同減免性質代碼的房產應當分別填表。

第三節　車輛購置稅

　　車輛購置稅是對在境內購置規定車輛的單位和個人徵收的一種稅，它由車輛購置附加費演變而來。現行車輛購置稅法的基本規範，是從 2001 年 1 月 1 日起實施的《中華人民共和國車輛購置稅暫行條例》。徵收車輛購置稅有利於合理籌集財政資金，規範政府行為，調節收入差距，也有利於配合打擊車輛走私和維護國家權益。

　　車輛購置稅具備如下特點：①徵收範圍單一。作為財產稅的車輛購置稅，是以購置的特定車輛為課稅對象，而不是對所有的財產或消費財產徵稅，範圍窄，是一種特種財產稅。②徵收環節單一。車輛購置稅實行一次課徵制，它不是在生產、經營和消費的每一環節實行道道徵收，而只是在退出流通進入消費領域的特定環節徵收。③稅率單一。車輛購置稅只確定一個統一比例稅率徵收，稅率具有不隨課稅對象數額變動的特點，計徵簡便，負擔穩定，有利於依法治稅。④徵收方法單一。車輛購置稅根據納稅人購置應稅車輛的計稅價格實行從價計徵，以價格為計稅標準，課稅與價值直接發生關係，價值高者多徵稅，價值低者少徵稅。⑤徵稅具有特定目的。車輛購置稅具有專門用途，由中央財政根據國家交通建設投資計劃，統籌安排。這種特定目的的稅收，可以保證國家財政支出的需要，既有利於統籌合理地安排資金，又有利於保證特定事業和建設支出的需要。⑥價外徵收，稅負不發生轉嫁。車輛購置稅的計稅依據中不包含車輛購置稅稅額，車輛購置稅稅額是附加在價格之外的，且納稅人即為負稅人，稅負不發生轉嫁。

一、納稅義務人與徵稅範圍

（一）納稅義務人

　　車輛購置稅的納稅人指在中國境內購置應稅車輛（包括購買、進口、自產、受贈、獲獎或以其他方式取得並自用）的單位和個人。其中購置是指購買使用行為，進口使用行為，受贈使用行為，自產自用行為，獲獎使用行為以及以拍賣、抵債、走私、罰沒等方式取得並使用的行為。這些行為都屬於車輛購置稅的應稅行為。

　　單位，包括國有企業、集體企業、私營企業、股份制企業、外商投資企業、外國企業以及其他企業，事業單位、社會團體、國家機關、部隊以及其他單位。個人，包括個體工商戶及其他個人，既包括中國公民，又包括外國公民。

（二）徵稅範圍

　　車輛購置稅的徵稅範圍為汽車、摩托車、電車、掛車、農用運輸車。就其性質而言，屬於直接稅範疇。具體規定如下：

企業涉稅實務

1. 汽車

各類汽車。

2. 摩托車

（1）輕便摩托車：最高設計時速不大於 50km/h，發動機汽缸總排量不大於 50cm^3 的兩個或者三個車輪的機動車。

（2）二輪摩托車：最高設計車速大於 50km/h，或者發動機汽缸總排量大於 50cm^3 的兩個車輪的機動車。

（3）三輪摩托車：最高設計車速大於 50km/h，或者發動機汽缸總排量大於 50cm^3，空車重量不大於 400kg 的三個車輪的機動車。

3. 電車

（1）無軌電車：以電能為動力，由專用輸電電纜線供電的輪式公共車輛。

（2）有軌電車：以電能為動力，在軌道上行駛的公共車輛。

4. 掛車

（1）全掛車：無動力設備，獨立承載，由牽引車輛牽引行駛的車輛。

（2）半掛車：無動力設備，與牽引車輛共同承載，由牽引車輛牽引行駛的車輛。

5. 農用運輸車

（1）三輪農用運輸車：柴油發動機，功率不大於 7.4kw，載重量不大於 500kg，最高車速不大於 400km/h 的三個車輪的機動車。

（2）四輪農用運輸車：柴油發動機，功率不大於 28kw，載重量不大於 1,500kg，最高車速不大於 50km/h 的四個車輪的機動車。

車輛購置稅徵收範圍的調整，由國務院決定並公布。

二、稅率與計稅依據

（一）稅率

車輛購置稅實行統一比例稅率，稅率為 10%。

（二）計稅依據

1. 購買自用應稅車輛計稅依據的確定——計稅價格

計稅價格的組成為納稅人購買應稅車輛而支付給銷售者的全部價款和價外費用（不包括增值稅稅款）。

$$計稅價格 = 含增值稅的銷售價格 \div (1+增值稅稅率或徵收率)$$

2. 進口自用應稅車輛計稅依據的確定——組成計稅價格

$$組成計稅價格 = 關稅完稅價格 + 關稅（+消費稅）$$

3. 其他自用應稅車輛計稅依據的確定

納稅人自產、受贈、獲獎和以其他方式取得並自用的應稅車輛的計稅價格，按

第十二章 資本性稅種

購置該型號車輛的價格確認，不能取得購置價格的，則由主管稅務機關參照國家稅務總局規定相同類型應稅車輛的最低計稅價格核定。

4. 以最低計稅價格為計稅依據的確定

現行政策規定，納稅人購買自用或者進口自用應稅車輛，申報的計稅價格低於同類型應稅車輛的最低計稅價格，又無正當理由的，按照最低計稅價格徵收車輛購置稅。

幾種特殊情形應稅車輛的最低計稅價格規定如下：

（1）對已繳納車輛購置稅並辦理了登記註冊手續的車輛，底盤（車架）發生更換，其計稅依據按最新核發的同類型新車最低計稅價格的70%計算。

（2）免稅、減稅條件消失的車輛，其計稅依據的確定方式法為：

計稅依據=同類型新車最低計稅價格×［1-（已使用年限×10%）］×100%

其中，規定使用年限按10年計算；超過使用年限的車輛，計稅依據為零，不再徵收車輛購置稅。未滿一年的應稅車輛計稅依據為最新核發的同類型車輛最低計稅價格。

（3）國家稅務總局未核定最低計稅價格的車輛，計稅依據為已核定同類型車輛的最低計稅價格。

（4）進口舊車、不可抗力因素導致受損的車輛、庫存超過3年的車輛、行駛8萬千米以上的試驗車輛、國家稅務總局規定的其他車輛，凡納稅人能出具有效證明的，計稅依據為納稅人提供的統一發票或有效憑證註明的計稅價格。

納稅人以外匯結算應稅車輛價款的，按照申報納稅之日中國人民銀行公布的人民幣基準匯價，折合成人民幣計算應納稅額。

三、應納稅額的計算

車輛購置稅實行從價定率的辦法計算應納稅額。其計算公式為：

應納稅額=計稅價格×稅率（稅率為10%）

由於應稅車輛購置來源、應稅行為的發生以及計稅價格組成的不同，車輛購置稅應納稅額的計算方法也不同。

（一）購買自用應稅車輛應納稅額的計算

在應納稅額的計算中，應注意以下費用的計稅規定：

（1）計稅依據包括隨購買車輛支付的工具件和零部件價款、支付的車輛裝飾費、銷售單位開展優質銷售活動所開票收取的有關費用。

（2）計稅依據不包括支付的控購費、增值稅稅款。

（3）代收款項：①凡使用代收單位（受託方）票據收取的款項，應視作代收單位價外收費，應並入計稅價格中徵稅；②凡使用委託方票據收取，受託方只履行代收義務和收取代收手續費的款項，應按其他稅收政策規定徵稅。

企業涉稅實務

【例 12-5】張某於近日從某汽車有限公司購買一輛小汽車供自己使用，支付了含增值稅稅款在內的款項 26.91 萬元，另支付購買工具件和零配件 5,850 元。所支付的款項均由該汽車有限公司開具「機動車銷售統一發票」和有關票據。請計算張某應該繳納的車輛購置稅。

解析：

計稅依據＝（269,100+5,850）÷（1+17%）＝274,950（元）

應納稅額＝274,950×10%＝27,495（元）

（二）進口自用應稅車輛應納稅額的計算

納稅人進口自用的應稅車輛的計稅價格的計算公式為：

$$應納稅額＝（關稅完稅價格＋關稅＋消費稅）×稅率$$

【例 12-6】王某於 2016 年 1 月 8 日進口一輛小轎車，到岸價格為 600,000 元，已知關稅稅率為 50%，消費稅稅率為 8%，王某應納車輛購置稅是多少？

解析：

應納關稅＝關稅價格×關稅稅率＝600,000×50%＝300,000（元）

計稅價格＝關稅完稅價格＋關稅＋消費稅＝（到岸價格＋關稅）÷（1-消費稅稅率）＝（600,000+200,000）÷（1-8%）＝869,565.22（元）

應納稅額＝869,565.22×10%＝86,956.52（元）

（三）其他自用應稅消費車輛應納稅額的計算

納稅人自產自用、受贈使用、獲獎使用和以其他方式取得並自用應稅車輛的，凡不能取得該型號車輛的購置價格，或者低於最低計稅價格的，以國家稅務總局核定的最低計稅價格作為計稅依據計算徵收車輛購置稅。

$$應納稅額＝最低計稅價格×稅率$$

【例 12-7】某汽車生產廠家將自產的一輛小汽車用於本廠的相關工作。該廠在辦理相關手續之前，出具該車發票，註明金額為 8 萬元，並按此金額向主管稅務機關申報納稅。經審核，國家稅務總局對該型號汽車核定的最低計稅價格為 12 萬元。計算該汽車應該繳納的購置稅。

解析：應納稅額＝120,000×10%＝12,000（元）

四、稅收優惠

（一）車輛購置稅的減免稅

（1）外國駐華使館、領事館和國際組織駐華機構及其外交人員自用車輛免稅。

（2）中國人民解放軍和中國人民武裝警察部隊列入軍隊武器裝備訂貨計劃的車輛免稅。

（3）設有固定裝置的非運輸車輛免稅。

（4）國務院規定的其他免稅情形：

第十二章 資本性稅種

①防汛部門和森林消防等部門購置的由指定廠家生產的指定型號的用於指揮、檢查、調度、報汛（警）、聯絡的設有固定裝置的車輛；
②回國服務的留學人員用現匯購買 1 輛個人自用國產小汽車；
③長期來華定居專家進口的 1 輛自用小汽車。
（5）對城市公交企業自 2012 年 1 月 1 日至 2015 年 12 月 31 日購置的公共汽電車輛，免徵車輛購置稅。
（二）車輛購置稅的退稅
（1）公安機關車輛管理機構不予辦理車輛登記註冊手續的，憑公安機關車輛管理機構出具的證明辦理退稅手續。
（2）因質量等原因發生退回所購車輛的，憑經銷商的退貨證明辦理退稅手續。

五、車輛購置稅的會計處理

企業購置（包括購買、進口、自產、受贈、獲獎或者以其他方式取得並自用）應稅車輛，按規定繳納的車輛購置稅，應計入所購車輛成本。在取得時，借記「固定資產」等科目，貸記「銀行存款」科目（也可通過「應交稅費」科目核算）。

減稅、免稅車輛改制後用途發生改變的，按規定應補交的車輛購置稅，借記「固定資產」科目，貸記「銀行存款」科目。

六、車輛購置稅的申報與繳納

（一）納稅環節
車輛購置稅的納稅環節選擇在應稅車輛的最終消費環節，即在應稅車輛上牌登記註冊前納稅。
車輛購置稅實行一次課徵制。購置已徵車輛購置稅的車輛不再納稅。減、免稅條件消失後的車輛應按規定繳納車輛購置稅。
（二）納稅期限
納稅人購買自用的應稅車輛，自購買之日起 60 日內申報納稅；進口自用的應稅車輛，自進口之日起 60 日內申報納稅；自產、受贈、獲獎和以其他方式取得並自用的應稅車輛，應於投入使用前 60 日內申報納稅。
（三）納稅地點
購置應稅車輛，應當向車輛登記註冊地的主管國稅機關申報納稅；購置不需要辦理車輛登記註冊手續的應稅車輛，應當向納稅人所在地的主管國稅機關申報納稅。
（四）申報要求
車輛購置稅實行一車一申報制度。
納稅人辦理納稅申報時應如實填寫車輛購置稅納稅申報表（見表 12-4），同時提供資料的原件和複印件。原件經車購辦審核後退還納稅人，複印件和「機動車銷

售統一發票」的報稅聯由車購辦留存。

（1）車主身分證明：①內地居民，提供內地居民身分證（含居住、暫住證明）或居民戶口簿或軍人（含武警）身分證明。②中國香港、澳門特別行政區居民、臺灣地區居民提供入境的身分證明和居留證明。③外國人，提供入境的身分證明和居留證明。④組織機構，提供組織機構代碼證書。

（2）車輛價格證明：①境內購置車輛，提供統一發票（發票聯和報稅聯）或有效憑證。②進口自用車輛，提供海關關稅專用繳款書、海關代徵消費稅專用繳款書或海關徵免稅證明。

（3）車輛合格證明：①國產車輛，提供整車出廠合格證明。②進口車輛，提供中華人民共和國海關貨物進口證明書或中華人民共和國海關監管車輛進（出）境領（銷）牌照通知書或沒收走私汽車、摩托車證明書。

（4）發動機、車架號（車輛識別碼）拓印件。

（5）稅務機關要求提供的其他資料。

表 12-4　　　　　　　　　　車輛購置稅納稅申報表

填表日期：　　　年　月　日　　　　行業代碼：　　　　　註冊類型代碼：

納稅人名稱：　　　　　　　　　　　　　　　　金額單位：元（列至角分）

納稅人證件名稱			證件號碼		
聯繫電話		郵政編碼		地址	
車輛基本情況					
車輛類別	1.汽車□；2.摩托車□；3.電車□；4.掛車□；5.農用運輸車□				
生產企業名稱			廠牌型號		
車輛識別代號（車架號碼）			發動機號碼		
車輛購置信息					
機動車銷售統一發票（或有效憑證）號碼		機動車銷售統一發票（或有效憑證）價格		價外費用	
關稅完稅價格		關稅		消費稅	
購置日期			免（減）稅條件		
申報計稅價格	計稅價格	稅率	應納稅額	免（減）稅額	實納稅額
		10%			
申報人聲明			授權聲明		

第十二章 資本性稅種

表12-4(續)

此納稅申報表是根據《中華人民共和國車輛購置稅暫行條例》《車輛購置稅徵收管理辦法》的規定填報的，是真實、可靠、完整的。 聲明人（簽名或蓋章）：		如果您已委託代理人辦理申報，請填寫以下資料： 　　為代理車輛購置稅涉稅事宜，現授權（　　）為本納稅人的代理申報人，任何與本申報表有關的往來文件，都可交與此人。 授權人（簽名或蓋章）：	
納稅人簽名或蓋章	如委託代理人的，代理人應填寫以下各欄		代理人 （簽名或蓋章）
^	代理人名稱		^
^	經辦人		^
^	經辦人 證件名稱		^
^	經辦人 證件號碼		^
接收人： 接收日期：			主管稅務機關（章）
備註：			

填表說明：

1. 本表由車輛購置稅納稅人（或代理申報人）在辦理納稅申報時填寫。本表可由車輛購置稅徵收管理系統打印，繳納稅人簽章確認。

2.「納稅人名稱」：填寫納稅人名稱。

3.「納稅人證件名稱」欄：單位納稅人填寫組織機構代碼證或稅務登記證；個人納稅人填寫居民身分證或其他身分證明名稱。

4.「證件號碼」欄：填寫組織機構代碼證、稅務登記證、居民身分證或其他身分證件的號碼。

5.「車輛類別」欄：在表中所列項目后劃√。

6.「生產企業名稱」欄：國產車輛填寫國內生產企業名稱，進口車輛填寫國外生產企業名稱。

7.「廠牌型號」「發動機號碼」「車輛識別代號（車架號碼）」欄：分別填寫車輛整車出廠合格證或中華人民共和國海關貨物進口證明書或中華人民共和國海關監管車輛進（出）境領（銷）牌照通知書或沒收走私汽車、摩托車證明書中註明的車輛品牌、車輛型號、發動機號碼、車輛識別代號（VIN，車架號碼）。

8.「機動車銷售統一發票（或有效憑證）號碼」欄：填寫機動車銷售統一發票（或有效憑證）上註明的號碼。

9.「機動車銷售統一發票（或有效憑證）價格」欄：填寫機動車銷售統一發票（或有效憑證）上註明的含稅價金額。

10.「價外費用」：填寫銷售方價外向購買方收取的基金、集資費、違約金（延期付款利息）和手續費、包裝費、儲存費、優質費、運輸裝卸費、保管費以及其他各種性質的價外收費，但不包括銷售方代辦保險等而向購買方收取的保險費，以及向購買方收取的代購買方繳納的車輛購置

稅、車輛牌照費。

11. 下列欄次由進口自用車輛的納稅人填寫：

（1）「關稅完稅價格」欄：通過海關進口關稅專用繳款書、海關進口消費稅專用繳款書、海關進口增值稅專用繳款書或其他資料進行採集。順序如下：

①海關進口關稅專用繳款書中註明的關稅完稅價格；

② 在免關稅的情況下，通過海關進口消費稅專用繳款書中註明的完稅價格和消費稅稅額計算關稅完稅價格；

③ 在免關稅和免或不徵消費稅的情況下，採用海關進口增值稅專用繳款書中註明的完稅價格；

④ 在關稅、消費稅和增值稅均免徵或不徵的情況下，通過其他資料採集關稅完稅價格。

（2）「關稅」欄：填寫海關進口關稅專用繳款書中註明的關稅稅額；

（3）「消費稅」欄：填寫海關進口消費稅專用繳款書中註明的消費稅稅額。

12. 「購置日期」欄：購買自用填寫機動車銷售統一發票（以下簡稱統一發票）或者其他有效憑證的開具日期；進口自用填寫海關進口增值稅專用繳款書或者其他有效憑證的開具日期；自產、受贈、獲獎或以其他方式取得並自用的，填寫合同、法律文書或者其他有效憑證的生效或開具日期。

13. 「免（減）稅條件」欄，按下列項目選擇填寫：

（1）外國駐華使館、領事館和國際組織駐華機構的車輛；

（2）外交人員自用車輛；

（3）中國人民解放軍和中國人民武裝警察部隊列入軍隊武器裝備訂貨計劃的車輛；

（4）設有固定裝置的非運輸車輛（列入免稅圖冊車輛）；

（5）防汛車輛；

（6）森林消防車輛；

（7）留學人員購買車輛；

（8）來華專家購置車輛；

（9）農用三輪運輸車；

（10）新能源車輛；

（11）「母親健康快車」項目專用車輛；

（12）蘆山地震災后恢復重建；

（13）計劃生育流動服務車；

（14）城市公交企業購置公共汽電車輛；

（15）其他車輛。

14. 「申報計稅價格」欄，分別按下列要求填寫：

（1）境內購置車輛，按「機動車銷售統一發票（或有效憑證）價格」與「價外費用」合計填寫；

（2）進口自用車輛，按計稅價格填寫，計稅價格＝關稅完稅價格+關稅+消費稅；

（3）自產、受贈、獲獎或者以其他方式取得並自用的車輛，按機動車銷售統一發票（不含稅價欄）或有效憑證註明的價格填寫。

15. 「計稅價格」欄，填寫按規定確定的（核定）計稅價格。

第十二章 資本性稅種

16. 「應納稅額」欄,計算公式為應納稅額=計稅價格×稅率。
17. 「免(減)稅額」欄,填寫根據相關的車輛購置稅優惠政策計算的免(減)稅額。
18. 「實納稅額」欄,計算公式為實納稅額=應納稅額-免(減)稅額。
19. 「申報計稅價格」「計稅價格」「應納稅額」「免(減)稅額」「實納稅額」欄,由稅務機關填寫。
20. 本表一式二份(一車一表),一份由納稅人留存,一份由主管稅務機關留存。

國家圖書館出版品預行編目(CIP)資料

中國企業涉稅實務 / 納慧 主編. -- 第一版.
-- 臺北市：崧博出版：崧燁文化發行, 2018.09

　面 ； 公分

ISBN 978-957-735-455-6(平裝)

1.稅務 2.稅收 3.中國

567.92　　　107015122

書　名：中國企業涉稅實務
作　者：納慧 主編
發行人：黃振庭
出版者：崧博出版事業有限公司
發行者：崧燁文化事業有限公司
E-mail：sonbookservice@gmail.com
粉絲頁　　　　　　　網　址：
地　址：台北市中正區重慶南路一段六十一號八樓 815 室
8F.-815, No.61, Sec. 1, Chongqing S. Rd., Zhongzheng Dist., Taipei City 100, Taiwan (R.O.C.)
電　話：(02)2370-3310　傳　真：(02) 2370-3210
總經銷：紅螞蟻圖書有限公司
地　址：台北市內湖區舊宗路二段 121 巷 19 號
電　話：02-2795-3656　　傳真：02-2795-4100　網址：
印　刷：京峯彩色印刷有限公司（京峰數位）

　　本書版權為西南財經大學出版社所有授權崧博出版事業有限公司獨家發行
　　電子書繁體字版。若有其他相關權利及授權需求請與本公司聯繫。

定價：500元

發行日期：2018 年 9 月第一版

◎ 本書以POD印製發行